KB262003

벽화여, 고구려를 말하라

벽화여, 고구려를 말하라

벽화여, 고구려를 말하라

사계절

고구려 벽화고분 분포도

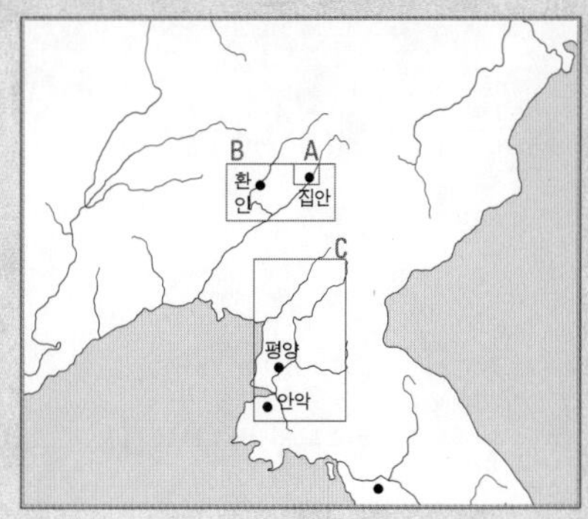

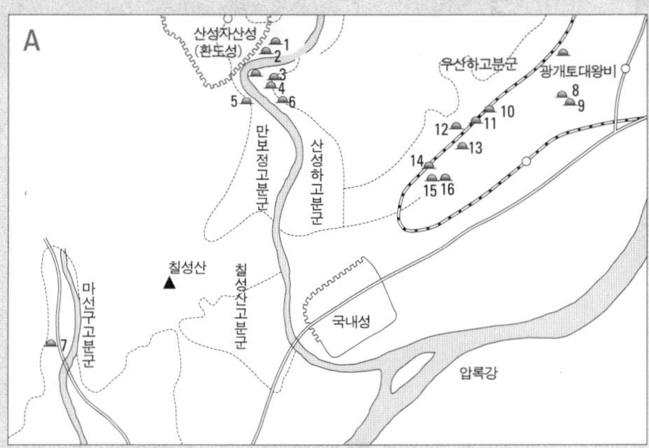

A

1.귀갑총 2.미인총 3.산성하 332호분 4.산성하 983호분 5.만보정 1368호분

6.동대파 365호분 7.마선구 1호분 8.무용총 9.각저총 10.우산하 41호분 11.산연화총

12.통구 12호분 13.통구사신총 14.삼실총 15.오회분 4호묘 16.오회분 5호묘

B

1.미창구장군묘 2.장천 1,2,4호분 3.하해방 31호분 4.환문총 5.모두루총

C

1.천왕지신총 2.요동성총 3.용봉리벽화분 4.동암리벽화분 5.운룡리벽화분 6.청보리벽화분

7.덕화리 1호분 8.덕화리 2호분 9.가장리벽화분 10.팔청리벽화분 11.대보산리벽화분

12.평양역전이실분 13.장산동 1호분 14.장산동 2호분 15.청계동 1호분 16.청계동 2호분

17.화성동벽화분 18.미산동벽화분 19.고산동 1호분 20.고산동 7호분 21.고산동 9호분

22.고산동 10호분 23.고산동 15호분 24.고산동 20호분 25.안학동 7호분 26.안학동 9호분

27.노산동 1호분 28.개마총 29.내리 1호분 30.남경리 1호분 31.남경리2호분

32.호남리사신총 33.전동명왕릉 34.진파리 1호분 35.진파리 4호분 36.성총 37.감신총

38.수렵총 39.우산리 1호분 40.우산리 2호분 41.우산리 3호분 42.용흥리 1호분

43.용강대묘 44.쌍영총 45.대안리 1호분 46.대안리 2호분 47.보산리벽화분 48.연화총

49.태성리 1호분 50.태성리 2호분 51.보림리 1호분 52.용호리 1호분 53.수산리벽화분

54.강서대묘 55.강서중묘 56.덕흥리벽화분 57.약수리벽화분 58.마영리벽화분

59.계명동고분 60.월정리고분 61.한월리고분 62.노악리고분 63.안악읍고분

64.안악 3호분 65.안악 1호분 66.안악 2호분 67.평정리벽화분 68.봉성리 1호분

69.봉성리 2호분 70.복사리벽화분 71.어수리고분 72.송죽리고분

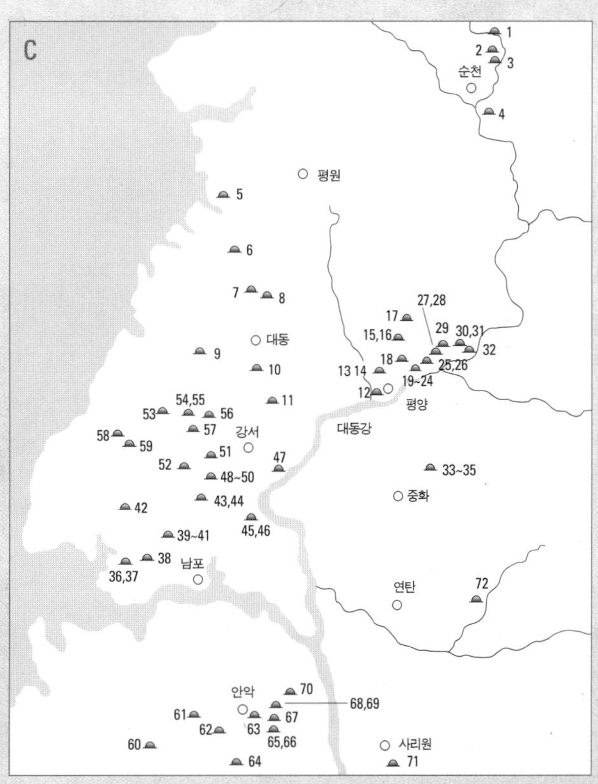

책을 내면서

고구려 고분벽화를 공부하기 시작한 지 벌써 20년을 넘어섰다. 좋아하는 그림과 역사가 한자리에 어우러질 수 있다는 사실이 이 분야 연구를 평생의 업으로 삼게 만들었지만, 이제는 조금씩 고분벽화 연구가 내게 부담이 되기 시작한다. 갈수록 이 분야의 공부가 어려워지고 있기 때문이다. 지금까지 제대로 연구에 매달리지 못하고 있다는 생각도 들고, 시작도 못했다는 느낌이 들 정도로 해야 할 공부가 쌓여 있다는 생각도 든다.

어렵다. 옛사람들과의 만남도 쉽지 않고, 대화는 엄두도 나지 않는다. 자료 정리 수준에서 벗어나려면 아직 시간이 필요하다고 스스로 되뇌고 있는데, 주변에서 는 이 분야에 대한 글을 자꾸 써 달라고 말한다. 고구려 사람들은 여전히 희미하 게 어른거릴 뿐이지만, 가까운 이들은 고분벽화에서 보고 읽어 낸 것들을 말해 달 라고 한다. 만나지도 못하고, 나누지도 않은 이야기들을 누구에게 어떻게 전하라 는 것인가.

이 책의 글들은 고구려 사람들과 만나 대화할 수 있다면 꺼내어 나누고 싶었던 화 젯거리들이다. 이 그림들이 그려질 때, 이런 마음과 생각을 지니고 있었느냐고 묻 고 싶었던 것들이다. 이만저만한 벽화고분들 속에 이런저런 그림들을 그려 넣으 면서, 특히 이 부분에 이런 장면을 넣은 것은 저런 소망이나 경험에서 비롯된 것 이 아니냐고 말하고 싶었던 것들이다. 옛사람들에게서 그들이 실제로 겪었고, 서로 나누며 꿈꾸었던 것들에 대해 듣기 위해 후생이 던지는 대화의 고리인 셈이다.

몇 년 전 국립중앙박물관의 박물관 신문(월간) 담당자가 학술란에 실을 글을 달라고 하면서 이 글들이 시작되었다. 한 달에 한 차례씩 글을 실으면서 고분벽화 한 장면씩을 소개하였고, 2년여 이러한 글 신기가 계속되었다. 연재 도중에도 고분벽화의 특정한 장면이 떠오를 때마다 한두 편씩 글을 더하여 모아 두었고, 어느 틈에 모은 글들이 얇은 책 한 권을 낼 만한 분량에 이르렀다. 박물관 신문을 통해 만난 분들이 신문에 연재하지 않은 글들과도 만나고 싶다고 하시고, 내 자신도 이 글들을 서재 한편에 쌓아 놓고만 싶지는 않아 책을 내기로 마음먹었다.

다시 한두 군데씩 손본 글들을 아내 장연희가 읽어 주었고, 두 아이 혜전·혜준이 엄마 곁에서 웃음으로 지켜보았다. 사계절출판사의 강맑실 사장, 명연파 이사가 책으로 묶어 낼 것을 권유하였고, 편집부 인문팀에서 세세한 다듬기와 깔끔한 편집을 위해 애를 써주었다. 감사드린다.

2004년 이른 봄, 문수산 기슭 서재에서

전 호 태

1

다시 누리는 부귀영화

주인의 위엄, 덕흥리 고분의 13군 태수 배례

대부분의 화가는 자신이 그리고 싶은 것을 그리기를 원한다. 자신의 눈·마음·머리에 들어오고 떠오르고 정리된, '자신'이 보는 것을 화면에 나타내기를 바란다. 그러나 실제 많은 경우, 화가들은 원하는 대로 그리지 못한다. 솜씨나 능력이 부족해서가 아니라 자신의 의지와는 달리 사회가 보는 것을 그려야 하고, 사회가 보지 못하는 것은 그리지 않아야 할 경우가 많기 때문이다.[1]

408년경 축조된 덕흥리벽화분이 세인의 눈길을 자주 받는 것은 주인공의 출신과 경력에 대한 논란 때문이다. 무덤의 앞방 안벽 가운데에서 무덤 주인 진(鎭)의 묵서(墨書) 묘지명이 발견되었는데, 그 해석을 둘러싼 이견(異見)이 국제적 논쟁으로 증폭되고 확산되었던 것이다.

○○군(□□郡) 신도[현](信都[縣]) 도향○감리(都鄕□甘里) 사람으로 석가문불(釋迦文佛)의 제자인 ○○씨(□□氏) 진(鎭)은 역임한 관직이 건위장군 국소대형 우장군 용양장군 요동태수 사지절 동이교위 유주자사(建威將軍 國小大兄 尤將軍 龍驤將軍 遼東太守 使持節 東夷校尉 幽州刺使)였다. 진은 77세로 죽어 영락 18년 무신년(戊申年) 초하루가

● 무학산 서쪽의 옥녀봉 남단 구릉 위에 자리잡은 덕흥리벽화분의 무덤 방향은 남향이다. 널길, 앞방, 이음길, 널방으로 이루어진 두방무덤으로 널길, 앞방, 널방의 길이×너비×높이는 각각 1.54m×1.02m×1.43m, 2.97m×2.02m×2.85m, 3.28m×3.28m×2.9m이다. 널방에는 관대(棺臺)가 놓였는데, 그 크기는 2.51m×2.0m×0.21m이다.

그림 1_ 덕흥리벽화분 앞방 오른벽 벽화 : 13군 태수 배례

신유일(辛酉日)인 12월 25일 을유일(乙酉日)에 〔무덤을〕 완성하여 영구를 옮겼다. 주공(周公)이 땅을 보고 공자(孔子)가 날을 택했으며 무왕(武王)이 때를 정했다. 날짜와 시간의 택함이 한결같이 좋으므로 장례 후 부(富)는 7세에 미쳐 자손이 번창하고 관직도 날마다 올라 자리는 후왕(侯王)에 이르기를. 무덤을 만드는 데 만 명의 공력이 들었고, 날마다 소와 양을 잡아서 술과 고기, 쌀은 먹지 못할 정도이다. 아침에 먹을 간장을 한 창고분이나 두었다. 기록하여 후세에 전한다. 무덤을 찾는 이가 끊이지 않기를.[2]

이 묘지명에 의하면 진(鎭)이라는 사람은 유주자사를 지냈으며, ○○군 신도〔현〕 도향○감리 출신이라고 한다. 이 기록은 매우 민감한 국제적 논쟁을 불러일으켰는데, 시작은 신도〔현〕이 고려 시대의 지명에 등장하는 신도군(信都郡)과 같은 곳인지, 또는 중국 하북성에 속한 어느 지역의 옛 지명인지를 둘러싼 이견에서 비롯되었다. 논란은 점점 확대되어 무덤 주인이 어느 나라 사람인지, 자사를 역임했다는 유주(幽州)는 어디인지, 현 중국의 하북성·요녕성을 중심으로 한 매우 넓은 지역을 포괄했던 유주의 일부, 또는 전부를 4세기 후반의 어느 시기에 고구려가 지배 영역에 포함시켰는지에 대한 논란으로 확대되었다.[3]

신도현이 어디인지에 대해 북한 연구자들은 『고려사』 지리지 3의 "가주 본고려신도군(嘉州 本高麗信都郡)"이라는 기사에 의거하여 평북 운전·박천 일대로 본다.[4] 중국 연구자들은 『진서(晉書)』 지리지(상)에 보이는 "기주 안평국 신도현(冀州 安平國 信都縣)"에 관한 기사를 근거로 신도현이 하북(河北)의 안평(安平: 284년 이후의 長樂)에 있었다고 주장한다.[5] 일본의 연구자들은 중국 학계의 '안평설'에 대체로 동조한다.[6] 이처럼 무덤 주인의 출신 군(郡) 이름을 확인할 수 없는 상태에서는 어느 설에 무게를 두는가에 따라 주인공 진이 엮어 낸 삶의 궤적에 대한 이해는 달라지게 된다. 북한 연구자들의 견해대로라면 고구려 땅에서 태어나 성장한 인물이 되는 반면, 중국 연구자들 해석대로라면 16국 시대의 전연(前燕) 땅에서 나 선비족 모용씨 정권의 관료였던 사람이 된다.

북한 학계가 중국 및 일본 학계와 가장 큰 편차를 보이는 이 '덕흥리벽화분 주인 공 경력 논쟁'이 어떤 결말에 이를지는 아직 아무도 단언할 수 없다. 다만 벽화 속에서 무덤 주인이 가장 기억하고 싶은 사건이자 경력으로 떠오르는 것은 유주 의 계현(薊縣) 현령과 분위장군 연군태수, 범양내사, 어양태수, 상곡태수, 광녕태 수, 대군내사, 〔북평〕태수, 요서태○, 창려태수, 요동태수, 현도태수, 낙랑태수,[7] 등 13군의 태수, 혹은 장군의 배례를 받으며 아무나 쉽게 넘볼 수 없던 지위와 권 세를 누리던 유주자사 재직 시절이다. 덕흥리벽화분 앞방 오른벽에 위아래 두 줄 로 나누어 표현된 유주 13군 태수의 공손한 배례 장면은 이들을 거느리던 자사 진(鎭)의 자부심이 어느 정도에 이르렀을지를 짐작하고도 남게 한다. _그림 1

그런데 이들 13군 태수 배례도의 표현 기법과 관련하여 눈길을 끄는 것은 현령과 태수들의 얼굴이다. 유주의 수현(首縣)이던 계현 현령을 포함하여 14명에 이르는 배례도 등장인물들의 얼굴은 판에 박은 듯이 닮았다. 사실상 같다고 해도 과언이 아닐 정도이다. 어떤 이유에서일까. 한집안에서 배출된 사람들이기 때문일까. 아니 면 화가가 등장인물들 개개인이 지니는 특성, 곧 개성이 특별히 구분되지 않는다고 판단했거나, 구분하기 어려울 정도로 유사하다고 보았기 때문일까. 아니면 화가의 능력이 인물들의 개성을 나누어 표현해 낼 정도에 이르지 못했던 까닭일까.

묵서 묘지명을 통해 357년경 축조된 것으로 판단된 안악 3호분은 벽화 표현 기법

그림 2_ 안악 3호분 앞방 오른벽 벽화 : 부월수

이나 수준에서 50년 뒤에 만들어진 덕흥리벽화분의 그것보다 앞선다. 회랑 대행
렬도에서 확인되는 공간적 깊이와 짜임새 있는 구성이 덕흥리벽화분의 행렬도에
서는 확인되지 않는다. 4세기 중엽 이후 50년 동안 진행된 고구려식 회화의 성립
과정에서 겪을 수밖에 없던 기성 수준과 기법의 후퇴를 읽게 하는 부분이다.[8] 고
구려식 기법과 수준의 미성숙, 고구려계 화가 집단의 형성 과정을 드러내는 부분
이기도 하다.

이렇듯이 50여 년 앞서 제작되었음에도 불구하고 덕흥리벽화분의 벽화에 비해 상대적으로 높은 기법과 수준을 과시하는 안악 3호분 벽화의 등장인물들에서도 개성을 읽어 낼 수 없는 얼굴 표현이 확인된다. 안악 3호분 앞방의 오른벽, 곧 오른쪽 곁방 입구 좌우 벽면에 열을 이루며 그려진 부월수(斧鉞手)들의 얼굴에서도 개성을 읽을 수 없기는 마찬가지이다._그림 2 두 고분벽화에서 확인되는 몰개성적 얼굴 표현이 화가들의 능력 부족이나, 등장인물들의 인척 관계로 말미암은 것은 아니라는 것을 알 수 있다.

524년(신라 법흥왕 11년)에 세워진 것으로 알려진 「울진봉평비」에서 법흥왕은 '훼부모즉지매금왕(喙部牟卽智寐錦王)'으로 표기된다. 6세기에 이르러서도 신라의 왕은 훼부(喙部)라는 소속 부 이름을 왕명 앞에 달고 있다. 소속 부가 '왕'이라는 현재의 지위 이상의 의미를 지니고 있는 것이다.[9] 고려 시대에 성씨보다도 그 앞에 붙는 본관(本貫)이 더 큰 가치와 의미를 지닌 것과 크게 다르지 않다. 본관으로 확인되는 그 사람의 소속 집단이 그 사람의 사회적 신분과 지위를 결정짓는 것이다.[10]

신라에서 소속 부가 이전과 같은 사회적 무게를 지니지 않게 된 뒤, 골(骨)과 두품(頭品)이 신라인의 신분, 지위의 높낮이를 결정하는 또 다른 기준으로 자리잡는 것도 개인보다는 일정한 규모의 집단을 기본 단위로 하여 사회를 운영하려는 의지 혹은 관습에 기인한다. 덕흥리벽화분의 군 태수들이나 안악 3호분의 부월수들이 개성적 얼굴을 지닌 인간으로 표현되지 못한 것도 이 때문일지 모른다. 아무리 뛰어난 화가일지라도 한 지역, 한 시대를 지배하던 권력자에 속한 자들을 '권력자'에게서 독립된 개인으로 표현하기는 어려웠을 것이다.

회랑을 채운 대행렬, 안악 3호분 벽화

안악 3호분에 묵서명(墨書銘)이 남아 있지 않았다면 어떤 일이 일어났을까. 안악 3호분은 지금까지 발견된 것 가운데 가장 이른 시기에 만들어진 고구려 벽화고분의 하나이다. 그러나 무덤의 짜임새, 벽화의 구성과 표현 방법은 수준급이다. 속단인지는 몰라도 고고학과 미술사에 관한 일반적인 지식과 방법론을 바탕으로 안악 3호분의 제작 연대를 추정했다면 357년이라는 묵서명의 기년(紀年)과는 거리가 있는 결론이 나왔을 가능성이 높다. 역사 관련 분야뿐 아니라 인문학이나 자연학 전공자들 상당수가 일종의 진화론적 편견에 사로잡히는 경향이 있기 때문이다. 거의 대부분의 사회 요소나 문화 요소가 단순한 상태에서 복잡한 상태로, 서투른 모습에서 다듬어진 모습으로 바뀌어 간다고 보는 습관이 있는 까닭이다. 과연 그러한가. 역사학자들이 흔히 상정하듯이 모든 문화나 문명, 왕조, 국가가 성립기, 성장기, 전성기, 쇠퇴기를 거치는가. 안악 3호분 벽화는 새로운 문화 요소의 출현이나 전개 과정에 대한 탄력적인 이해와 접근의 필요성을 제시한다는 점에서 의미 있는 역사 자료이다.

● 안악 3호분 흙무지의 크기는 바닥 부분의 길이×너비는 30m×33m이며, 높이 약 7m이다. 문방 입구에 너비×높이 2.43m ×0.765~0.75m 크기의 돌문이 두 개 설치된 상태로 발견되었다. 문방과 앞방, 좌우 곁방, 널방, 회랑의 길이×너비×높이는 각각 2.17m×2.12m×약 3.48m, 4.88m×2.73m×3.47m, 1.22~1.27m×2.99m×2.97m, 1.7m×3.13~3.23m×2.75m, 3.8m×3.32m×2.8m, 10.13m×0.87~0.69m×2.5m이다. 회랑 천장은 평행고임, 다른 부분의 천장은 평행삼각고임으로 마무리되었다. 회랑 입구에 두 개의 4각 돌기둥을 세웠고, 널방 앞부분에 세 개의 8각 돌기둥을 세웠다.

그림 3_ 안악 3호분 회랑 동벽 대행렬도 부분

1945년 8월, 일제의 패망으로 2차 세계대전이 끝나면서 고구려 고분벽화 연구의 주도권은 일본인 학자들의 손을 떠났다.[11] 그러나 한반도의 남북 분단, 중화인민 공화국의 중국 지배로 고구려 벽화고분의 조사와 보고는 북한과 중국 학자들의 손에 나누어 맡겨지게 되었고, 남한 학자들의 고분벽화 연구는 수십 년 동안 유적에 대한 접근이 불가능한 상태에서 이루어지게 되었다. 이렇듯 연구 상황과 여건이 크게 바뀐 상태에서 남북한과 중국, 일본의 연구자들 모두의 관심이 쏠릴 만한 사건이 북한에서 일어났다. 1949년 안악 1·2·3호분이 발견된 것이다.

황해도 안악군에서 발견된 3기의 벽화고분 가운데 특히 눈길을 끈 것은 안악 3호분(옛 지명은 황해도 안악군 용순면 유설리, 현 황해남도 안악군 오국리)이었다.[12] 재령평야 북편 구릉 서편에 자리잡고 있는 이 흙무지돌방무덤은 발굴 전에는 하총(河塚)으로도 불렸다. 무덤의 방향은 남향이며, 문방, 좌우에 곁방이 있는 앞방, 회랑, 널방으로 이루어진 여러방무덤이다.

안악 3호분이 발굴 당시부터 세인의 눈길을 끈 것은 무덤의 규모도 크고 벽화의 보존 상태도 좋았을 뿐 아니라 무덤 안에서 7행 68자로 된 묵서명과 250여 명의 인물로 이루어진 대행렬도가 발견되었기 때문이다. "영화(永和) 13년(357년, 고구려 고국원왕 27년, 東晉 穆帝 13년) 초하룻날이 무자일(戊子日)인 10월 26일 계축(癸丑)에 사지절 도독제군사 평동장군 호무이교위이자 낙랑상이며, 창려·현도·대방 태수요 도향후인 유주 요동군 평곽현 도향 경상리 출신 동수(冬壽)는 자(字)가 ○안(□安)인데, 나이 69세로 벼슬하다 죽었다"[13]는 내용의 묵서명과 회랑에 그려진 대행렬도는 곧바로 무덤 주인공의 정체를 둘러싼 논란으로 이어졌다.[14]

안악 3호분에 묻힌 이가 묵서명의 주인공인 동수라는 설과 336년 전연에서 망명한 동수(佟壽)가 섬기던 고구려의 고국원왕(故國原王), 혹은 미천왕(美川王)이라는 설을 둘러싸고 남북한 및 중국, 일본 학자 사이에 50년에 걸친 치열한 논쟁이 시작되었다. 학자들이 논쟁을 벌이면서 자신의 설을 뒷받침하는 근거로 내세운 것들 가운데 가장 빈번히 제시된 것이 널방 곁의 'ㄱ'자 회랑에 그려진 대행렬도 분석 결과이다.

안악 3호분의 회랑은 널방의 북쪽과 동쪽을 감싸고 있는데, 대행렬도는 전체 길이 10.13m, 높이 2.01m(바닥에서 천장까지의 높이는 2.5m)인 회랑의 동벽 남쪽에서 출발하여 북벽 서쪽을 향하고 있다. 행렬은 크게 북벽의 전열(前列)과 동벽의 중열(中列)로 이루어졌으며, 소가 끄는 수레를 탄 무덤 주인은 중열 가운데에 표현되었다. 좁게는 5열, 넓게는 8~9열에 달하는 종대 행렬을 위에서 비스듬히 내려다본 관점, 곧 조감도식으로 그려내어 행렬 구성이 잘 드러난다. 무덤 주인이 탄 수레를 중심으로 여러 기능과 역할을 담당한 사람들이 타원형 동심원 형태로 길게 겹으로 둘러싸고 있다. 기수·시녀·기악대·기마대가 무덤 주인 수레의 앞과 뒤를 이루고, 궁전수(弓箭手)·부월수·환도수(環刀手) 등이 주인 수레의 좌우를 감싼다. 다시 이들 무리 전체를 도보창대(徒步槍隊)와 기마창대(騎馬槍隊)가 호위하고 있다.

250여 명의 등장인물 가운데 다수가 회랑 동벽의 중열, 특히 무덤 주인 수레 주변에 배치되어 있어 이 부분의 인물들은 4~5명씩 비스듬한 횡렬을 이루며 중첩 표현되었다. 이러한 중첩 표현은 대행렬이 차지하는 공간의 너비, 혹은 깊이를 잘 드러내 준다. 4세기 중엽이라는 고분벽화 등장 초기의 작품으로서는 대단히 높은

그림 4_ 덕흥리 벽화분 앞방 동벽 행렬도 부분

수준의 표현 기법이 행렬 묘사에 적용되었다고 하겠다. 행렬을 구성하는 인물 한 사람 한 사람을 부드럽고 세련된 필선으로 윤곽을 나타내고 선명하게 채색하였을 뿐 아니라 인물들의 몸짓이나 자세도 매우 사실적으로 표현하였다. 또한 행렬의 조직적인 구성과 배치가 한눈에 들어오도록 화면을 구성한 까닭에 대행렬도는 고분벽화 발견 당시 조사자들의 뇌리에 가장 뚜렷한 인상을 남겼다. 묵서명이 없었다면 초기 고분벽화로 보기에는 규모, 내용, 기법 어느 것이나 일정 수준을 넘어섰기 때문이다.

이러한 점에서 안악 3호분 벽화의 대행렬도는 특정한 사회가 겪거나 보여 주는 또 하나의 문화 요소 전개 과정을 이해하는 실마리를 제공해 준다고 하겠다. 즉, 수용, 소화, 재창조라는 단계를 거치는 고구려의 문화 수용 방식을 읽게 해주는 것이다.[15] 안악 3호분 벽화의 대행렬도가 새로운 문화 요소의 수용 단계를 보여 준다면, _그림 3 50여 년 뒤 출현하는 덕흥리 고분벽화의 행렬도는 소화 과정을 알게 하기 때문이다. _그림 4 덕흥리 고분벽화의 행렬도에서 행렬의 규모는 줄어들고 중첩된 인물 표현은 사라지지만, 필선(筆線)에는 힘이 스며들고 인물들의 몸짓과 자세는 날렵한 맛을 풍긴다. 기법상의 후퇴 속에 고구려 나름의 시각과 방법이 벽화에 배어들고 있는 것이다. 고구려가 고분벽화라는 새로운 문화 요소를 자신의 것으로 삼고자 시간과 인력을 투자하고 있음이 덕흥리 고분벽화의 행렬도를 통해 드러난다고 하겠다. 비록 도판으로나마 안악 3호분 벽화 대행렬도를 보는 감회가 새로워지는 것도 이 때문이 아닐까.

삶과 죽음의 갈림길, 통구 12호분의 적장 참수

장면 1. 두 무리의 군대가 넓은 벌판에서 마주친다. 장수 두 사람이 말을 탄 채 자기 무리에서 나와 벌판 한가운데에서 마주 본다. 한 장수가 말한다. "나는 아무개의 4세손 아무개이다. 그대는 어느 집안 누구인가." 다른 장수가 말한다. "나는 아무개의 4세손 아무개이다. 조상의 명예를 걸고 그대와 한판을 겨루고 싶다." 두 장수의 창날이 번득이고 주인을 태운 전마(戰馬) 두 마리가 서로를 향해 부딪칠 듯 달려든다.

장면 2. 승자가 말에서 내린 뒤, 패자가 된 장수 앞으로 나아와 절을 하며 말한다. "나는 어느 성의 군관 아무개요. 대왕의 목을 앞으로 내어놓으시오. 베어야겠소." 패자가 말한다. "원통하구나. 그대의 요구는 예에 어긋난 일이나 패자에게 무슨 할 말이 있으리오. 내 목을 베라." 승자의 큰 칼이 패자의 목줄기 위로 번쩍이자 패자의 목에서 피가 솟구친다.

● 통구 12호분의 외형은 절두방추형이며 둘레 90여m, 높이 4.6m이다. 1m×1m×2m 크기의 대형 석재 9매가 흙무지 밑을 받치고 있다. 흙무지 안에는 널길 입구가 이어진, 각기 독립된 남·북 두 개의 돌방무덤이 있다. 각 무덤칸의 방향은 남으로 8° 기운 서향이다. 남분(南墳)은 널길 양벽에 곁방이 각기 하나씩 달린 외방무덤이다. 널방 천장 구조는 13단의 평행고임이며, 3단, 7단, 11단의 각 방향 모서리에 작은 삼각석이 끼워졌다. 남과 북의 두 곁방과 널방의 너비×길이×높이는 각각 0.7m×1.0m×1.35m, 0.9m×0.93m×1.35m, 1.14m×1.52m×1.26m, 3.48m×3.52m×3.48m이다. 남분보다 규모가 작은 북분(北墳)은 널길 오른벽에 곁방이 하나 있는 외방무덤으로 널방 천장 구조는 각 방향별로 천장부가 궁륭식으로 휘어 들어가는 사아궁륭식(四阿穹隆式)이다. 각 방향 모서리 중간에 버팀용 삼각석을 끼워 넣은 점이 눈길을 끈다. 북편의 곁방과 널방의 너비×길이×높이는 각각 0.93m×1.3m×1.1m, 2.5~2.7m×2.94m×3.04m이다. 이 무덤의 남과 북의 두 무덤칸은 크고 작은 깬돌로 쌓아 올린 다음 빈틈은 백회로 메우고 전면에 백회를 입혔다. 백회면에 아교와 같은 접착성 물질을 덧입히고 표면을 윤기 있게 다듬은 뒤, 그 위에 벽화를 그렸으나 백회가 떨어져 나간 곳이 많다. 벽화의 주제는 생활풍속과 장식무늬이다.

그림 5_ 통구 12호분 북분 널방 왼벽 벽화 : 적장 참수

장면 1은 황해도 신천벌에서 마주친 고구려와 백제 군대 사이에 일어난 일이다. 두 나라 군대를 대표하여 앞으로 나선 고구려 장수와 백제 왕자가 일합을 겨루기에 앞서 당시의 관례에 따라 통성명을 하는 장면이다.[16] 장면 2는 백제 성왕(聖王)이 신라군과 치열한 전투를 벌이던 백제·가야 연합군을 격려하러 나아가다가 적의 매복에 걸려 호위하던 소수의 기사(騎士)를 모두 잃고 신라의 한 지방 군관의 손에 최후를 맞는 장면이다.[17] 두 장면은 각각 다른 시간과 장소에서 일어난 사건이다. 그러나 승자의 삶이 곧 패자의 죽음을 뜻하는 전투의 본질을 잘 드러내는 점에서 는 한 사건의 연속된 표현으로 읽힐 수 있는 장면들이기도 하다.

통구 12호분 북분 널방 왼벽에는 위의 두 번째 장면을 사진 촬영하듯이 '현재'의 사건으로 옮겨 박제한 그림이 있다. _그림 5 투구를 쓰고 비늘갑옷을 입은 무사 한 사람이 역시 비슷한 복장을 한 다른 무사 한 사람의 목을 베는 순간을 묘사한 것 이다. 패자는 무릎을 꿇은 채 목을 늘어뜨렸으며, 승자는 왼손으로 패자의 투구 끝을 잡고, 오른손에 쥔 환두대도(環頭大刀)를 높이 치켜든 상태이다. 승자는 오 른발 못신으로 패자가 놓친 듯한 긴 창을 밟았고, 왼발의 못신으로는 긴 칼을 놓 지 않고 있는 패자의 손등을 밟고 있다. 칼날의 번득임이 그림으로 표현된 것으 로 보아 이미 패자의 눈꺼풀 위로는 목줄기를 지난 칼날의 섬뜩함에 뒤이은 죽음 의 그늘이 드리우는 중일 것이다. 승자에게나 패자에게나 삶과 죽음 가운데 어느 것이 자신의 몫이 될지 모르는 채 치르던 조금 전의 긴박한 기마전도 이 순간에는 아득한 과거의 사건이 되어 버렸다.

통구 12호분(중국 길림성 집안현 태왕향 우산촌)은 우산(禹山) 남쪽 기슭의 낮은 언 덕 위에 자리잡은 중기 고구려 벽화고분 가운데 하나이다.[18] 1930년대 일본인들이 집안 일대의 고구려 고분군 조사 작업을 할 때 통구 112호분(通溝112號墳)으로 명명되었으며, 이외에도 집안 서강 12호 쌍실분(輯安西崗12號雙室墳), 혹은 서강 122호분, 통구 20호분, 통구연실고분(通溝連室古墳) 등으로 불렸다. 1937년 일본인 쿠로다 겐지〔黑田源次〕에 의해 무덤 안에 벽화가 있음이 알려졌으며, 벽화 중의 말구유 그림으로 말미암아 새로이 마조총(馬槽塚 : 말구유무덤)으로 불리게 되었다. 1962년 길림성 집안현고고대(集安縣考古隊)에 의해 무덤의 재조사와 실측이 이루어졌다. 1966년 집안 통구 고분군 우산하묘구 제1894호묘(JYM1894)로 명명되었으나, 중국측의 일반적인 표기로는 동구십이호묘(洞沟十二號墓)이다. 남분과 북분 모두 널방 안벽에 무덤 주인 부부가 그려졌고, 하나의 흙무지로 덮인 점으로 말미암아 통구 12호분은 가까운 친족 관계에 있는 두 가족의 무덤으로 여겨지고 있다.[19]

생활풍속과 장식무늬를 주제로 한 통구 12호분 벽화에서 세인의 눈길을 끄는 것으로는 남분과 북분의 널방 천장고임에 그려진 줄기 달린 연꽃과 연봉오리들, 남분 널방 앞벽의 춤과 연주, 북분 널방 왼벽의 전투 장면 정도를 들 수 있다. 이들 가운데 기마 질주 및 적장 참수 장면으로 이루어진 북분 널방 왼벽의 전투도(戰鬪圖)는 삼실총 제1널방 오른벽에 묘사된 공성도(攻城圖)와 함께 삼국시대의 전투 방식과 상황을 눈으로 확인하게 하는 사실상 유일한 그림 자료로 꼽힌다. _그림 6-1, 6-2

통구 12호분 북분의 전투도 중 적장의 무기를 밟고 있는 고구려 장수의 못신은 이러한 종류의 신발이 경주의 거대한 돌무지덧널무덤들에서 발견된 것과 같이 무덤에 껴묻기 위한 용도로 만들어지기도 하였지만, 전투에서 쓰기 위해 제작되

그림 6-1_ 삼실총 제1실 오른벽 벽화 : 공성도

그림 6-2_ 삼실총 제1실 오른벽 벽화 : 기마전

기도 하였음을 구체적으로 보여 준다. 삼실총 제2널방 벽에 그려진 역사(力士)형 장수 역시 갑옷과 투구로 머리와 몸을 가리고 발에는 못신을 신었다. 못신이 고구려 갑주 무사들의 필수품 가운데 하나였음을 짐작하게 해준다.

고구려 장수와 적장이 몸을 보호하기 위해 착용한 투구, 목 가리개, 비늘갑옷, 못신 등은 5세기경 보급되던 무장 용구를 모두 망라한 것으로 귀족 전사(戰士)들에게만 허용되었다. 철제 비늘갑옷은 통구 12호분 외에도 안악 3호분, 덕흥리벽화분, 약수리벽화분 행렬도 철기(鐵騎)들의 무장에 쓰였음이 확인되는데, 5세기까지 한반도 남부 가야 지역에는 보급되지 않았던, 방어력도 높고 가벼워 움직일 때 제약이 적은 선진적인 무장 용구의 하나였다. 삼실총 제1널방 공성도 기마전에 등장하는 두 기사는 말까지 비늘갑옷에 투구로 무장시킨 점에서 당시로서는 최상의 무장을 갖추고 전장으로 나온 셈이다. 두 장수 사이에 목숨을 건 일합은 불가피했고, 통구 12호분 참수도에서 보듯이 어느 순간 승부는 가려지고 패자는 죽음을 맞게 되는 것이다.

승자에게 재화와 인력을 약탈할 기회를 주는 것이 당연시되던 시기였던 까닭에 국운(國運)이나 성운(城運), 가운(家運)을 건 전투의 전면에 나서 승패를 좌우하는 것도 귀족 전사들의 몫이었다. 한때 좌식자(坐食者)로 불렸던 고구려의 귀족 전사들이 전사(戰死)를 명예로 여기게 된 것도 이 때문이다. 전투도의 적장처럼 패자의 죽음이 언제 내 몫이 될지 알 수 없지 않은가.

놀이와 훈련을 겸한 행사, 무용총의 사냥

북이 울리다가 일순 조용해진다. 커다란 뿔나팔 소리가 울리고, 깃발이 펄럭인다. 함성 소리, 말발굽 소리. 상상 속에서 그려 본 '낙랑회렵(樂浪會獵)'의 시작이다. 고구려에서는 매년 삼월 삼짇날 낙랑 언덕에서 왕과 5부의 군사가 모두 참여하는 대규모 사냥 대회를 열고 그 수확물로 천지(天地)에 제사를 지냈다고 한다.[20] 바보와 울보의 세기적 사랑으로 유명한 온달이 아내 평강공주가 마련한 말을 타고 참가한 끝에 '으뜸 사냥꾼'의 자격으로 평원왕 앞에 섬으로써 장군의 호를 얻었을 뿐 아니라 왕의 사위로도 인정받게 하였던 바로 그 대회이다.

고구려를 포함한 고대 사회 전반에서 사냥은 먹거리를 얻기 위한 단순한 생산 활동 이상의 의미와 기능을 지닌 행위였다. 정기적으로 열렸던 '낙랑회렵'에 대한 문헌 기록에서 미루어 짐작할 수 있듯이, 일정 규모 이상의 사냥 대회는 그 자체가 군사 훈련이었을 뿐 아니라 종교 행위이기도 했다. 활에 의존하는 기마 사냥, 창을 주로 쓰는 도보 사냥, 매를 이용하는 매 사냥, 몰이꾼과 사냥개를 이용한 짐승몰이 등이 복합된 사냥은 적진 탐색과 정보 수집, 전략·전술의 토의 및 수립,

● 무용총은 1935년 처음으로 조사된 뒤 1956년과 1962년, 1963년 거듭 무덤 수리가 행해졌고, 1966년 다시 실측되면서 집안 통구고분군 우산묘구 제458호묘(JYM458)로 명명되었다. 무덤의 외형은 절두방추형이며 직경 17m, 높이 4m이다. 널길과 좌우로 곁칸화한 앞방, 이음길, 널방으로 이루어진 두방무덤으로 무덤칸의 방향은 서로 50° 기울어진 남향이다. 앞방의 천장 구조는 궁륭식이고 널방의 천장 구조는 3단의 평행고임 위에 5단의 변형 삼각고임인 팔각고임을 더한 평행 팔각고임식이다. 앞방과 널방의 너비×길이×높이는 각각 3.3m×1.0m×2.1m, 3.3m×3.5m×3.55m이다. 무덤칸의 벽과 천장에 백회를 입히고 그 위에 벽화를 그렸으며, 벽화의 주제는 생활풍속이다.

그림 7_ 무용총 널방 오른벽 벽화 : 사냥

수색, 기마전과 도보백병전의 효과적 배합과 전개, 전략적 전진과 후퇴, 매복, 역공, 다양한 기구를 이용한 공성(攻城) 등으로 이루어지게 마련인 군사작전과 내용상 크게 다를 것이 없었다. 고대 문헌에 왕과 귀족이 참가하는 전렵(田獵) 기사가 수시로 등장하는 이유가 여기에 있다. 사냥은 산야의 짐승을 적으로 상정한 모의 전투였던 것이다.

집안의 무용총 벽화 가운데 가장 널리 알려진 장면으로는 널방 왼벽의 무용도와 오른벽의 사냥도를 들 수 있다. 특히 오른벽의 사냥도는 사냥자와 짐승들 사이에 형성되는 사냥터 특유의 쫓고 쫓기는 급박한 흐름이 힘있고 간결한 필치로 잘 표현되어 고구려 고분벽화를 대표하는 화면 가운데 하나로 여겨지고 있다. _그림 7 놀라 달아나는 호랑이와 사슴, 말을 질주시키며 정면을 향해, 혹은 몸을 돌려 활시위를 당기려는 기마 인물의 자세는 굵기에 변화를 준 물결무늬 띠를 겹쳐 표현한 산줄기에 의해 한층 더 속도감과 긴장감을 부여받는다. 강약(强弱)이 조절된 필치와 짜임새 있는 구성 속에서 짐승과 사람, 산야의 어울림이 크고 생생한 울림이 되어 바깥으로 터져 나오는 듯한 분위기가 화면을 가득 채우고 있다.

현대인의 눈에 익숙한 단일 시점 중심의 원근법, 사물의 크기에 맞춘 비례 표현 등이 무시되었다는 지적이 있을 수 있으나, 해당되는 부분은 중요시되는 것을 우선적으로 크게 그리던 당시 회화의 일반적 표현 기법에 충실했던 결과일 뿐, 화공의 사물 묘사 능력이나 기법의 한계로 말미암은 것은 아니다.[21] 오히려 활시위를 당기거나 사냥자의 활을 피해 달아나는 짐승들의 자세와 표정은 사실적이고 정확하다 못해 생생하다. 고구려 고분벽화의 사냥도 가운데 무용총 벽화의 사냥도에 특별히 세인의 관심이 집중되는 것도 이 때문이다.

그림 8_ 장천 1호분 앞방 오른벽 벽화 : 사냥

고구려 고분벽화에서 사냥도는 무용총 외에도 안악 1호분을 비롯하여 덕흥리벽화분, 약수리벽화분, 감신총, 용강대묘, 동암리벽화분, 대안리 1호분, 수렵총, 장천 1호분, 삼실총, 마선구 1호분, 통구 12호분 등 다수의 생활풍속계 고분벽화에서 발견될 정도로 선호되었던 회화 제재 가운데 하나이다. 고분벽화 속 사냥도의 구성은 매우 다채로워 고구려에서 행해지던 사냥의 종류와 방법, 사냥 대상 등을 파악하는 데 큰 도움을 준다.

상단의 백희기악도와 함께 장천 1호분 앞방 오른벽 화면을 반분하고 있는 하단의 사냥도는 규모의 크기와 내용의 풍부함으로 내외에 잘 알려진 경우에 속한다. 화면의 오른쪽 반을 차지하는 화면 왼편을 향하여 질주하는 3열 종대의 수렵대와 왼편 끝 나무 동굴 곁에서 오른편을 향하여 추적해 나가는 세 명의 사냥꾼, 수렵대와 사냥자들 사이로 놀라 황급히 달아나는 여러 가지 짐승들로 구성된 이 사냥도에서 특히 눈길을 끄는 것은 나무 동굴이 있는 왼편의 몇 장면이다.

가지와 잎이 무성한 자색 나무의 뿌리 아래, 투시법으로 그려진 커다란 황색 나무 동굴 안 녹색 가지와 잎 아래에 웅크리고 앉은 검은 곰 한 마리는 사냥을 둘러싼 현실 세계의 급박하고 거친 호흡을 떠올리기보다는 사람과 짐승이 함께 꾸려 나가던 신화 세계의 한 장면을 연상시킨다. 반면 어깻죽지에 화살 한 대를 맞고 놀라고 당황하여 다시 활을 매긴 기마 사냥자를 피해 왼편으로 급히 달아나다가 긴 창을 꼬나든 채 버티고 서서 앞을 가로막은 도보 사냥꾼을 발견하고 놀라 눈을 부릅뜨고 입을 크게 벌려 으르렁거리는 커다란 녹색 멧돼지의 모습은 고구려군이 전투 중에 시도한 협공 작전이 성공하는 장면을 눈앞에 보는 듯한 느낌을 준다. _그림 8

'낙랑회렵'을 통해 얻은 수확물이 천지 제사에 쓰였다는 데에서 알 수 있듯이, 고구려에서 사냥은 제사에 쓰일 희생 짐승을 준비하는 과정, 곧 제의(祭儀) 절차의 일부이기도 하였다.[22] 시조 주몽이 흰 사슴을 잡아 거꾸로 매달아 울게 하여 하늘로부터 폭우가 내리게 하였다는 「동명왕편」의 '송양국 공략' 기사[23]는 고구려인에게 사냥으로 획득한 희생 짐승은 살아 있건 죽었건 사람과 하늘 사이를 잇는 교통수단, 대화의 매개체 역할을 담당하는 존재였음을 짐작하게 한다. 거꾸로 하늘과 사람 사이의 의사소통이 요구될 경우, 고구려 사람들은 희생 제물로서의 짐승을 마련하기 위한 사냥에 나설 필요가 있었다. 이 점은 부여와 백제에서도 마찬가지였다.

고구려·백제에서 제의용 희생 짐승으로는 사슴·노루·고라니 등이 선호되었다. 왕이 참가한 사냥에서 획득한 짐승들 거의 대부분이 이러한 사슴 종류였다.[24] 무용총을 비롯한 고구려 고분벽화의 사냥도에서도 가장 강조되는 부분이 사슴 사냥 장면인 점은 이와 관련하여 시사하는 바가 크다. 단순 비례가 아닌 대상 중심의 비례 표현법을 쓰는 고대 회화의 관례화된 표현 기법을 고려할 때, 벽화 속의 사슴 역시 제의용 희생 제물로 쓰이기 위해 사냥되고 있을 가능성이 높다. 고분벽화의 모든 제재가 현실의 재현이자 내세 삶의 현장을 나타낸 것임을 생각하면, 희생용 짐승으로서의 벽화 속 사슴의 존재는 더욱 두드러질 수밖에 없다. 실제 벽화 속에서 사냥된 사슴들이 고구려 사람들과 시조 주몽의 아버지이기도 한 천제(天帝) 해모수 사이에 통신병 역할을 담당했는지 궁금해진다.

놀이의 꽃 교예, 수산리 고분벽화

소매와 가랑이가 좁은 저고리와 바지 차림의 사람이 두 다리를 약간 벌린 상태에서 무릎을 살짝 굽히고 엉덩이를 뒤로 빼고는, 목과 머리는 90° 가까이 뒤로 젖혀 하늘을 쳐다보면서 크게 벌린 두 팔을 바삐 놀린다. 허공을 향한 긴장된 눈길 위에는 막대 3개와 공 5개가 서로 엇갈리며 오르내리고 있다. 8개의 막대와 공 가운데 하나라도 땅에 떨어뜨릴세라 재주꾼의 손과 눈길, 발끝은 긴장되면서도 리듬감 있는 3박자 움직임을 연출한다. 재주꾼의 뒤에서는 이 재주꾼과 비슷한 복장과 자세의 다른 재주꾼이 살이 많은 바퀴를 공중에 던져 올려 굴리고 있고, 두 재주꾼의 위쪽 공간에서는 또 다른 재주꾼이 사람 키 높이의 나무 다리 위에 올라서서 두 손 끝에 작은 물건을 올린 상태로 묘기를 보여 준다.

한 시대를 풍미한 서커스의 곡예사들이 연출하는 장면으로 오해하는 이도 있겠으나, 1500여 년 전 고구려 사람들이 즐겼던 교예(較藝)의 한 장면으로 1971년 평남 강서군 수산리(현 南浦市 江西區域 水山里)에서 발견된 고구려 시대 고분벽화의 일부이다. 수산리벽화분은 발굴 조사 당시 이미 여러 차례 도굴을 당한 뒤여서 별다

● 수산리벽화분은 수산리 소재지 서남쪽 4km 지점에 있는 고정산 남쪽 자락 끝의 구릉 위에 자리잡은 흙무지돌방무덤으로 무덤 방향은 남향이다.[25] 널길과 널방으로 이루어진 외방무덤이며, 널길과 널방의 길이×너비×높이는 각각 4.5m×1.6m×1.8m, 3.2m×3.2m×4.1m이다. 널방 천장 구조는 평행삼각고임이다. 널방 안에 회를 바르고 그 위에 벽화를 그렸으며, 벽화 주제는 생활풍속이다.

그림 9_ 수산리벽화분 널방 오른벽 벽화 : 교예를 관람하는 무덤 주인 부부 행렬

른 유물은 수습되지 않았으나, 무덤의 돌방 안에서 세련된 솜씨로 그려진 벽화가 발견되어 조사자들의 눈길을 끌었다. 널길 좌우 벽과 널방 벽, 천장고임에는 수문장과 인물 행렬, 연꽃문과 서조(瑞鳥) 등 5세기 후반 고구려 귀족의 삶과 문화를 짐작할 수 있게 해주는 장면들이 일부나마 잘 남아 있었다. 특히 발굴 결과 보고 이후, 널방 오른벽 무덤 주인 부부 나들이 그림 중 귀부인이 걸친 긴 저고리와 색동 주름치마는 7세기에 제작된 일본 나라(奈良) 고송총(高松塚) 고분벽화 속 여인의 옷차림과 계통이 닿는 것으로 지적되어 내외의 관심을 모으기도 했다.

그러나 고구려의 다른 벽화고분과 마찬가지로 수산리벽화분 역시 벽화의 한 장면 한 장면이 고구려 문화의 복원과 재현을 위해서는 소홀히 할 수 없는 귀중한 정보들을 담고 있다. 나들이 그림 중 귀부인의 옷차림이 당시 동북아시아에서 이루어지고 있던 인적·물적 교류의 중요한 단서로 여겨지듯이, 연꽃문은 동아시아 차원의 장식문 전개 과정뿐 아니라 고구려 지방 문화의 흐름과 특성까지 짚어 낼 수 있게 하는 주요한 문화적 기호로 인식된다.[26] 수산리벽화분에는 귀부인의 옷차림이나 연꽃문 외에도 문화 복원의 기호, 혹은 단서로 놓칠 수 없는 벽화 제재가 다수 확인되는데, 그 가운데 하나가 나들이 그림의 일부로 나타나는 교예도이다. _그림 9

놀이·재주·곡예·기예 등 여러 가지 이름으로 불리는 교예는 한동안 서커스라는 이름으로 서민의 삶 속 쉼터의 일부로 자리잡기도 하였다. 고구려 사람들도 이를 즐겼던 듯 고분벽화에도 여러 차례 그 '현장'이 잡혀 있다.[27] 팔청리벽화분 앞방 오른벽 행렬도의 일부로 그려진 교예 장면에는 모두 5명의 재주꾼과 반주자가 등장하는데, 행렬 속의 고취악대가 다루는 북과 나팔 등의 악기 소리에 맞추어 재주 부리기에 몰두하는 모습을 보여 준다. 무덤 주인이 탄 수레 앞에서 행진 중 행해지는 재주인 까닭인지 재주꾼들의 표정이 자못 진지하며, 이들의 자세에는 율동감과 긴장감이 잘 어우러져 있다. 높은 나무 다리 위에 올라탄 채 춤을 추는 인물은 허리를 굽히면서 앞가슴은 폈으며, 두 팔을 좌우로 펼쳐 든 상태에서 한 팔은 팔굽을 꺾어 올리고 다른 한 팔은 편 상태로 손을 세워 균형을 유지하는 데에 정신을 모으고 있다. 완함을 반주하는 사람 뒤에는 짤막한 막대기 몇 개와 작은 공 몇 개가 서로 엇갈리게 공중에 떠올라 있어 저글링이 진행중임을 알 수 있는데, 재주꾼은 모습이 지워져 표정과 자세를 알기 어렵다. 그 뒤의 두 사람은 격검 연기를 보여 준다. 각각 오른손, 혹은 왼손에 긴 검을 하나씩 쥐고 몸을 낮추기도 하고 뛰어오르기도 하면서 칼 부리는 재주를 사람들에게 선보이고 있는 것이다.

장천 1호분의 앞방 오른벽 백희기악도의 일부로 그려진 교예 장면에는 앞에서 소개된 손재주나 발재주에 더하여 짐승을 부리는 재주도 묘사되어 있다. 오른벽 상부의 오른쪽 모서리, 곧 주인공과 손님의 뒤편 모서리진 공간에 그려진 것은 손재주 장면들이지만 손님과 주인공 사이에 자리잡은 커다란 나무를 무대 공간 겸 도구로 삼아 표현된 것은 원숭이 두 마리를 이용한 짐승 재주이다. 굵은 나무 줄기 위에서 아래로 내려오는 한 마리의 황색 원숭이는 목에 줄을 매었고 머리에는 흰 가면과 같은 것을 썼으며, 나무 뿌리 위에 있는 또 한 마리의 황색 원숭이는 흰곰 머리처럼 보이는 가면 같은 것을 쓴 채 그 오른편 의자 위에 앉은 무덤 주인을 향해 절하는 자세를 취하였다. 나무 아래에서 원숭이들을 향해 얼굴을 든 두 사람의 남녀가 이 원숭이들을 다루는 재주꾼인 듯하다.

큰 나무의 오른쪽 손님과 두 시종 사이의 재주꾼 두 사람 가운데 앞의 사람은 간두희(竿頭戱)로도 불리는 재주를 펼쳐 보이는 중이다. 고개를 젖히고 무릎을 굽히

고 엉덩이를 약간 뺀 채, 막 왼손에 쥐고 있는 공을 위로 던지려는 자세이다. 오른손에 잡은 막대 끝에 올려진 평판 위에는 공이, 다시 그 위에는 평판과 공이 잇달아 올려졌다. 뒤의 인물은 두 무릎을 조금 굽히고 머리를 젖혔으며, 오른손에는 작은 곤봉을 잡고 휘두른다. 그의 바로 옆 탁자 위에는 원륜이 하나 놓여 있다. 역시 이 재주꾼의 소도구 가운데 하나일 것이다.

팔청리벽화분과 약수리벽화분의 교예 장면은 내용은 풍부하나 벽화의 손상이 심해 모사도로만 확인이 가능하다. 안악 3호분의 것은 대단히 소략하며, 장천 1호분의 것은 '벽화 도난'으로 현장에서 사라져 이제는 현상 확인이 불가능해진 상태이다.[28] 이들 벽화에 비해 수산리벽화분의 것은 주요한 몇 가지로 압축된 교예 장면이 화면상 비교적 잘 남아 있어 1500여 년 전 고구려 사람이 즐겼던 놀이 문화의 재현도 꿈꿀 수 있게 해준다.

고대 중국에서 잡기(雜技)·환술(幻術)로 분류되던 교예의 여러 종목들 가운데에는 페르시아에 기원을 두고 중앙아시아를 거쳐 동아시아 일대로 전해진 것도 다수 있다. 흔히 '저글링'으로 불리는 손재주 묘기는 동아시아에서는 한대(漢代) 화상전에 이미 그 모습이 펼쳐진다. 그림 10 저글링은 늦어도 기원전 수세기 전부터 서아시아 지역에서 널리 유행하던 교예의 한 종목이다.[29]

한대 화상전을 비롯하여 고구려 고분벽화의 교예 장면에서 확인되듯이, 대부분의 교예는 악기의 반주와 함께 이루어진다. 안악 3호분 회랑 대행렬도 속의 칼과 활을 든 사람은 고취악대의 연주에 맞추어 춤을 추고, 팔청리벽화분 행렬도 중의 나무 다리 위의 재주꾼은 완함의 연주에 맞추어 춤춘다. 수산리벽화분 나들이 그림에 등장하는 재주꾼들도 적절한 반주를 배경 삼아 재주를 부렸을 수도 있으나, 화면의 제한이나 화면 구성상의 어려움 때문에 화공이 연주자들을 묘사하지 않았을지도 모른다. 혹 벽화로 잡힌 한 장면이 아닌, 고구려 당시의 생활 현장으로 들어가 나들이 중인 무덤 주인 부부 일행이 되어 교예 장면을 즐기려 한다면 눈앞의 묘기에 더하여 화면에는 보이지 않는 연주자들의 반주 소리까지 들을 수 있지 않을까.

좌상 위의 주인, 태성리 1호분 벽화

온돌은 바닥을 데워 실내 공기를 훈훈하게 하는 바닥 난방 시스템을 가리키는 말이다. 『구당서(舊唐書)』 등 중국의 사서(史書)는 고구려에서 처음으로 고안·개발된 온돌이 북중국으로 전파되어 일부 지역에서 애용되었음을 전한다.[30] 비교적 길고 추운 겨울을 견뎌 내야 했던 고구려 사람들이 방안 공기의 온도를 일정하게 유지하고자 설치한 초기의 온돌은 실내의 일부분에만 'ㅡ'자 혹은 'ㄱ'자 형태로 고래를 놓고 아궁이에서 불을 때면 그 열이 고래 위의 구들돌을 데우게 하는 부분 온돌이었다.[31]_그림 11

땔감이 타오르면서 열기와 함께 발생하는 연기는 고래를 타고 지나다가 다른 쪽 끝에 설치된 굴뚝을 통해 빠져 나가게 된다. 아궁이에서 마른 나무와 같은 연료를 태워 발생되는 연소열이 굴(터널)을 이루며 바닥 밑을 지나는 고래 위쪽의 편평한 돌을 데워, 그 열이 방의 흙바닥으로 전달됨으로써 방바닥의 공기가 데워진다. 데워진 따뜻한 공기는 위로 올라가고, 위의 찬 공기는 아래로 내려와 구들돌 및 흙바닥의 열로 다시 데워져 위로 올라가는 대류 현상이 발생함으로써 방안에 있는 사람이 온기를 느끼며 지낼 수 있게 되는 것이다.

실내의 벽 한쪽에 난로를 설치하여 조리와 난방이 가능하게 한 벽난로 방식이 연

소열을 그대로 실내에 전하면서 난로 주변만을 따뜻하게 하는 것과는 대조적으로, 온돌은 연소열이 구들돌과 흙바닥에 전해져 이들 재료가 열을 장시간 보존하게 할 뿐 아니라 전면 온돌의 경우 실내 전체를 따뜻하게 할 수 있었다. 벽난로 방식을 채택할 경우 실내 바닥은 차가운 상태로 남아 있게 되므로 입식 생활이 그대로 유지되지만, 온돌은 방바닥을 따뜻하게 하므로 좌식 생활로의 전환이 가능해진다. 그러나 초기의 부분 온돌은 실내 일부만 따뜻하게 하였으므로 날이 찰 때에는 고래가 설치된 부분에서만 그 위에 앉거나 누울 수 있었다. 평상이나 좌상, 걸

그림 12-1_ 덕흥리 벽화분앞방 안벽 벽화 : 무덤 주인

그림 12-2_ 태성리 1호분 벽화 : 무덤 주인

◉ 태성리 1호분은 무덤의 널길, 앞방과 널방 벽에 회를 바르고 그 위에 생활풍속 계열의 그림을 그렸으나 벽화의 보존 상태가 그리 좋지 못하다. 널길의 길이는 약 4m, 앞방의 길이×너비×높이는 2m×0.9m×2.5m이며, 널방의 길이×너비는 2.2m×2.82m이다. 앞방은 평천정이며, 널방의 천장 구조는 삼각고임이고, 앞방과 널방 사이에 8각 돌기둥을 세웠다. 널길 벽화는 오른벽, 곧 서벽에만 행렬도의 아래 부분 일부가 남아 있을 뿐이다. 앞방의 오른쪽 곁방에는 무덤 주인이 좌상 위에 앉아 시종들의 시중을 받고 보고를 듣는 장면이 부분적으로 남아 있으며, 왼쪽 곁방에는 좌상(坐床)과 고깃간, 부엌, 차고 등이 배치·묘사되었으나 그 모습 일부만 남은 상태이다. 널방 벽화에서 확인되는 것은 실내 가무도의 일부이다. 6현금 반주에 맞추어 춤을 추는 장면의 일부가 남아 있다. 8각 돌기둥의 기둥 머리를 장식한 연꽃무늬 역시 확인 가능한 벽화의 일부이다.

상은 차거나 축축한 바닥과 격리된 상태에서 사람으로 하여금 앉거나 누울 수 있게 해주는 편의 가구이다.

평상류는 여러 기의 고구려 고분벽화에서 확인되는 제재 가운데 하나이다. 태성리 1호분 벽화의 좌상은 이들 가운데 가장 이른 시기의 고분벽화에서 확인되는 경우라고 할 수 있다. _그림 12-2 남포시 강서구역 태성리 구릉 기슭에 자리잡고 있는 태성리 1호분은 4세기경 축조된 것으로 추정되는 고구려 초기 벽화고분 가운데 하나이다.[32] 좌우 곁방이 있어 좌우로 긴 앞방과 앞뒤로 긴 널방으로 이루어진 두 방의 돌방무덤으로 앞방의 세 칸은 천장부가 평천정으로, 널방은 평행삼각고임으로 마무리되었다. 무덤 축조에 화강암 판석과 잘 다듬은 석재를 사용하였으며, 앞방과 널방 사이의 한가운데에 8각 돌기둥을 세웠다.

태성리 1호분의 무덤 주인이 사용하고 있는 벽화 속의 평상은 위·진(魏晉) 시기 중국 귀족 사회에서 즐겨 사용하던 '탑상(榻床)'으로 불리던 것과 같은 종류인 듯하다.[33] 삼도호요업 제2현장묘, 삼도호요업 제4현장묘, 봉대자 2호묘 등 위·진 시기로 편년되는 요양 지역 고분벽화에서도 쉽게 발견되는 데에서 미루어 짐작할 수 있듯이, 평상류는 입식 생활에 익숙한 사람들에게는 특히 요긴한 가구였다. 평상이나 좌상, 걸상류가 사용되지 않았다면 일상 속의 쉼뿐 아니라, 논의를 위한 모임조차도 길섶의 돌 위에 걸터앉거나 널찍한 마당에 둘러앉아 진행될 수밖에 없었을 것이다.

고구려 고분벽화에는 매우 다양한 형태의 평상, 좌상, 걸상들이 등장한다. 모두 고구려 당대에 사용되던 것으로 짐작된다. 무용총 벽화에 등장하는 등받침 없는 걸상은 다리가 높고 무덤 주인이나 손님 모두 신발을 신은 채 걸터앉았으며, 이들 사이에 음식상이 차려진 것으로 보아 음식을 들거나 대화·회의 등이 이루어질 때 쓰인 것으로 보인다. 안악 3호분을 비롯하여 덕흥리벽화분, 감신총, 수렵총 등의 고분벽화에 무덤 주인과 함께 표현된 좌상은 1인용인데, 수렵총의 주인공 좌상에서 확인할 수 있듯이 신발을 벗고 올라가 앉을 수 있었다. _그림 12-1 위·진 시기 요양 지역 고분벽화에도 주인공 부부가 각각 1인용 좌상에 신발을 벗고 올라가 앉은 모습이 묘사된 것으로 보아 다리가 낮은 이러한 좌상들은 일상 속의 휴식을 위한 보조 가구라고 하겠다. 그러나 안악 3호분 벽화에서 잘 드러나듯이, 이들 1인용 좌상은 귀족이 일상 업무를 볼 때에도 널리 쓰였던 사무용 가구이기 도 하다.

고구려에서 평상은 1인용 외에 2인 이상이 쓸 수 있는 다인용(多人用)도 제작·사 용되었음이 확실하다. 약수리벽화분 및 쌍영총 벽화의 무덤 주인 부부는 하나의 평상 위에 나란히 앉은 모습으로 표현되고 있기 때문이다. 물론 두 사람 모두 그 들이 신던 신발은 벗어 평상 앞에 가지런히 둔 상태이다. 평상은 편안한 쉼을 위 한 보조 기구로서의 기능이 보다 강조된 가구의 일종이라고 할 수 있는데, 무용총 널방 천장고임 벽화에 묘사된 평상의 쓰임새에서 이러한 점이 잘 드러난다. 비교 적 넓은 평상에 올라앉아 뒤로 비스듬히 몸을 젖힌 상태의 신선의 모습은 이러한 형태의 평상이 사람이 그 위에 앉거나 누워 쉴 수 있게 하는 가구임을 말해 준다.

부분 온돌로 시작된 고구려의 바닥 난방법은 서쪽으로는 북중국 일대, 남쪽으로 는 신라와 백제로 전해지면서 지역별 기후 조건, 생활 조건에 맞도록 개발되고 변형된다. 일정한 기술과 적절한 비용이 요구되었으므로 고구려뿐 아니라 다른 나라에서도 초기에는 온돌이 제한적으로 보급되고 설치되었다.[34] 궁성이나 사원, 관청, 귀족의 저택에서는 온돌이 널리 사용되었고 방바닥의 온돌 설치 면이 넓었지만, 일반 백성의 가옥에서는 온돌의 사용이 드물었으며 온돌 설치 면도 좁았다. 일반 백성들까지 전면 온돌의 혜택을 입기 시작한 것은 조선 시대에 이르러서라고 한다.[35]

온돌의 개발과 보급으로 고구려인은 입식에서 좌식으로 생활 양식을 서서히 바꾸어 나간 듯하다. 고구려 당대에 온돌이 일반 백성들이 살던 민가에 어느 정도 널리 보급되었는지는 아직 확실치 않다. 그러나 실내에서의 생활 방식을 바꿀 수 있게 하는 난방 방식의 도입이 지닌 사회적 의미는 컸을 것이다. 태성리 1호분 벽화 속 좌상 위의 주인공은 온돌의 따뜻함을 알고 있었을까. 아니면 좌상이나 평상에만 의존하는 생활에 만족하고 있었을까.

아름다운 여인들의 행렬, 쌍영총 벽화

이름이 이미지를 결정하기도 하지만, 이미지로 이름이 정해지기도 한다. 고구려 벽화고분들은 대대로 민간에서 전해 내려온 이름이 그대로 굳어진 것도 있지만, 조사 및 발굴 과정에서 형성된 특별한 이미지로 특정한 이름을 지니게 된 것도 여럿 있다. 무덤의 내부 구조나 외부 모습으로 말미암아 이름지어진 삼실총, 오회분 5호묘와 같은 무덤이 있는가 하면, 벽화의 특정한 제재가 이름으로 자리잡은 미인총, 무용총, 수렵총 같은 경우도 있다. 쌍영총(현 지명 : 남포시 용강군 용강읍, 옛 지명 : 평남 용강군 지운면 진지동)은 앞방과 널방 사이에 세워진 두 개의 커다란 8각 기둥이 이름으로 자리를 굳힌 경우이다.

용강읍 북쪽 구릉 위에 자리잡은 이 흙무지돌방무덤의 처음 명칭은 진지동 1호분(眞池洞1號墳)이었다.[36] 쌍영총은 1910년 발견 당시 이미 도굴로 심하게 훼손된 상태였다. 널길은 무덤칸 입구 가까운 곳까지 무너져 내렸으며, 앞방 왼벽에는 도굴 구멍이 크게 뚫려 있었다. 널길 좌우 벽에 남아 있던 우차(牛車)들과 기마대(騎馬隊), 악대를 포함한 60여 명의 인물들 가운데 대부분은 부실한 조사 과정과 뒤처리로 말미암아 흔적조차 남기지 못하였다. 앞방 왼벽의 청룡, 오른벽의 백호 가운데 청룡은 머리와 상체 일부만 모사도로 남게 되었으며, 백호 역시 현재는

● 쌍영총의 무덤 방향은 서쪽으로 치우친 남향이며, 널길·앞방·이음길·널방으로 이루어진 두방무덤이다. 앞방과 널방의 길이×너비는 각각 2.32m×2.27m, 2.77m×3.01~2.94m이며, 앞방과 널방의 천장은 평행삼각고임이다. 무덤 안에 회를.바르고 그 위에 생활풍속과 사신(四神)을 주제로 한 벽화를 그렸다.

그림 13_ 쌍영총 널방 왼벽 벽화 : 공양 행렬 일부

형체를 알아보기 어려운 상태가 되었다.

안타까움을 더하는 것은 널방 왼벽에 비교적 또렷하게 남아 있던 공양행렬도도 발굴 이후 벽화의 퇴색이 계속되어 이제는 각 인물의 흔적만 간신히 확인할 수 있는 상태가 되었다는 사실이다. 발굴 조사 뒤 벽화의 상태를 그대로 유지시킬 수 있는 최소한의 보존 처리도 뒤따르지 않은 결과이다. 널방 오른벽의 행렬도는 발견 당시 이미 거의 알아보기 어려운 상태였다. 널방 앞벽 상단의 소슬 사이에 서로 마주 보도록 그려진 암수 주작은 비교적 형체가 잘 남아 있는 경우이다. 널방 안벽에는 장방 안 기와집에 앉아 시종들의 시중을 받는 모습의 무덤 주인 부부와 현무(玄武)가 그려졌는데 보존 상태가 비교적 좋은 편이다. 앞방과 널방 고임에는 연꽃무늬, 꽃병무늬, 불꽃무늬, 구름무늬와 같은 각종 장식 무늬, 서조, 해와 달을 그려 넣었고, 두 방의 천정석에는 활짝 핀 연꽃을 장식하였다.

모사도를 통해 발견 당시의 벽화 상태를 짐작하게 하는 공양행렬도는 5세기 후반 새로운 수도 평양을 중심으로 크게 번성하던 고구려 불교의 현황을 잘 보여 주는 귀중한 자료이다. 393년(광개토왕 3년) 국가의 주도로 평양에 9사가 창건되면서 평양은 수도 집안에 버금가는 불교 신앙의 중심지로 발돋움하였다.[37] 427년(장수왕 20년)의 평양 천도는 이러한 흐름에 힘을 더하였다. 쌍영총의 공양행렬도는 평양을 중심으로 전개되던 국가 주도 불교의 확산과 전파가 고구려 귀족 사회에 어떤 영향을 미쳤는지 짐작하게 한다.

벽화의 행렬은 모두 9명으로 이루어졌다. _그림 13_ 향을 사른 연기가 피어 오르는 향로를 머리에 받쳐든 여인과 가사장삼 차림의 스님을 앞세우고 한 귀족 부인이 앞뒤로 6명의 시녀를 거느린 채 공양 나들이에 나섰다. 아직 사람의 크기로 신분과 지위를 나타내는 위계적 인물 묘사를 벗어나지는 못했으나, 인물의 자세와 형태를 나타내는 화공의 회화 기교는 5세기 전반의 서투르고 어색한 맛에서 크게 벗어난다. 인물의 크기로 보아 스님의 사회적 지위는 검은 빛에 가까운 두루마기와 잔주름치마를 걸친 귀족 부인의 신분을 넘어서지 못한다. 귀족 부인과 시녀들 몇은 소매 속이나 바깥으로 두 손을 가슴께로 올린 채 맞잡은 자세로 걷고 있다. 이른바 고구려인의 '반공(半拱)'이다.

스님을 앞세운 귀족들의 공양 행렬은 4~6세기 동아시아 불교 회화 및 조각에서 즐겨 다루어지던 제재 가운데 하나이다. 5호16국 및 남북조 시대 북중국 일대에 만들어진 석굴 사원 하나하나가 국가적 차원의 후원금이나 귀족들의 기금에 의지한 것임을 고려하면, 이른바 물적(物的)인 '공양'의 주체가 사원 장식의 일부로 등장한 것은 당연하다고 할 수 있다. 북조 불교 문화의 산물이라고 할 수 있는 운강 석굴이나 용문 석굴에 불교 설화의 한 장면으로서 공양 행렬이 표현되는 경우보다 조상기(造像記)와 함께 공양 참가 귀족들이 행렬을 이루며 묘사되는 예가 많은 데에서 이러한 점이 잘 드러난다. _그림 14

그러나 쌍영총 벽화의 귀부인 공양 행렬은 언뜻 볼 때, 예배 대상이 명확히 드러나지 않아 석굴 사원의 공양 행렬들과 일정한 차이를 보인다. 향로를 인 시녀까지 앞세웠음에도 불구하고 행렬이 지향하는 널방 안벽에 자리잡고 있는 것은 무덤 주인 부부와 이들을 수호하는 쌍현무(雙玄武)이다. 널방 안벽의 무덤 주인 부부는 보다 이른 시기에 제작된 고분벽화 속의 무덤 주인들처럼 정좌한 신상(神像)처럼 묘사되었다. 그러나 안악 3호분 및 덕흥리벽화분의 주인공들과는 달리 화면에 비

그림 14_ 중국 용문 석굴 고양동 북벽 중동 제2기감부 : 공양 행렬

해 작게 그려졌다. 조상신의 세계로 되돌아가 자신 역시 조상신의 하나가 된다고 믿었다고 보기에는 무덤 주인 부부의 초상이 지나치게 작게 표현된 감이 있다. 더욱이 이 부부의 새로운 삶은 두 마리의 현무에 의해 지켜져야 하는 듯하다.

두 마리의 현무는 현무가 지니는 우주론적 의미와 기능, 역할에 대한 인식의 부족을 확인시켜 주는 존재일 수도 있고, 초보적 이해에 바탕을 둔 현무에 대한 과도한 신앙의 표현 결과일 수도 있다. 어쨌든 두방무덤에서는 혼전(魂殿)의 기능을 맡게 되는 널방이라는 공간, 이 공간이 지니는 의미가 확인되는 안벽 화면의 제재 구성과 배치에 혼란이 느껴진다.[38] 쌍영총의 무덤 주인 부부는 어떠한 내세로 삶터를 옮기고 싶어했는지, 남아 있는 자들은 세상을 떠난 두 사람이 어떤 삶터로 자리를 옮겼다고 믿었는지가 제대로 드러나지 않는다. 스님을 동반한 귀부인의 공양 행렬은 과연 어디로 가고 있는 것일까.

무덤 주인 부부의 공간을 향한 공양 행렬은 안악 2호분 벽화에서도 발견된다. 안악 2호분 벽화에서도 아름다운 비천들과 공양자들은 널방 안벽을 향하여 나아간다. 널방 안벽에는 거대한 장방과 그 안에 놓인 평상이 표현되어 있다. 평상 위에 그려졌던 사람의 모습은 남아 있지 않지만, 4~5세기 평양권 고구려 고분벽화 제재의 구성과 배치 방식을 감안할 때, 널방 안벽 화면의 주인공은 무덤 주인 부부였을 것이다. 비천에 의한 산화(散花) 공양의 대상이 무덤 주인이라면 그 의미는 무엇일까. 무덤 주인의 내세 삶터가 정토(淨土)이기를 기원하는, 혹은 무덤 주인이 내세에 윤회의 수레바퀴를 넘어선 새로운 존재로 나기를 바라며, 그러한 모습을 상정하며 표현한 결과일지 모른다.

그런데 화면 속의 무덤 주인 부부는 조상신의 세계로 돌아가 이 세상에서와 같이 시종들의 시중을 받으며 살고 싶어하는 사람처럼 표현되었다. 불교적 정토를 그러한 세계로 인식했기 때문일까. 그렇다면 쌍영총 벽화의 귀부인은 무덤 주인 부부의 어떠한 내세 삶을 기원했을까. 말 그대로 깨끗한 땅에서의 삶인가, 이미 익숙한 세계에서의 삶인가. 한 가지 더, 화려한 가사장삼 차림의 스님과도 비교될 정도로 크게 묘사된 귀부인은 무덤 주인 겸 부인의 생전 모습일까, 아니면 무덤 주인 부부를 아끼고 존경하던 후원자일까.

고구려 요새 도시의 불탑, 요동성총 벽화의 요동성도

변경은 독특한 색깔을 지닌다. 두 색의 경계가 두 색 고유의 것이면서도 아니듯이 변경은 두 지역이 만나는 곳이지만 두 지역만의 색깔을 고집할 수 없는, 어쩌면 변경 고유의 빛으로만 표현해 낼 수 있는 그러한 곳인지도 모른다. 체제와 질서, 구성과 지향을 달리하는 두 국가나 사회가 맞닥뜨리는 곳에서 삶은 어떻게 인식되고 어떻게 꾸려질까. '새옹지마(塞翁之馬)'의 '말'이 자아내는 희비의 교차, 행·불행의 교직과 같은 것일까. 이미 역사가 되어 버린 베를린 장벽 안 서베를린 사람과 그 바깥 동독 사람들이 지니던 서로 다른 느낌과 판단 같은 것일까.

요동성은 고구려 서쪽 변경의 요새 도시이다. 후한(後漢) 이래 16국 시기에 이르기까지 수 세기 동안 북중국을 지배하던 여러 세력들과 크고 작은 충돌을 거치면서 고구려가 영역화하려고 애썼던 요동 지역의 중심 도시이다. 중국을 통일한 수·당과의 오랜 전쟁 끝에 함락될 당시의 인구가 4만, 병사가 1만이었으며, 전쟁에 대비하여 성안에 쌓아 두고 사용하다 남은 양식만 50만 석에 이르던 고구려의

● 반지하에 축조된 요동성총 무덤칸의 방향은 남향이다. 널길 두 개에 가로로 긴 앞방이 이어지고, 앞방 좌우에 곁방이 각각 한 개씩 있으며, 왼쪽 곁방 앞에 8각 돌기둥이 세워졌다. 앞방 뒤로는 흔히 관실(棺室)로도 불리는 세로로 긴 널방 4개가 달려 있다. 널길의 천장은 평천정으로 마무리되었고, 다른 방들은 3단이나 4단의 평행고임으로 천장 짜임이 이루어졌다. 무덤칸 안의 벽과 고임에 회를 입히고 그 위에 벽화를 그렸는데, 조사 당시에는 무덤 안으로 흘러든 빗물과 토사로 말미암아 대부분의 벽화가 백회와 함께 떨어져 나간 상태였다. 널방 벽 모서리에 나무 기둥 그림의 흔적이 남아 있고 앞방 벽에 성곽, 사신, 방앗간 그림의 일부가, 천장고임에 구름무늬, 널방 벽에 인물상의 일부가 남은 것에 근거하여 벽화의 주제는 생활풍속과 사신이었던 것으로 추정되었다.

그림 15-1_ 요동성총 벽화 : 성곽도

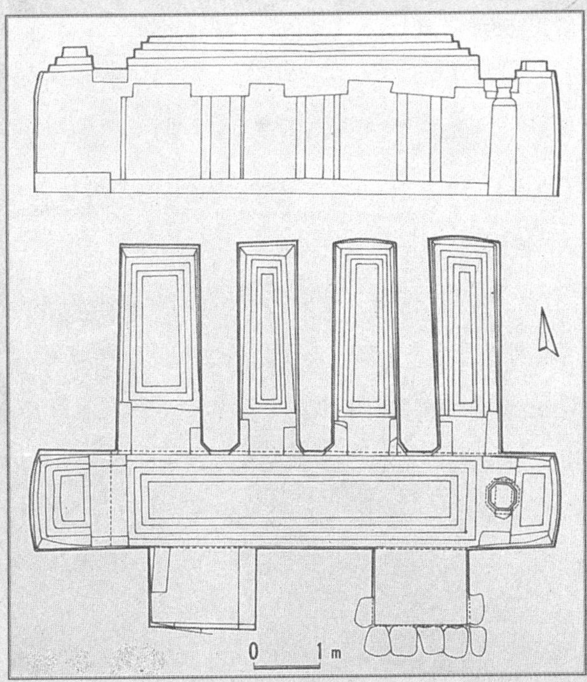

그림 15-2_ 요동성총 평면도

대형 성곽 도시들 가운데 하나였다.[39] 그러나 함락되고 불타 버린 요새 도시였던 까닭에 거대 성곽 도시 요동성은 돌로 쌓은 성벽으로 그 흔적의 일부만 남기고 있을 뿐이다. 성곽 안에 있었을 수많은 건물과 거리, 사람과 동물, 물자는 불탄 잔해를 덮은 두터운 흙더미 아래에서 혹 그 일부가 잠들어 있는지 모르지만 현실 속에서는 일말의 가능성으로 남아 있을 뿐이다.

요동성총은 1953년 평안남도 순천시 용봉리 방촌 마을 대동강변에서 발견·조사된 고구려의 초기 벽화고분 가운데 하나이다.[40] 무덤 곁을 흐르는 대동강의 상류 2km 지점에 무덤 안의 독특한 천장고임 구조로 잘 알려진 천왕지신총이 있다. 순천은 평양권 벽화고분이 집중적으로 분포하고 있는 대동강 중하류 지대에서 비교적 떨어진 지역으로 발견된 벽화고분도 몇 기에 불과하다. 흥미로운 것은 이 지역에 자리잡고 있는 벽화고분들은 구조 및 벽화 구성에서 평양 및 남포 일대의 고분들과는 구별된다는 사실이다. 요동성총은 그 가운데에서도 특이한 평면 구조와 벽화 속의 성곽도, 묵서(墨書)로 말미암아 관심 있는 이들의 눈길을 받은 벽화고분이다.[41]

잘 알려져 있듯이 요동성총이라는 이름은 앞방 앞벽에 묘사된 성곽도 곁의 '요동성(遼東城)'이라는 묵서에서 비롯되었다. 단 세 자에 불과한 이 짧은 묵서로 말미암아 '성곽'의 정체도 확인되었다. 그 유명한 역사 속의 요새 도시 요동성이 버려지다시피 한 평안도 북변의 한 고분 속에서 그림으로나마 현실 속에 되살아나게 된 것이다. 비록 간단한 묵선(墨線) 위주의 그림이나 내성(內城)과 외성(外城)으로 이루어진 성안에는 3층 건물과 2층 건물이 묘사되어, 이들 건물이 요동성 안에서 상징적인 존재, 지표적 건물로 자리매김되고 있었음을 짐작하게 한다. 성곽으로 둘러싸인 대규모 요새 도시 요동성 안에서 주민들이 국경 지대의 삶을 되뇌면서 의지하고, 수시로 주변을 지나치며 쳐다보던 운명적 건물들은 어떤 것이었을까.

요동성의 건물에 대한 기사로는 두 가지가 전한다. 『삼국유사』에 따르면 고구려의 성왕(聖王) 때 요동성에 7층 목조 불탑이 세워졌다고 한다.[42] 고대 동아시아에 세워진 목탑들의 일반적인 규모를 생각할 때 요동성 7층탑의 높이는 수십 미터에 이르는 거대한 규모를 자랑했을 것이다.[43] 신라 선덕여왕(善德女王) 때 자장법사의 건의로 이웃 나라들을 제압할 목적으로 세워진 경주 황룡사 9층 목탑이 78.75m,[44] 현세 미륵이 되어 백제를 용화정토(龍華淨土)의 세계로 만들 것을 꿈꾸던 백제 무왕(武王)이 익산 용화산 자락에 세운 미륵사 3탑 중 가운데 중앙부의 목탑이 황룡사 목탑에 버금가는 높이였을 것으로 추정됨을 고려하면,[45] 이들 탑의 모형이 되었을 것으로 추정되는 요동성탑이 처음 세워졌을 때에 고구려 사람들에게 어떤 느낌을 주었을지는 미루어 짐작할 만하다.

인도 마우리아 왕조 아쇼카 왕을 음역한 한자명 '아육왕(阿育王)'을 붙여 육왕탑으로도 불렸던 이 탑도 층수를 줄여 가며 유지되다가 세월의 흐름을 이기지 못하고 썩어서 무너져 내렸지만, 불교 전래 뒤 고구려가 요동성을 중심으로 구축된 대서방(對西方) 방어선을 유지하고 있는 동안 요동성과 그 일대의 주민들은 이 불탑을 찾고 그 주위를 돌며 그 앞에 공양 드림으로써 정신적 안정과 위로를 얻었을 게 틀림없다. 『삼국지』에는 당나라군의 끈질긴 공격을 견디지 못하고 성이 함락되려 하자 요동성의 군사와 주민들이 주몽사(朱蒙祠)에 모여 한 미녀에게 옷을 차려 입힌 뒤, 그를 신에게 시집 보내는 의식을 치렀더니 무(巫)가 "주몽신이 기뻐하셨으니 성이 안전할 것"이라고 하였다는 기사가 전한다.[46] 당군의 격퇴를 기원

하며 제사했던 이 사당 안에는 전연(前燕) 때 하늘에서 내린 갑옷과 창이 모셔져 있었다고 전한다. 이 기사는 불탑 외에 성 주민들의 정신적 지주 역할을 하던 또 하나의 건물, 주몽 사당이 요동성 안에 자리잡고 있었음을 알게 한다.

고구려의 다른 벽화고분들과 달리 요동성총은 잘 짜여진 정방형 널방 대신 좁고 긴 네 개의 관실을 지닌 특이한 구조의 벽화고분이다. _그림 15-2 유사한 구조의 건축물은 요하 건너 요양 지역 한·위·진대의 고분들에서만 발견된다. 주로 3~4세기에 축조·제작된 요양 일대의 벽화고분들에서는 무덤칸의 앞방이나 널방 둘레를 회랑으로 감싸거나, 앞방으로 이어지는 널방을 여러 개 설치하는 사례, 앞방을 여러 칸으로 나누거나 앞방이나 널방 좌우에 같은 크기의 곁방들을 덧붙이는 경우, 앞방과 널방 사이에 가운데 방이 있는 사례 등이 확인된다.[47]

이들 요양의 벽화고분들은 곁방이나 감이 달려도 앞방과 널방에 부속되는 시설임을 평면 공간의 배치와 크기, 구조를 통해 확인시켜 주는 고구려 벽화고분과 달리, 평면 구조가 복잡할 뿐 아니라 주된 시설과 딸린 시설 사이의 공간 구성이나 기능상의 구별이 뚜렷하지 않은 것이 일반적이다. 회랑이 널방 이상의 주요 공간으로 기능하기도 하고, 가운데 방과 그 좌우의 곁방들이 중심 공간으로서의 역할을 맡기도 하며, 다른 방에 비해 크게 확장된 앞방이 무덤칸의 전체 공간 배치에서 가장 중요시되기도 한다. 3~4세기 요양의 벽화고분들은 전형적인 공간 배치와 구성을 갖추지 않고 있는 것이다. 요동성총 역시 이런 점에서는 고구려 벽화고분보다는 요양 벽화고분에 가깝다. 고구려 벽화고분으로서는 이질적인 존재인 셈이다. 어쩌면 이것이 요동성총에 잠든 이의 삶이 변경 지대의 그것이었음을 시사하는 부분인지도 모른다. 평범해 보이는 일상의 한가운데에 긴장과 불안을 안고 있는 것이 국경 지대 삶의 한 특징이라면, 불탑과 사당은 삶의 긴장을 풀고 불안을 지워 내기 위해 없어서는 안 될 생활 속의 필수 공간일 수밖에 없었을 것이다. _그림 16 순천 요동성총에 잠든 고구려 귀족은 그러한 삶의 흔적을 벽화 속 성곽도와 그 안의 건물도로 후세에 알리려고 했는지도 모를 일이다.

배경에서 풍경으로, 진파리 1호분의 나무

연기력에 특별한 하자가 없다면 조명과 관심은 극 속의 주인공에게 쏟아지게 마련이다. 벽화를 구성하는 다양한 제재들도 주제와 부제 사이에는 명암이 엇갈린다. 부제로 인식되는 제재는 제대로 표현되기 어렵다. 화가는 주문자나 그가 속한 사회가 부제였던 제재들도 주제로 받아들일 수 있기를 기대하며 '미래의 현실로' 조금씩 나아갈 뿐이다.

진파리 1호분 널방 안벽 벽화의 주인공은 현무이다. 벽화 속 뱀과 거북의 긴장된 어우러짐은 현무라는 신수(神獸)가 실제 존재하는 듯이 느껴지게 한다. 그런데 벽화 속에는 '현무' 자신을 포함하여 이 신수에 실재성을 부여하기 위한 몇 가지 중요한 회화적 장치 겸 제재가 공존하고 있다. 널방 안벽 화면의 실제 배경을 이

● 진파리 1호분은 평양시 력포구역 룡산리(옛 지명 : 평남 중화군 무진리 진파동, 중화군 진파리)에 있다.⁴⁸⁾ 평양 동남쪽 제령산 서편 구릉 지대에 소재한 진파리고분군에 속한 흙무지돌방무덤의 하나로 현재 북한에서의 호칭은 동명왕릉고분군 9호분(東明王陵古墳群9號墳)이다. 널길과 널방으로 이루어진 외방무덤으로 널길의 길이×너비는 3.5m×1.5m, 널방의 길이×너비×높이는 3.4m×2.5m×2.54m이다. 널방의 천장 구조는 평행삼각고임이며, 벽화의 주제는 사신이다. 널길의 좌우 벽에는 무덤을 지키는 문지기 장수를 그렸는데, 갑주로 무장한 채 긴 창을 꼬나 쥐고 눈을 부릅뜬 형상이 불교 사원 입구에 배치되는 사천왕을 떠오르게 한다. 널방 왼벽에는 빠르게 흐르는 구름을 배경으로 하늘을 내닫는 청룡을 그렸다. 청룡의 머리와 몸체는 널방 입구가 아닌 안벽을 향하고 있다. 구름이 흐르는 방향으로 화생(化生)의 과정을 밟고 있는 여러 형태의 연꽃이 휘날리고 화생의 결과물이라고 할 수 있는 새가 난다. 앞벽 좌우에는 암수 주작을 그렸고, 오른벽에는 백호를 나타냈다. 백호 역시 청룡과 같이 안벽을 향해 내닫고 있으며, 빠르게 흐르는 구름과 구름 사이로 휘날리는 여러 형태의 연꽃을 배경으로 삼고 있다. 널방 안벽에는 현무를 그렸다. 좌우에 묘사된 나무와 하늘 공간을 가득 채운, 빠르게 흐르는 구름과 휘날리는 연꽃을 배경으로 화면 한가운데 버티고 선 현무는 힘있게 서로를 얽은 뱀과 거북의 신비스러운 어울림이 보는 이로 하여금 좌우 벽의 청룡과 백호와는 다른 느낌에 빠지게 한다.

그림 17_ 진파리 1호분 널방 안벽 벽화 : 나무

루는 강한 기운의 흐름, 이를 나타내기 위해 표현된 왼편에서 오른편을 향해 빠르게 흐르는 구름, 연꽃 봉오리와 인동연꽃들이 그 하나라면, 현무의 좌우에 두 그루씩 사실감 있게 표현된 푸른 잎의 나무들이 다른 하나일 것이다. 소나무나 잣나무를 나타낸 것으로 추정되기도 하는 이 나무들 역시 화면에 가득한 강한 기운의 흐름에 줄기와 가지를 온통 내맡긴 상태이지만, 한가운데의 현무가 발을 땅에 굳게 딛고 있듯이 뿌리는 지면 속에 단단히 내린 듯이 보인다. _그림 17

고구려 고분벽화에서 나무는 비교적 자주 발견되는 제재 가운데 하나이다. 고분벽화에 보이는 나무의 형태 역시 여러 가지이다. 고분벽화에서 나무는 사냥 장면의 배경이 되기도 하고, 보는 것과 같이 신산(神山)의 주요 구성 요소가 되기도 한다. 화면을 나누는 칸막이의 기능을 하기도 하고, 화제의 구심점이나 한 부분으로서의 역할을 맡기도 한다.[49] 특정 고분벽화에 등장하는 나무가 어떤 존재로 인식되고 그려질지, 바꾸어 말하면 어떤 기능이나 역할을 담당할지는 해당 벽화고분 안 벽화 구성 제재로서의 위치나 비중, 벽화 구성에 영향을 미친 세계관, 혹은 벽화 주제와 관련된 내세관의 내용을 바탕으로 판단할 수밖에 없다.

각저총 벽화의 앞방 벽을 가득 채운 나무는 그 자체가 중심 제재이지만, 널방 오른벽과 왼벽의 나무는 화면을 장식하는 주요 제재의 하나인 동시에 화제를 나누는 칸막이로 기능하는 부차적 존재이기도 하다. 덕흥리벽화분 앞방 고임 하단 사냥도 속의 나무는 산과 함께 사냥 장면의 배경을 이루도록 배치된 제재인 반면, 내리 1호분 및 강서대묘 널방 천장고임에 보이는 나무는 불사(不死)의 선계(仙界)가 있다는 신산의 주요 구성 요소이다. 장천 1호분 앞방 오른벽 위 부분에 묘사된 백희기악 장면 가운데 화면 오른쪽에 자리잡은 거대한 나무는 주인공과 손님의 야외 놀이 관람의 무대인 동시에, 생명의 원천으로서의 신성성을 지닌 존재이다. 나무 줄기를 타고 오르내리는 원숭이 두 마리와 이들을 다루는 놀이꾼에게 이 나무는 원숭이 재주를 보여 주기에 적합한 자연 속의 무대 장치이지만, 이 나무를 향해 날아오는 아름다운 깃의 새에게는 커다란 생명의 열매들이 가득 달린 신성한 나무인 것이다.[50]_그림 18 한편, 같은 벽면 아래 부분에 펼쳐진 사냥 장면 가운데 화면 왼쪽에 표현된 낮은 둔덕 위의 나무는 밑동의 굵은 나무 뿌리 사이의 공간을 생명의 모태로 삼은 검은 곰의 존재로 말미암아 생명의 씨앗을 담은 신성한 그릇으로 해석되는 존재이자 좌우로 넓게 펼쳐진 산야의 일부로 절정에 이르고 있는 대규모 사냥의 배경으로 기능하는 여러 제재의 하나이기도 하다.

고분벽화는 무덤의 내부라는 특수한 공간을 터로 삼는 회화 장르이다.[51] 때문에 화면을 장식하는 제재가 죽은 이, 그의 일족이 지닌 내세 삶에 대한 인식, 이와 관련된 특정한 종교적 의도에 의해 선택되고 주문되게 마련이다. 따라서 고분에 벽화를 그릴 화가는 고객이 '원하는 상품'을 제공하고 그 대가를 받는 상인과 같은 존재이므로 무덤 주인측이 주문한 대로 제재를 구성·배치하고 표현할 수밖에 없다. 화가가 무덤 속의 제한된 화면 속에서 특유의 창의력을 발휘할 여지가 그만큼 좁아지는 셈이다. 제재의 구성과 배치에서부터 제한받는 상황이라면 제재별 비중이나 제재의 형태조차 화가가 임의로 변경하거나 재창조하기는 어려울 것이다. 다른 장르에 비해 공예성을 강하게 지니게 마련인 고분벽화에는 그 시대가 읽고, 그 집단이 보는 방식이 보다 엄격하게 적용될 수밖에 없을 것이고, 화가 역시 이러한 관습에서 자유롭기는 어려울 것이기 때문이다.

5세기의 각저총 벽화에 등장하는 나무의 형태는 한대 화상석에 등장하는 연리수(連里樹) 표현의 전통이 고구려인 고유의 신성한 나무에 대한 신앙과 어우러진 결과로 해석된다.[52] 따라서 벽화 속의 나무를 화가의 회화적 표현 능력 부족을 드러내는 전형적인 사례로 보기보다는 신앙 대상으로 재해석된 제재의 특수한 표현 방식의 산물로 보는 것이 옳을 듯하다. 6세기에 제작된 것으로 추정되는 내리 1호분 벽화 속의 나무는 신성한 산의 구성 요소로 등장할 뿐, 그 자체가 신앙 대상으로 여겨지지는 않은 경우이다. 화가는 이 나무를 묘사하면서 공예적 배경으로 여겨 형식적으로 표현해야 할 대상으로 보거나 신앙 대상으로서 특정한 기준에 맞추어 성스럽게 그려야 할 존재라는 인식과 표현상의 제약을 받지 않고 있다. 이어 진파리 1호분 벽화에 이르면 나무는 이제 널방 안벽 화면의 주요 구성 요소의 하나가 되어 배경이기보다는 풍경의 일부로 그려진다. 비록 현무의 부속 제재에 가깝다 할지라도 진파리 1호분 현무 곁의 나무는 화가가 주제로서의 가능성을 마음에 담고 그리고 싶은 대로 그리기 시작한 '풍경 속 나무'의 첫 작품이 아닌가 생각된다.

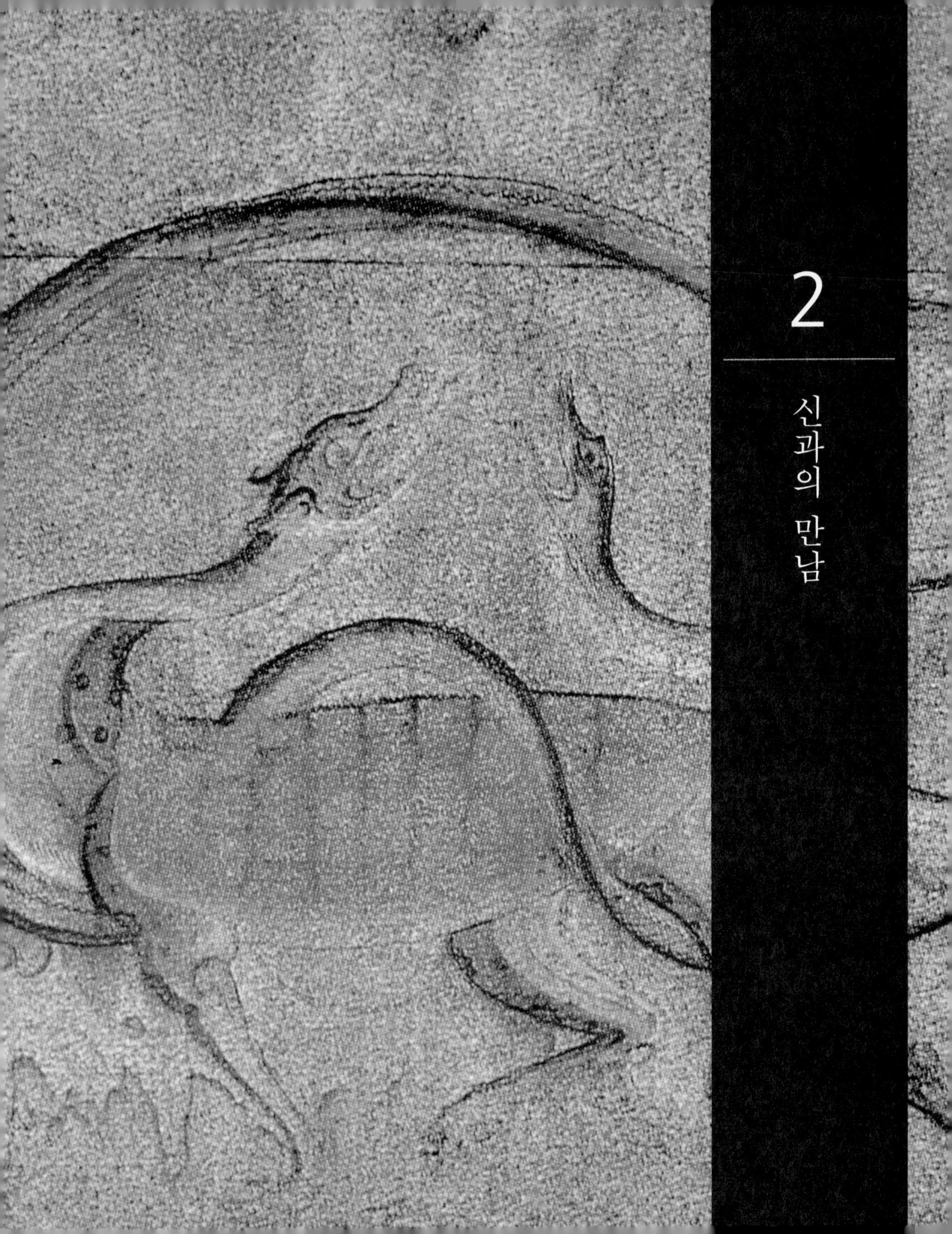

2

신
과
의

만
남

잠든 이의 수호신, 강서대묘의 현무

1906년, 강서군수와 그와 가까운 몇몇 사람들이 삼묘리(三墓里)에 있는 오래된 두 기의 무덤 안에 들어갔다.[1] 마을 사람들의 말대로 무덤 안은 넓고 서늘했으며, 벽과 천장에는 여러 가지 그림이 그려져 있었다. 무덤 속 그림 가운데 특히 눈길을 끈 것은 대묘(大墓) 널방 안벽의, 얽혀서 꿈틀거리는 모습이 마치 살아 움직이는 듯 느껴지는 신비한 짐승이었다. _그림 19

뱀과 거북이 어우러져 이루어 낸 이 기괴한 짐승은 사신(四神)의 하나인 현무였지만, 조선의 군영 깃발 따위에 그려지던 민화류(民畵類)의 현무와는 달랐다. 벽 속의 현무는 사람의 손으로 그려진 그림이 아니라, 무덤 속에 잠든 이를 지켜 주기 위해 하늘세계에서 내려온 존재가 벽에 어려 있는 것처럼 보였기 때문이다.

황도상(黃道上)의 북방 일곱 별자리를 상징하는 현무는 흔히 뱀과 거북의 합체로 표현된다. 문헌에 따르면 현무의 뱀은 양(陽)의 기운을 지닌 존재, 곧 수컷에 해당하고, 거북은 음기(陰氣)를 지닌 암컷 역할을 담당하는 존재이다.[2] 때문에 뱀과 거북이 얽힌 채 머리를 돌려 서로의 눈길을 마주치고, 입에서 뿜어낸 기운이 허

● 강서대묘의 무덤 방향은 남향이며, 널길과 널방으로 이루어진 외방무덤으로 잘 다듬은 대형 화강암 판석으로 축조되었다. 흙무지의 직경이 51m, 높이가 9m이며, 널길 및 널방의 길이×너비×높이는 각각 3m×1.8m×1.7m, 3.18m×3.15m×3.5m이다. 널방 벽화의 주제는 사신(四神)이다.

그림 19_ 강서대묘 널방 안벽 벽화 : 현무

공에서 만나 어우러지는 현무의 모습은 현무라는 존재가 지닌 종교론적·우주론적 상징성과 관련이 깊다. 현무의 뱀과 거북이 보여 주는 자웅합체·음양교합(陰陽交合)의 자세는 종교론적으로는 재생을 뜻하며, 우주론적으로는 우주적 질서의 회복을 의미하기 때문이다.[3] 사신의 일원으로서의 현무는 북방의 수호신인데, 중국을 비롯한 동아시아 일원의 종교적 관념에 따르면 북방에 생명의 시원(始原)이 있다. 모든 생명은 북방 아득한 곳에서 나고, 그곳으로 돌아간다. 동아시아 사회에서 왕이 북방을 등지고 남방을 향해 앉는 것은 우주적 질서의 회복과 유지를 위임받은 존재가 왕이기 때문이다. 결국 죽음에서 삶으로, 혼란에서 질서로의 회귀라는 측면에서 현무가 지닌 상징성과 북방이 지닌 종교적 관념이 만나 어우러지는 셈이다. 무덤 속 널방의 북편인 안벽에 현무가 그려지고, 이 신수가 죽은 이의 새 삶을 보장하고 지켜 주는 역할을 담당하는 존재로 인식됨은 어쩌면 당연하다고 하겠다.

강서대묘는 남포시 강서구역 삼묘리(옛 지명 : 평남 강서군 우현리, 평남 대안시 삼묘리) 무학산 기슭 남편에 자리잡은 고구려 시대의 대형 무덤 3기 가운데 제일 남쪽에 있는 흙무지돌방무덤이다.[4] 널방의 천장은 삼각고임으로 마무리되었는데, 강서군수 일행의 발길이 무덤 안에 닿을 즈음에는 천장을 덮던 천정석이 세 조각으로 깨진 뒤 그 한쪽이 떨어져 나간 상태로 방치되고 있었다. 사신을 주제로 한 무덤 안 벽화는 돌벽 위에 그대로 그려졌고 안료는 돌 입자 속으로 스며들었다. 때문에 무덤 안으로 비교적 쉽게 사람들이 드나들 수 있었음에도 불구하고, 백회를 바르고 그 위에 그림을 그렸던 고구려의 초기·중기 고분벽화들과 달리 벽화의 보존 상태가 비교적 양호한 편이었다.

그러나 이미 1903년부터 여러 차례 무덤 내부에 외부인의 발길이 닿기 시작했지만 그에 따른 보호 조치는 뒤따르지 않았다. 이런 까닭에 무덤의 널방 안을 장식하던 벽화의 미래가 어떻게 될지는 가늠하기 어려운 상황이었다. 더욱이 사신을 비롯한 신비스러운 내세와 하늘세계의 존재들을 모사도로 남겨 놓으려는 시도가 일제 강점기에만 세 차례 이상 진행되면서 벽화의 보존 환경은 점차 악화되어 갔다. 널방 안벽의 현무는 그 과정을 직접 겪으면서 지켜보던 일제 강점기 역사 유적 관리 현장의 지킴이 가운데 하나라고 해야 할 것이다.

강서대묘의 널방 벽에 그려진 현무는 무배경으로 말미암아 공간적 깊이감이 더해진 벽면을 가득 채우며 서쪽을 향해 나아가는 자세이다. 뱀은 거북의 몸 뒤편 두 다리 사이를 지나 귀갑(龜甲)을 한 번 휘감은 다음 앞의 두 다리 사이로 빠져나가 거북의 목 앞을 지나면서 반원을 이룬 뒤, 이미 한 번 꼬이면서 원을 이룬 자신의 꼬리 부분을 얽은 후 고개를 뒤로 돌린 거북의 머리 쪽으로 자신의 머리를 틀었다. 마주 보는 위치에서 비스듬히 허공을 쳐다보는 자세인 거북과 뱀의 크게 벌린 입에서는 강한 기운이 불꽃처럼 뿜어져 나온다. 비록 뱀과 거북의 뒤틀림 묘사에서 발생된 부피감 표현의 실패가 환상적 신수인 현무의 실재성을 약화시키는 면은 있으나, 네 다리로 버티면서 고개를 틀어 올린 거북이 자아낸 운동감과 힘있게 거북을 휘감은 뱀이 이루어 낸 탄력성의 긴장된 조화는 벽화 속의 현무를 동서를 막론하고 당대 최고의 작품으로 평가하기를 주저하지 않게 한다. 부피감 표현에는 성공했으면서도 현무 특유의 신비감을 자아내는 데에는 실패한 중국 당대(唐代) 고분벽화의 사례와 비교해 볼 때, 강서대묘 벽화 현무가 보여 주는 회화사적 성취도는 더욱 두드러진다.[5]_그림 20

그림 20_ 중국 섬서 서안 당(唐) 소사욱묘(蘇思勗墓, 745) 널방 안벽 벽화 : 현무

고구려 고분벽화에서 현무는 사신을 이루는 네 신수 가운데 가장 늦게 등장한다. 청룡, 백호, 주작에 이어 고분 널방의 천장고임에 모습을 드러내기 시작할 때의 현무는 한 쌍이 마주 보는 모습인 경우가 많다. 주작과 함께 음양 조화의 상징인 현무가 자웅합체인 점이 충분히 인식되지 않았기 때문일 것이다. 화공이나 벽화 제작 주문자나 주작이 암수 한 쌍으로 그려지듯이, 현무도 한 쌍이 그려져야 한다고 생각했을 가능성이 높다.

집안의 삼실총 벽화에서 잘 나타나듯이, 출현 초기의 현무는 뱀과 거북의 머리가 길짐승처럼 표현되다가 후기에 이르면 파충류 특유의 형상으로 그려진다. 문헌에서 언급되는 현무의 무신적(武神的) 속성에 대한 인식이 사나운 길짐승을 연상하게 하는 머리 표현으로 이어졌다가 우주적 수호신으로서의 현무에 대한 인식과 신앙이 깊어지면서 맹수로 묘사하지 않게 된 것으로 보인다. 평양 지역 고분벽화에서 출현 초기의 현무는 대부분 널방의 안쪽 천장고임이나 안벽에 표현된 무덤 주인 부부 곁에서 그 모습을 드러낸다. 약수리벽화분, 쌍영총, 수렵총 등의 고분벽화에서 이러한 구성을 확인할 수 있는데, 무덤에 잠든 이의 수호신으로서의 현무에 대한 인식을 잘 보여 주는 경우라고 하겠다. 5세기 후반의 과도기를 거쳐 6세기에 들어서면 무덤 주인 부부를 비롯하여 현무와 공간을 공유하던 존재들은 사실상 사라지고 널방의 안벽 전체가 현무를 주인공으로 삼거나, 현무만 나타내기 위한 화면이 된다. 진파리 1호분 벽화가 현무를 주인공으로 삼은 경우에 해당한다면, 강서대묘 벽화는 현무를 널방 안벽 화면의 유일한 제재로 삼은 사례에 속한다. 강서대묘 널방 한가운데 몸을 눕혔던 무덤 주인 부부는 오랜 세월의 흐름을 이기지 못하고 그 형상을 잃고 말았지만, 현무는 1400여 년 전의 모습 그대로 벽 속에 남아 있다.

백수의 왕에서 별의 화신으로, 강서중묘의 백호

불교 사원 뒤편에 배치되는 크고 작은 건물들 중에는 불교 속에 편입된 민속 신앙과 관련된 것들이 여럿 있다. 그 가운데 하나가 산신각(山神閣)이다. 자그마한 이 단칸 건물의 주인공은 물론 수염을 허옇게 기른 산신 할아버지이다. 방의 안벽에 걸린 그림 속 산신 할아버지 곁에 표현된 호랑이는 산신각을 들여다보는 누구에게나 당연히 그 자리에 있어야 할 존재로 여겨지는 '산신의 사자(使者)'이다.

그러나 고대 한국의 동예(東濊) 사회에서 호랑이는 그 자신 산신이었다.[6] 둘러보면 산밖에 보이지 않는 나라의 사람들에게 산을 지배하는 신의 본래의 모습, 신의 정체는 산에서건 들에서건 마주치면 안 되는 두려운 존재, 호랑이였다. 옛사람들에게 거대한 산, 혹은 산봉우리, 산봉우리 위의 나무가 하늘과 땅을 잇는 우주산, 우주기둥으로 여겨졌음을 생각하면 산의 주인처럼 행세하던 호랑이가 신으로 받아들여지고 숭배된 것은 어쩌면 당연하다고 해야 할 것이다.

고구려 후기 고분벽화를 대표하는 강서대묘와 강서중묘의 사신도(四神圖)는 대한 제국 말기부터 근래에 이르기까지 전문 화가들에 의해 여러 차례 모사되었다.[7]

● 강서중묘(남포시 강서구역 삼묘리, 옛 지명 : 평남 강서군 우현리, 평남 대안시 삼묘리)는 삼묘리 소재지 부락 앞의 세 무덤 가운데 서쪽의 흙무지돌방무덤으로 무덤 방향은 남향이다.[8] 널길과 널방으로 이루어진 외방무덤이며, 널길과 널방의 길이×너비×높이는 각각 3.47m×1.71~1.77m×2.04m, 3.29m×3.09~3.11m×2.55m이다. 널방의 천장 구조는 삼각고임이다. 무덤 안의 석면에 직접 벽화를 그렸으며, 주제는 사신이다.

그림 21_ 강서중묘 널방 오른벽 벽화 : 백호

강서대묘·강서중묘가 벽화고분이라는 사실이 일찍부터 알려졌고, 벽화 발견 후 비교적 오랜 기간 외부인의 고분 안 출입이 통제받지 않았던 때문이기도 하지만, 회를 바르지 않은 거대한 화강암 석면 위에 그린 그림의 보존성이 뛰어나 사신도 에 구현된 시공(時空)을 넘어서는 회화적 완결성이 지속적으로 유지되었던 까닭 이기도 하다. 명작·명품의 모사를 통하여 예술가로서의 창조적 영감을 자극하고 채우려는, 그야말로 '그림에 미친 사람들'이 수시로 강서대묘와 강서중묘 안을 기웃거렸던 것이다.

강서대묘와 강서중묘의 사신도 가운데 상대적으로 자주 세인의 눈길을 끌고, 화 가의 가슴을 뛰게 하였던 것은 강서대묘의 주작과 현무, 강서중묘의 청룡과 백호 이다. 특히 강서대묘의 현무와 강서중묘의 백호는 신앙과 상상력, 실재의 경계를 모호하게 하는 신필(神筆)의 결과물로 평가되고 있다. 흔히 존재가 확인되지 않 아도 존재한다고 믿고, 그 존재가 인간의 소망을 실현시키는 능력을 지녔다고 확 신하는 데에서 종교적 신앙 행위가 시작된다고 한다. 고구려 후기 고분벽화의 사 신도는 신앙 대상으로서의 사신에 대한 고구려인의 인식 수준을 그대로 드러낸 다. 벽화 속의 현무와 백호가 자아내는 실재감은 존재의 확인 여부를 넘어선 '신 앙적 실재감'이라고 해야 할 것이다.[9]

강서중묘 벽화의 백호는 고구려 고분벽화의 개성적인 전개를 확인하게 하는 매 우 중요한 증거물 가운데 하나이다. _그림 21 고분벽화라는 장의 미술 장르의 수입, 중국에서 전개된 회화적 흐름의 지속적 수용에도 불구하고 고구려가 나름의 독 특한 회화 세계, 예술 장르를 펼쳐 나가는 데 소홀하지 않았음을 시사하는 실물 자료이기도 하다. 강서중묘 벽화보다 늦은 시기에 제작된 중국 산서(山西) 태원

그림 22_ 중국 산서 태원 금승촌 7호 당묘(7세기말) 널방 오른쪽 고임 벽화 : 백호

(太原) 금승촌 7호 당묘(唐墓) 벽화 속의 백호는 맹수일 수는 있어도 신수(神獸)는 아니다. _그림 22 비록 널방 천장고임에 달과 별자리들과 함께 배치되었지만, 벽화의 백호는 서방의 수호신이자 황도(黃道) 28수(宿) 가운데 서방 7수가 형상화한 성수신(星宿神)이기보다는 시베리아와 만주, 한반도 삼림 지대의 제왕으로 군림하던 호랑이에 가깝다. 실제로도 벽화의 모델은 동북아시아에서 흔히 백두산 호랑이로 불리던 거구의 시베리아 호랑이였을 것이다.

새의 넓고 큰 머리 깃과 같은 모양의 과장된 눈썹과 둥글고 큰 눈, 커다랗게 벌린 입 속 위아래로 번뜩이는 날카로운 송곳니. 언뜻 귀면(鬼面)을 연상하게 할 정도로 특이한 세부 묘사와 각 부분이 모여 이루어 낸 기묘한 분위기로 말미암아 보는 이의 눈길을 머물게 하는 것이 강서중묘 백호의 얼굴 모습이다. 당묘 벽화의 호랑이와는 구별될 수밖에 없는, 고구려 후기 고분벽화에서만 발견되는 '고구려 백호'의 가장 특징적인 부분이다.

고구려 고분벽화의 백호도 초기에는 그 모습이 동예 사람들이 신(神)으로 섬겼던 백두산 호랑이와 크게 다르지 않았다. 기마 무사의 활을 맞고 달아나는 무용총 벽화 사냥도의 호랑이에 비해 몸이 가늘고 긴 정도였다. 무용총이나 약수리 벽화분 널방 천장고임에 모습을 나타내는 백호는 하늘세계의 존재, 별자리가 형상화된 방위신이지만, 그 겉모습은 자연계의 호랑이, 산신, 혹은 산신의 사자로 여겨지던 호랑이와 구별하기 어려웠다. 무용총 널방 천장고임 오른쪽 면에 등장하는 백호는 호랑이를 용과 같이 목과 몸통, 꼬리가 긴 파충류 계통의 짐승으로 변형시켰을 뿐 세부 묘사는 일반 호랑이의 그것과 큰 차이를 보이지 않는다. 상서로운 기운을 나타내는 어깻죽지의 날개털은 절지동물의 날개를 연상시키고 몸 곳곳에서 상서로운 기운을 뜻하는 뻣뻣하고 굵은 털같은 것들이 뒤로 뻗어 나간 점, 방망이 모양의 혀를 길게 내밀어 세부 표현의 어색함을 더하는 점이 눈에 띄는 정도이다. 뒷발에 잇대어 뒤로 뻗어 나간 구름무늬로 백호가 자연계의 맹수가 아닌 하늘세계의 신적 존재임을 드러낸다. 몸통의 무늬는 호랑이 특유의 물결무늬이다.

그러나 삼실총, 장천 1호분 벽화부터는 외형상으로도 호랑이는 뒤로 물러나고,

백호가 앞으로 나오게 된다. 삼실총 제3널방 천장고임 오른쪽 면에 표현된 백호는 목을 역S자로 구부려 뒤로 젖히고 몸은 앞으로 낮추면서 엉치를 드는 동시에 앞의 한 발은 크게 내딛고 뒤의 두 발은 걷는 자세를 취함으로써 전체적으로 힘있게 앞으로 내닫는 느낌이 들도록 표현하였다. 몸통 각 부분의 크기, 길이, 굵기 및 자세에도 조금씩 변화를 주어 제한적이나마 무용총 벽화의 경우와 달리 몸을 이루는 크고 작은 부분들 사이에 이질감보다는 유기체적 연결성이 느껴지게 하였다. 왼쪽 뒷다리가 나머지 세 다리에 비해 지나치게 길고 몸 곳곳에 부분적으로 남아 있는 거칠고 뻣뻣한 기운 표현 등이 눈에 거슬리지만, 긴 머리를 비롯한 백호의 몸통 세부는 자연계 호랑이의 제반 특징을 일부 지니면서도 상상적 동물 특유의 신비적 자태를 느끼게 하는 묘사로 채워진 점에서 앞 시기 고분벽화의 호랑이 같은 백호와는 구별된다.

과장되게 벌려진 입에서 S자 형태로 뻗어 나온 혀, 둥글고 커다랗게 부릅뜬 눈, 크게 내딛으며 뒤로 버티는 앞과 뒤의 좌우 발, 앞을 숙이고 뒤를 높인 직선형 몸통, 역S자꼴로 젖힌 목과 끝이 말리는 듯한 가늘고 긴 꼬리, 머리와 목, 몸통 상단 뒤로 불꽃 갈래처럼 뻗어 나간 상서로운 기운, 극히 간략하게 표현된 몸통의 물결무늬 등은 무용총 벽화의 백호에서는 볼 수 없는 자세이며 표현이다. 무용총 백호와는 다른 상상 속의 새로운 신수로 태어나는 과정이 한눈에 드러난다. 100여 년 뒤, 강서중묘 벽화에서 신수로서의 신앙적 실재를 확인시켜 주는 '고구려 백호'의 태동이 이때부터 이미 준비되고 있었던 것이다.

안으로 향한 눈길,
호남리사신총의 청룡·백호·현무

훔치기는 쉬워도 지키기는 어렵고, 세우기는 어려워도 무너뜨리기는 쉽다고 한다. 열 포졸이 한 도둑 못 잡는 것과 같은 이치이다. 무덤은 죽은 자의 쉼터이다. 사람들은 죽은 자를 기리기 위해, 혹은 죽은 자의 내세 삶으로의 여정이 어려움을 겪지 않게 하기 위해 무덤 속에 여러 가지 먹고 쓰고 입을 것을 넣는다. 죽은 자의 곁에 놓이는 이들 기물(器物)들은 산 자에게도 요긴한 것들이다. 무덤을 지을 때부터 다른 한쪽에서 도굴이 준비된 것도 이 때문이다. 자연 죽은 자의 쉼터를 지키기 위한 갖가지 묘안이 나오고, 찾아서 뚫고 들어가려는 자와 이를 막고 지키려는 사람들 사이에 벌어지는 사건과 뒷이야기들이 역사의 한 장을 장식하게 된다.

고구려 벽화고분 속에서 사신(四神)은 무덤 주인을 지키는 존재로 그려진다.[10] 하늘 28별자리의 화신인 사신은 무덤 주인의 내세 삶터라는 또 하나의 '우주'를 지키는 신수이다. 우주적 방위신으로서의 상징적인 의미를 지닌 존재이기도 하지만, 무덤 주인의 시신과 기물로 채워진 무덤 속이라는 특정 공간을 지키는 일종의 진묘수(鎭墓獸)이기도 하다. 사악한 기운, 혹은 악귀, 사귀(邪鬼)들이 무덤 주인을 위해 마련된 신성한 공간을 엿보지 못할 뿐 아니라 근처에 얼씬거리지도 못하도록 눈을 부릅뜨고 거칠게 소리질러야 하는 지킴이 동물이기도 하다. 고구

● 호남리사신총은 잘 다듬은 화강암 판석으로 무덤칸을 짓고, 벽과 천장고임에 회를 바른 다음, 그 위에 정성 들여 그림을 그린 후기 벽화고분의 하나이다. 널방의 길이×너비×높이만 3.6m×3.1m×3m에 이르며 , 6세기 초 혹은 6세기 전반에 만들어진 것으로 편년된다. 어떤 학자는 이 고분을 왕릉으로 추정하기도 한다.[11]

그림 23_ 호남리사신총 널방 왼벽 벽화 : 청룡

려 후기 고분벽화 속의 사신, 특히 청룡과 백호가 날카로운 이빨을 한껏 드러내고 입을 크게 벌려 포효하는 듯한 형상으로 널방 입구 쪽을 향해 발을 내닫게 그려지는 것도 이 때문이다. 마치 덮쳐 오는 듯한 청룡과 백호의 모습을 보면서 벽화를 담당했던 화가는 물론 사귀의 침입을 걱정하던 무덤 주인의 일족 또한 이제는 안심이라는 표정을 지었을 것이다. 도굴로 한몫을 잡으려던 자들조차 막상 사신이 으르렁거리는 널방 안으로는 들어가기를 꺼렸을지도 모른다.

평양시 삼석구역 성문리에 자리잡은 호남리사신총은 규모나 벽화 구성, 내용으로 볼 때, 전형적인 고구려 후기의 사신계 벽화고분이다.[12] 1916년 발견 당시 무덤 안에는 널방 네 벽에 그려진 사신만 남은 상태였다. 대부분의 벽화고분과 마찬가지로 호남리사신총 역시 널방 안에는 거의 아무런 유물도 남아 있지 않았다. 죽은 자만의 공간에 들어선 발굴자들을 반긴 것은 아무 것도 없었다. 널방 벽 속의 사신조차도 다른 벽화고분에서와는 달리 눈을 부릅뜨거나 으르렁거리지도 않고 자신들만의 세계에 빠져든 듯한 표정에 잠겨 있었을 뿐이다.

호남리사신총 널방 벽에 그려진 사신, 청룡과 백호, 현무는 특별한 존재이다. 청룡과 백호는 입구를 향하고 있어야 할 머리를 뒤로 틀어 자신의 꼬리 쪽을 보고 있으며, 머리를 뒤로 틀어 뱀과 마주 보아야 할 현무의 거북은 머리를 위로 향한 채 천장 쪽을 응시하고 있다. _그림 23 현무의 뱀 역시 거북의 머리 쪽을 향하여 몸을 기울이는 대신 몸을 세워 약간 뒤로 젖힌 채 머리를 비스듬히 들어 눈을 허공으로 향한다. 마주 보아야 할 뱀과 거북의 머리는 사실상 서로를 외면하고 있는 반면, 뒤돌아보지 말아야 할 청룡과 백호는 고개를 틀어 널방의 안쪽 방향으로 머리를 향한 상태이다.

북방의 수호신 현무는 음양의 조화를 통한 우주 질서의 회복을 상징하는 존재이다. 뱀과 거북이 서로를 얽고 얽히면서 머리를 돌려 눈길을 마주치고 기운을 섞는 것도 이 때문이다.[13] 서로를 마주 보면서 기운을 뿜어내는 것조차도 우주적 의미의 교미 행위에 해당하는 것이다. 현무의 거북과 뱀이 서로를 향해 눈길을 주지도 않고, 기운을 뿜어 섞이게 하지도 않는다면 창조적 교미는 이루어지지 않으며, 결국 우주 질서는 회복되지 않은 채 혼돈의 상태로 남게 된다. 호남리사신총의 현무는 자신이 담당해야 할 '조화와 회복'이라는 우주적 차원의 기능과 역할을 방기하고 있는 존재인 셈이다. _그림 24

사신 가운데 가장 먼저 형상화가 시도된 청룡과 백호의 기본 역할은 죽은 자의 세계를 지키는 것이었다. 약 6천 년 전의 신석기 유적인 중국 하남(河南) 복양 서수파(西水坡) 무덤에서 이미 용과 호랑이로 모습을 드러낸 뒤, 와당(瓦當)과 공심전(空心塼), 동경(銅鏡), 벽화고분의 장식무늬와 그림 속에서 지키는 신수로서의 자기 역할을 거듭 확인시키는 청룡과 백호 가운데 자신의 꼬리 쪽을 향해 머리를 돌린 사례는 찾아보기 어렵다.[14] 고구려 고분벽화에서도 진파리 1호분 벽화에서와 같이 청룡과 백호가 널방 안벽을 향하도록 표현된 경우는 있지만, 머리만을 돌려 자신의 몸체가 내닫는 반대 방향을 보도록 묘사된 예는 아직 발견되지 않는다. 바깥을 향해야 할 눈길을 안으로 돌린 상태로 자신이 지켜야 할 세계를 지킬 수는 없기 때문일 것이다. 호남리사신총의 청룡과 백호 역시 안벽의 현무처럼 자신의 역할을 외면하고 있는 셈이다.

역사는 다양한 삶의 과정과 순간들을 전언(傳言)으로, 혹은 기록이나 전설, 신화로 남긴다. 간난고초 끝에 부와 명예를 얻고 영화로운 삶을 누리다가 편안히 삶을 마치는 경우가 있는가 하면, 권력의 정점에서 밀려나면서 한순간에 모든 것을 잃고 고통스럽고 비참한 죽음으로 생을 마무리하는 사례도 있다. 고구려 미천왕(美川王)은 권력투쟁의 희생자가 된 아버지 돌고(咄固)의 죽음을 보면서 오직 살아남기 위해 낮에는 일하고 밤에는 주인의 잠자리가 편하도록 못에 기와 조각을 던져 개구리 울음이 들리지 않게 하는 머슴살이, 소금짐을 짊어지고 계곡과 강변의 마을들을 찾아다니는 소금장수 생활로 세월을 보내다가 왕으로 등극한 인물이다.[15] 왕위에 오른 뒤 동생 돌고를 죽이고 그 아들 을불(乙弗)마저 죽이려 찾으면서 왕권을 다졌던 봉상왕(烽上王)은 국상(國相) 창조리(倉助利)의 쿠데타를 막을 수 없는 상황에 이르게 되자, 스스로 목매어 죽음으로써 재위 10년을 채우지 못하고 생을 버린다.[16]

온달은 낙랑 언덕에서 열리는 정기적인 사냥 대회를 통해 울보 공주의 바보 남편에서 평원왕(平原王)의 사위이자 고구려의 장군으로 입신하여 북주(北周)의 군대를 물리치며 고구려를 위기에서 구한 인물이다. 그러나 곧이어 벌어지는 대신라 전쟁 중 유시(流矢)에 맞음으로써 생의 절정기에 죽음을 맞는다.[17]

영양왕(嬰陽王)의 아들 건무(建武)는 고구려의 멸망을 기정사실화하면서 100여만의 병력을 동원하여 수륙 양면에 걸친 침략을 기도했던 수나라의 수군을 대동강 하구에서 사실상 전멸시킴으로써 육상 전투를 담당했던 장군 을지문덕과 함께 구국의 영웅으로 떠올랐던 인물이다. 그러나 왕으로 즉위한 뒤, 계속되는 고구려와 당 사이의 처참한 대규모 살육전을 종식시키기 위해 두 나라 사이의 평화적 외교 관계 수립을 추진하지만 연개소문 일파의 쿠데타를 막지 못함으로써 비운의 죽임을 당하고 그 시신이 도랑에 버려진다.[18] 영웅으로 시작된 공인으로서의 생활이지만 하늘이 돕지 않고 사람이 가로막는 바람에 뜻을 펴지 못하고 불의의 죽음을 맞은 경우들이다.

무엇이 호남리사신총의 신수들로 하여금 자신이 존재하는 이유를 잊게 하였을까. 회복될 수도, 지켜 줄 것도 없는 세계의 수호신으로 그려졌기 때문일까. 아니면 무덤 주인의 내세 삶이 이루어질 수도 상정될 수도 없기 때문일까. 혹 호남리사신총의 무덤 주인도 온달 장군이나 영류왕(營留王)처럼 차마 눈을 감을 수 없는 죽음을 당했기에 사신도 지켜야 할 내세 삶터를 찾지 못했거나, 외면할 수밖에 없게 된 것은 아닐까.

1500년을 견딘 해신과 달신, 오회분 4호묘 벽화

힘은 권위를 낳는다. 권위는 힘으로 나타난다. 고대·중세 사회에서 신성한 힘과 권위는 하늘에서 왔다. 하늘의 신성한 힘은 빛을 쏘는 해, 물을 머금은 달에 담겨 있다고 믿어졌다. 고구려의 귀족 모두루의 묘지(墓誌)에 시조 주몽을 해와 달의 아들이라고 쓰고, 수많은 고구려 벽화고분 무덤칸 천장고임에 해와 달이 그려진 이유이다.

고구려의 후기 고분벽화는 무덤칸 벽과 천장고임에 백회를 바르지 않고 그림을 그리는 방식으로 제작되었다. 지금도 돌면에 그대로 그림을 그릴 때 잘 흡착되어 오래 보존될 수 있는 안료를 특별히 골라서 사용하는 경우가 있음을 고려하면, 1500년 전 무덤칸의 돌벽에 백회를 바르지 않고 안료를 입혀 오늘날까지 견디게 한 고구려인의 기술과 지혜는 높이 평가받아야 할 것이다.

● 1945년 이전 일본인 학자들이 이 일대 고분들을 조사했을 때에는 서강 61호분(西崗 61號墳), 혹은 통구미편호분(通溝 未編號墳)으로 불렸다. 1950년 중국 조사단의 집안 지역 유적 조사 과정에서 무덤 안에 벽화가 있음이 알려졌으며, 1962 년 길림성 박물관과 집안현문물보관소에 의해 전면 재조사되었다. 오회분 4호묘에 대한 중국측의 공식 명칭은 집안 통구 고분군 우산묘구 제2104호묘(JYM2104)이나 통구 4호분으로 불리는 예가 많다. 오회분 4호묘의 외형은 절두방추형이며 둘레 160m, 높이 약 8m이다. 널길과 널방으로 이루어진 외방무덤으로 무덤칸의 방향은 동으로 30° 기운 남향이다. 널길 이 널방 남벽의 동편에 치우쳐 설치된 널길 편동식(偏東式)이다. 널방 크기는 동서 너비 4.2m, 남북 길이 3.68m, 천장 높 이 3.64m이며, 천장 구조는 2단 삼각고임이다. 널방의 벽과 천장은 잘 다듬은 화강암제 판석으로 쌓았다. 널방 바닥에 돌 관대가 세 개 놓였고, 남벽의 서쪽에 벽에 잇대어 돌상이 설치되었다. 널방 벽화의 주제는 사신이다.

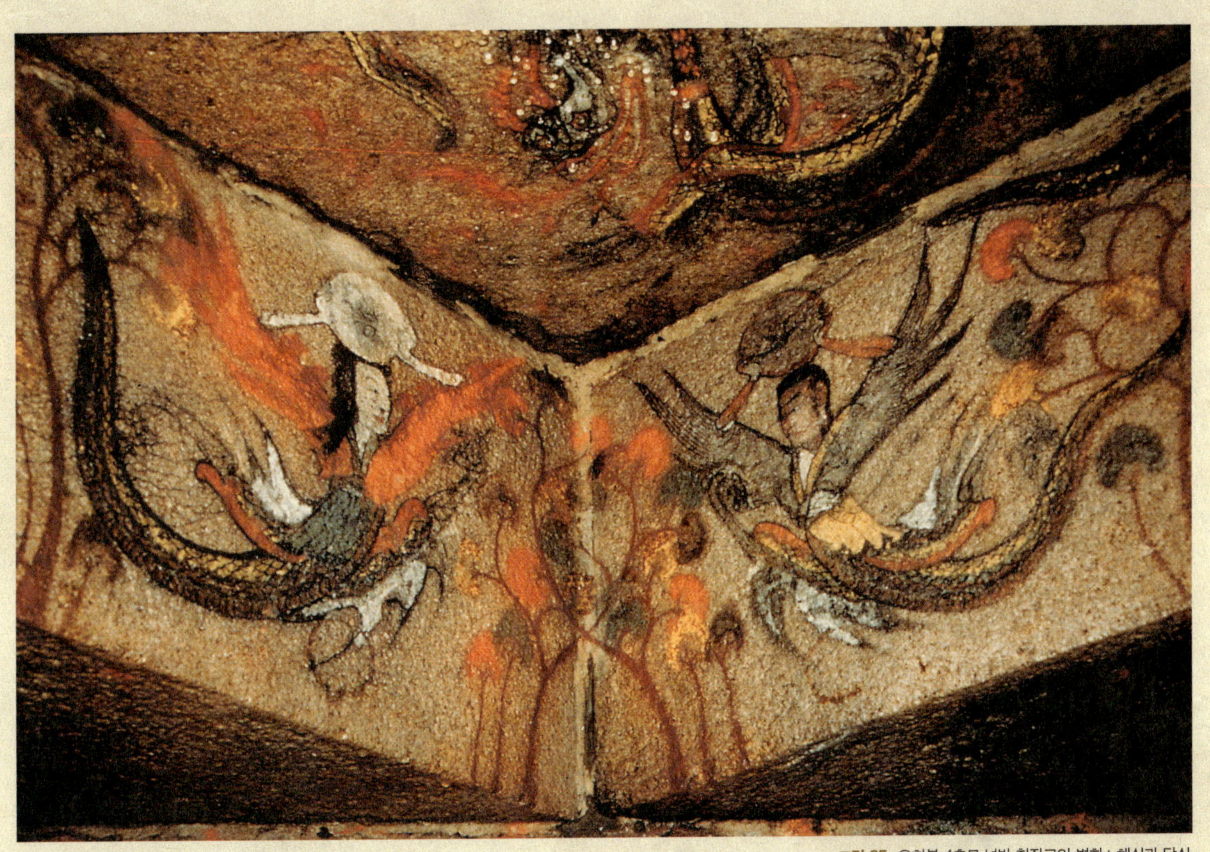

그림 25_ 오회분 4호묘 널방 천장고임 벽화 : 해신과 달신

돌벽 위에 곧바로 그림을 그려내던 고구려 후기 고분벽화의 일관된 주제는 사신(四神)이지만, 사신과 함께 고분벽화의 표현 대상으로 선택되던 제재는 매우 다양한 편이다. 그러나 사신 자체도 앞 시기부터 이미 제재로 선택되었던 것이듯이 연꽃이나 선인(仙人), 용, 나무와 같은 존재들도 고구려 고분벽화에서는 낯선 제재들이 아니다. 별자리도 그러한 점에서는 마찬가지이지만, 해와 달의 경우, 이미 보이던 하늘세계의 구성 요소로서의 일반적인 표현과 함께 새로운 구성으로 존재를 드러내고 있어 눈길을 끈다. 바로 집안 지역 고분벽화에서만 확인되는 해신·달신을 동반한 해와 달의 등장이다. 오회분 5호묘와 오회분 4호묘에 두 손을 머리 위로 올려 해와 달을 받쳐든 모습으로 자신을 드러낸 해신과 달신은 반인반수(半人半獸)의 몸을 지닌 존재이다. 그림 25 위는 사람, 아래는 용의 몸을 지닌 신은 중국의 한대 화상석과 화상전, 고분벽화에도 빈번히 보이지만, 그림 26 6세기 고구려 고분벽화, 특히 오회분 4호묘 널방 천장고임에 그려진 해신·달신과 같이 세련되면서도 힘있는 모습은 아니다.[19]

중국의 장의 미술에는 인신사미(人身蛇尾)의 선인이나, 인신용미(人身龍尾)의 신이 여럿 등장한다. 서왕모(西王母)나 동왕공(東王公)을 보좌하는 존재로, 혹은 불사(不死)의 세계, 선계(仙界)의 구성원 가운데 하나로 그 모습을 드러내고는 한다. 이들 가운데 해·달과 관련된 존재는 인신용미의 신 복희·여왜이다.

복희와 여왜는 본래 땅과 하늘을 나누고, 인간과 만물을 만들어 낸 창조신으로 이미 중국의 전국 시대부터 숭배의 대상이 되었다. 흔히 바르고 둥근 것을 재고 나누는 도구인 규(規)와 구(矩)를 한 손에 들고 있어 자신이 복희와 여왜임을 알게 하는데, 전한대(前漢代) 화상석 등에서는 각각 한 손에 해·달을 받쳐든 채 서

로의 꼬리를 얽어 음양교합 중임을 드러내거나, 배 앞에 해·달을 안은 채 서로를 바라보는 모습으로 나타난다.[20] 복희, 여왜가 창조신이자 해신, 달신이 된 것이다. 빛과 물이 생명의 창조와 소멸의 열쇠를 쥐고 있음을 생각할 때, 빛으로 채워진 해, 물로 가득한 달을 관장하는 신으로 복희, 여왜가 상정되는 것은 어떻게 보면 당연하다고 할 수 있다.

오회분 4호묘는 중국 길림성 집안현 태왕향 우산촌에 있다.[21] 인접한 오회분 5호묘와 함께 오회분(五盔墳)으로 불리는 통구 평야 중앙부의 5기의 대형 흙무지돌방무덤 가운데 정식 조사에 의하여 벽화가 발견된 무덤의 하나이다. 중국인 학자들에 의해 이루어진 무덤 내부의 조사 과정에서 조사자들의 눈길은 돌면 위에 직접 그린 널방 벽화에 쏠렸다. 온·습도의 계속된 변화로 인해 벽과 천장에는 물방울이 맺히고 벽화의 일부는 퇴색 기미를 보이고 있었지만, 벽의 사신과 천장고임의 하늘세계는 말 그대로 방금 그린 듯이 생생하게 그 형상을 드러내고 있었다. 오색으로 빛나는 사신뿐 아니라 상금서수에 올라탄 채 해와 달과 별자리 사이를 날아다니는 선인·천인(天人)들의 모습은 마치 무덤 안을 별도의 우주처럼 느껴지게 하려는 듯하였다. 이렇듯 특별한 세계, 오회분 널방 천장고임에 펼쳐진 하늘세계의 존재 가운데 가장 신비스러운 분위기를 자아내는 것이 머리 위에 각각 해와 달을 받쳐들고 있는 반인반용(半人半龍)의 해신과 달신이다.

오회분 4호묘의 복희형 해신과 여왜형 달신은 시원스럽고 또렷한 이목구비, 길고 갸름한 얼굴을 지닌 전형적인 고구려인이다. 좌우로 힘있게 펼쳐진 날개옷의 깃, V자형으로 휘며 강하게 뻗어 나간 용꼬리, 一자형에 가깝게 앞뒤로 뻗은 두 다리와 긴장되게 휘어진 발톱 등이 어울려 자아내는 역동감과 긴장감이 눈에 가득 들어온다. 중국의 한대부터 수·당 시대에 이르기까지 화상석, 화상전, 고분벽화, 백화(帛畵), 동경 등에서 수없이 반복 묘사되는 복희와 여왜의 모습에서는 발견할 수도, 느낄 수도 없는 것이다. 얼굴에 흐르는 부드러운 미소와 몸 전체를 휘감고 나가는 강한 기운이 이루어 내는 묘한 울림은 그야말로 고구려 고분벽화에서만 느낄 수 있는 긴장된 조화의 결과라고 해야 할 것이다.

414년 세워진 광개토왕릉 비문은 시조 주몽을 천제 해모수의 아들이자, 물의 신

하백의 외손자라고 선언하고 있다. 해모수가 해신, 유화가 달신으로서의 성격을 지녔음을 생각하면 고구려인이 주몽을 해의 정기와 달의 재생력을 한 몸에 구현한 인물, 곧 생명을 살리고 죽이는 힘을 지닌 신적인 존재로 여겼음을 알 수 있다. 실제 신화적 노래 속의 주몽은 부여를 떠나는 과정에서 자신이 잊고 가져가지 못한 곡식 종자들을 어머니 유화가 비둘기의 목에 넣어 아들에게 보내자, 어머니의 전령을 활로 쏘아 떨어뜨린 다음 그 부리를 열어 곡식 종자를 꺼낸다. 그런 다음 입에 물을 머금었다가 죽은 비둘기에 뿜어 비둘기를 되살려 낸다. 주몽은 새를 통해 물의 신이자 곡식의 신인 어머니와 소식을 나누고, 빛의 화살로 생명 속의 씨앗을 받으며, 자신이 앗았던 생명을 물로 되살리는 신적 능력을 지닌 존재인 것이다. 하늘의 신과 땅의 신을 부모로 두었다고 전하는 시조 주몽에 대한 존경이 숭배로, 다시 신앙으로 발전하면서 6세기의 벽화고분에서는 하늘세계를 상징하는 해와 달 이외에 고구려인이 믿고 받들던 해신과 달신을 나타내는 또 하나의 해와 달이 천장고임 한 면에 그 모습을 드러낸 것이 아닐까.

삶을 풍요롭게 한 신들(1) : 오회분 5호묘 불의 신

'불은 생명이다.' 고고학적 발굴을 통해 선사 시대 집터에서 거의 빠짐없이 확인되는 것 가운데 하나가 '불씨 자리'이다. 신석기 시대의 움집터 한가운데에서는 흔히 불을 피웠던 자리가 찾아지고, 그 곁에는 불씨를 보존하기 위해 사용된 것으로 보이는 토기의 몸체가 파편 더미 상태로 발견되고는 한다. 말할 수 없이 유용한 불이지만 피우기가 그리 쉽지 않았던 까닭이다. 불씨는 무리, 혹은 가족 모두가 온 신경을 써서 조심스럽게 모셔야 하는 가족 수호신이 임하는 통로이자 신의 능력이 발휘되는 현장이었다.

한 무리, 한 가족의 안전하고 풍요로운 삶을 보장하는 신앙의 대상을 제대로 모시지 못할 때, 무리는 화재라는 현상으로 표현되는 신의 분노를 감수해야 했다. 사람들은 한순간의 흐트러짐, 신령스러운 마음가짐의 상실로 말미암아 생명의 불이

◉ 오회분 5호묘는 중국 길림성 집안현 태왕향 우산촌에 있다.[22] 이 무덤은 겉보기에 투구를 연상시킨다고 하여 오회분으로 불리는 통구 평야 중앙부의 5기의 대형 흙무지돌방무덤 가운데 정식 조사에 의해 벽화가 확인된 2기의 고구려 벽화고분 가운데 하나이다. 1945년 이전까지 통구 17호분, 서강 62호묘(西崗62號墓), 사협총(四叶塚) 등으로 불리다가 1962년 중국의 길림성박물관과 집안현문물보관소에 의한 전면 발굴 및 조사 이후에는 집안 통구고분군 우산묘구 제 2105호묘(JYM2105)라는 중국측 공식 명칭에도 불구하고 흔히 통구 5호분, 오회분 5호묘로 표기된다. 무덤의 외형은 절두방추형이며, 널길과 널방으로 이루어진 외방무덤으로 무덤칸의 방향은 동으로 22°기운 남향이다. 널방은 동서의 너비가 4.37m, 남북의 길이가 3.56m인 장방형이며 바닥에서 천장까지의 높이는 3.94m이다. 널방 천장 구조는 크기가 다른 삼각석을 겹으로 쌓아 올린 2단의 삼각고임으로 다른 무덤에서는 잘 보이지 않는 특이한 구조이다. 널방 축조에 쓰인 잘 다듬은 화강암제 판석, 석면에 직접 그린 사신을 주제로 한 벽화 등의 요소로 조사 당시부터 세인의 눈길을 끌어당겼던 벽화고분이기도 하다.

그림 27_ 오회분 5호묘 널방 고임 벽화 : 불의 신

죽음의 재난으로 바뀌는 사건에 대해 전해 듣거나 그 현장을 목격하고는 했다. 작디작은 불씨가 큰 불로 번져 집과 마을을 태우고, 때로는 거대한 숲과 넓은 들판을 잿더미로 만들면서 땅 위에 생명의 흔적조차 남지 못하게 하였다. 때문에 사람들은 신으로부터 선물 받은, 혹은 신의 세계로부터 가져온 불을 두려워하면서도 곁에 모시려 애썼다. 분노를 일으키지 않도록 조심만 한다면 불은 어둠으로 대표되는 생명에 대한 위협, 죽음의 힘을 넘어서게 하는 신적 능력의 실재, 신의 '현존'을 확인하게 하는 존재였던 것이다.

대부분의 고대 신화에서 불은 신이 자신의 능력을 나타내는 도구이기도 했고, 신의 존재를 확인시켜 주는 통로이기도 했다. 신은 자신이 그곳에 있음을 '불'로 알렸고, 신적 존재는 불길을 통로로 삼아 신과 사람의 세계를 오갔다. 정화되지 않았거나 깨끗해질 수 없는 존재는 불길을 견딜 수 없지만, 정화되었거나 깨끗해질 수 있는 생명은 불꽃 더미를 불사(不死)의 세계에 이르는 통로로 삼을 수 있었다. 동아시아의 신선 신앙에서 불사의 선인이 되어 선계로 들어가는 방법 가운데 하나는 불길 속으로 걸어 들어가 자신을 불태우는 것이었다.[23] 불길을 이용해 승선(乘仙)할 수 있다는 생각은 불이 새로운 존재로의 전환, 혹은 새 생명으로의 탄생을 가능하게 해준다는 관념의 다른 표현이라고 할 수 있다. 동서의 고대 신화에서 모두 확인되는 불새, 또는 불사조에 대한 인식, 곧 불새는 수명이 다하면 스스로 불에 타 재가 된 뒤 다시 태어난다는 믿음 역시 같은 관념의 소산이라고 해야 할 것이다.

집안의 오회분 5호묘에는 고구려 사람들이 믿고 받아들였던 불의 기원에 대한 신화가 그림으로 남아 있다. 오회분 5호묘 널방 천장고임 벽화의 한 장면은 고구려

사람들이 '불'을 신으로부터 받은 선물로 여겼음을 알리는 생생한 증언이라고 할
수 있다. 춤을 추는 듯 오른팔은 뒤로 늘어뜨리고 왼팔은 들어 뒤로 굽히며 두 무릎
을 살짝 굽힌 한 인물의 눈길이 머무는 곳, 오른손에 쥔 막대 끝에 꼬리를 뒤로 흘
리며 타오르는 불꽃. 인물의 목과 가슴 사이로 흘러내린 긴 머리카락은 뒤로 흐르
는 옷깃의 흐름에 맞추듯이 가볍게 흔들린다. 불꽃의 꼬리, 옷깃과 띠의 끝, 자연
스럽게 나부끼는 검은 머리카락 올들의 끝이 모두 한 방향으로 흐른다. 말할 수 없
이 자연스럽고 아름다운 자태로 자신을 드러내고 있는 불의 신, 고구려 신화 속의
화신(火神)이다. _그림 27

중국의 고대 신화에서 인간에게 불의 혜택을 알린 신으로는 복희(伏犧), 수인(燧
人), 신농(神農), 황제(黃帝), 축융(祝融) 등이 거론된다.[24] 다른 이름인 포희(炮犧)
에서 미루어 짐작할 수 있듯이, 복희는 '희생물을 굽는' 불을 인간에게 가져다 준
존재로 여겨졌다. 불은 신을 향한 제사에 쓰이기 위해 인간에게 주어진 것이다.
나무를 서로 비벼 불을 내는 법을 알려 주었다는 수인은 이름의 뜻 자체가 '부싯
돌을 쓰는 사람, 불을 일으키는 사람'이다. 수인은 불씨가 어떻게 만들어졌는지
를 짐작하게 하는 불씨 기원 설화의 주인공인 셈이다. 염제(炎帝) 신농은 이름 그
대로 불의 신이다. 불로 표지를 삼고, 불로 관직명을 만들었다고 하나, 후에는 농
사의 신으로 주로 인식되고 이야기되는 신이다. 신농이 불과 곡식, 불과 음식의
관계, 불의 용도와 관련된 설화의 주인공일 가능성을 내비치는 이야기이다. 축융
은 고신씨(高辛氏) 밑에서 화정(火正)을 맡았던 신인(神人)으로『산해경(山海經)』
에서는 짐승의 몸에 사람의 얼굴을 하고 두 마리의 용을 탄 모습으로 그려진다.
진(晉)의 곽박(郭璞)이 화신(火神)으로 풀이한 존재이다.

그러나 '불의 신'으로 불리는 이들 신 가운데 실제 불을 피우거나 불씨를 지닌 모습으로 그려지는 존재를 중국의 화상석이나 고분벽화에서 찾아보기는 어렵다. 신화 전설상의 존재가 다수 등장하는 한대의 화상석이나 화상전에서 어쩌다 확인되는 불의 신 축융 등의 복장과 얼굴 모습은 한인(漢人)의 그것과 다를 바 없다. _그림 28 삼황오제(三皇五帝)라는 정형화된 존재 겸 관념에서 읽어 낼 수 있듯이, 춘추전국 시대를 거치면서 중국 고대 신화상의 온갖 존재들이 인격신 겸 지배자, 권력자로 변신한 결과일 것이다. 순수한 불의 신으로서의 모습, 불의 신과

관련된 이야기는 역사가와 지식 관료의 붓질로 그 원형을 잃고 만 것이다.

오회분 5호묘 벽화의 불의 신은 천장고임의 같은 화면에 등장하는 소머리의 신이 농사의 신 신농으로 추정됨을 고려할 때, 고대 중국의 신화에서 동이계(東夷系) 신으로 분류되기도 하는 축융일 가능성이 있다.[25] 그러나 위진남북조 시대 종교 미술에서 불의 신 축융이 더 이상 관심 있는 제재로 다루어지지 않는 데에서도 짐작할 수 있듯이, 삼국 시대 이후 중국의 종교와 신앙에서 신화 시대의 존재는 더 이상 관심의 대상으로 남아 있기 어려웠다. 신비한 힘의 상징으로서의 '불'에 대한 원형적 이미지는 신선 신앙 속에서 겨우 그 흔적을 남기고 있는 정도였다. 6세기 집안의 고구려 고분벽화, 오회분 5호묘와 오회분 4호묘의 널방 천장고임에 아름답고 신비롭게 자신을 드러내 보이는 불의 신은 나름의 신화 체계 속에 자신의 자리를 확고히 하고 있던 고구려 사람의 오랜 신앙 대상 가운데 하나가 아닐까. 문헌 기록에는 전하지 않는 고구려 신화 세계의 수많은 구성원들, 우리가 되살려야 할 잊혀진 신들 가운데 하나가 아닐까.

삶을 풍요롭게 한 신들(2): 오회분 4호묘 농사의 신

초보적 농법에 의한 것일지라도 농사를 짓기 시작하면서 사람들은 더 이상 굶주리지 않는 날을 기약할 수 있게 되었다. 먹거리를 얻지 못할 수도 있다는 불안이 앞서게 마련인 사냥이나 채집과 달리, 농사는 커다란 기상이변이 없는 한 땅에 씨앗을 뿌린 뒤 일정한 시기가 지나면 몇 알이나마 알곡을 얻을 수 있다는 기대로 마음을 위로할 수 있게 하였다. 목축과 함께 농사는 사람들로 하여금 내일의 삶을 어느 정도 희망적으로 예측할 수 있게 하였다. 곡식이 삶을 의미하게 된 것이다. '쌀'과 '살'이 원래는 같은 말인 것도 이 때문이 아닐까.

집안 오회분 4호묘 널방 천장고임에는 누구나 그 정체를 쉽게 파악할 수 있는 신이 등장한다. 한 손에 곡식 이삭을 든 채 앞으로 내닫는 머리는 소, 몸은 사람인 특별한 존재. 집안 오회분 5호묘 널방 천장고임에도 같은 자세로 모습을 드러내는 이 반수반인(半獸半人), 우두인신(牛頭人身)의 존재는 농사의 신이다. _그림 29 고대 중국의 신화에서 농사의 신이 신농으로 불리고 소머리에 사람 몸인 존재로 인식되었으며, 동이계 신들의 하나로 알려진 점을 고려할 때, 6세기 고구려 고분벽화에 모습을 드러낸 소머리 농사의 신 역시 신농으로 불리며 믿어졌을 가능성이 높다.[26]

그림 29_ 오회분 4호묘 널방 천장고임 벽화 : 불의 신, 농사의 신

고대 중국의 문헌에서 신농은 지황(地皇)으로도 염제(炎帝)로도 일컫던 존재이다.[27] 염제로서의 신농은 백성들에게 음식을 익혀 먹는 법, 곧 화식(火食)을 가르친 신이며, 지황으로서의 신농은 농사와 관련된 온갖 기술과 지식을 전하고 이의 적용 방법을 백성의 눈앞에 보여 준 분이다. 신농이 염제이면서 지황일 수 있음은 초기 농경의 전개 과정이 잘 보여 준다. 화전(火田)은 불로 숲과 초원을 태워 농경지를 얻고, 곡물 재배에 필요한 비료를 생산하는 원시적 농경 방식의 한 유형이다. 절기를 살피고 지력(地力)도 읽어야 하지만 쟁기를 만들고 사용하며 소와 말의 똥·오줌을 끓여 비료 겸 방충제로 쓰는 방법도 알아야 한다. 중국의 신화 전설에서 신농은 농경과 관련된 제반 과학 기술의 발달, 농경을 위한 불의 사용과 관련된 제반 논의의 출발점에 있는 문명 개화의 신이다. 고구려의 오회분 5호묘와 오회분 4호묘에 등장하는 농사의 신이 불의 신과 화면을 공유하는 점은 신화 속의 신농이 지닌 이러한 포괄적인 성격과 관련하여 주의 깊게 살펴볼 부분이다.

동서의 신화 세계에서 농사의 신은 최고의 신이거나 최고의 신들 가운데 하나로 인식되었다. 농사의 신은 불의 신, 물의 신, 대지의 신 등 농사와 관련된 신들의 능력을 부분적으로 지니고 있거나 이들 신과 밀접한 관계가 있는 신이었다. 농사의 신은 때로 지모신(地母神)으로 자신의 모습을 드러내기도 하고, 성(性)을 바꾸어 큰 강의 신을 아내신으로 삼기도 한다. 천둥과 불 번개를 내리는 신을 겸하기도 한다. 정기적으로 죽음과 재생을 반복함으로써 농경 생산의 주기를 상징적으로 확인시켜 주기도 한다.

중근동의 경우, 농경 제의는 한 해의 농사가 시작될 때 주민의 대표가 농경신, 혹은 지모신의 신전에 들어가 신을 모시는 여사제와 성관계를 맺음으로써 종교적인 의미에서 농경지에 씨뿌리는 행위를 상징하기도 했다. 곡식의 씨앗을 심는 땅을 지모신의 자궁으로 인식했던 것이다. 정기적인 파종에 앞선 신성한 성행위를 통해 대지의 신이 한 해의 풍성한 수확을 허용하기를 기원했다고 하겠다. 농경 제의에 적용된 감응(感應) 주술의 일종인 셈이다.

고구려인의 종교 신앙에서 농사와 관련하여 등장하는 최초의 신적 존재는 시조 주몽의 어머니 유화(柳花)이다. 큰 강의 신 하백(河伯)의 딸. 때문에 그 자신도 물의 세계를 다스리는 능력을 지녔음이 확실한 유화는 새로운 나라를 세우고자 남으로 떠난 아들 주몽에게 비둘기를 전령으로 삼아 '오곡의 종자'를 건넨다. 물고기와 자라들이 만든 다리를 건넘으로써 부여의 추격병들을 간신히 따돌린 주몽이 곡식의 씨앗을 건네받은 곳이 큰 나무 밑이었다는 기사에서[28] 우주 기둥 및 신의 사자 비둘기를 매개로 한 여신과 영웅 사이의 교통을 읽어 낼 수 있다.

주몽 신화의 이 부분을 통해 하백의 딸이자 천제 해모수의 부인인 유화는 수신(水神)으로서뿐 아니라 곡물신으로서의 성격도 지닌 존재임을 알게 한다. 건국 후 고구려에서 부여신(扶餘神)으로 숭배받는 유화가 국가 제의인 동맹제 때 국중대혈(國中大穴)에서 모셔 나오는 수신(檖神)과 같은 존재로 여겨진 것도 염두에 두면 유화의 원 모습은 대지모신(大地母神)에 가깝다고 할 수 있다.[29] 신화 세계의 어머니라고도 불리는 대지모신에게 수신·월신(月神)·곡물신으로서의 성격이 모두 담겨 있음은 어쩌면 당연하다고 해야 할 것이다.

주몽은 아버지 해모수로부터는 빛의 세계, 어머니로부터는 물의 세계와 교통하는 능력을 한 몸에 받은 신성 영웅이다. 그 자신 빛과 물의 만남이 이루어 낸 결정체이다. 빛과 물은 곡식의 씨앗을 싹틔우고 자라서 열매 맺게 하는 데 없어서는 안 될 요소들이다. 주몽은 빛의 신과 물의 신의 만남에서 비롯된 새 세계의 씨앗이자 열매이다. 주몽이 건네받은 곡식의 씨앗 역시 고구려라는 새로운 세계를 열고 피워 나가는 바탕이자 결실이 될 것이다.

고대의 국왕이란 다스리는 권위를 지닌 자이자 백성을 먹여 살리는 의무를 지닌 자이다. 백성을 먹여 살리지 못하는 지배자는 다스리는 힘도 상실한다. 부여의 왕들처럼 절기의 변화를 제대로 예측하지 못하고, 가뭄과 흉년을 막지 못하면 백성들에 의해 죽임을 당할 수도 있다.[30] 고구려의 시조 주몽 역시 땅에 묻힌 곡물의 씨앗이 많은 열매로 되돌아오게 하는 능력을 지닌 자, 작은 파종이 큰 수확으로 마무리되는 데에 책임을 져야 하는 자였다. 곡물신, 농사의 신으로서의 성격을 지닌 신성왕(神聖王)에서 완전히 자유로운 존재는 아니었던 것이다.

백제 건국 과정에서 온조와 백성을 나누어 오늘날 인천 지역으로 비정되는 미추홀에 중심을 둔 별도의 나라를 세웠던 비류에 관한 『삼국사기』의 기사도 이와 관련하여 주의 깊게 살펴볼 필요가 있다.[31] 땅이 습하고 물이 짜 나라 세우기에 실패한 뒤 실의에 빠져 죽었다는 이야기의 이면에는 땅에 밴 소금기로 말미암아 농사에 실패하자 백성들에 의해 비류가 더 이상 부여계가 중심이 된 이 새로운 나라의 지배자로 용납되지 못했던 사실이 숨겨져 있는지도 모른다.

6세기 집안의 고분벽화에 등장하는 농사의 신, 소머리의 신 신농을 언급한 고구려의 문헌 기록은 전하지 않는다. 신성왕적 면모를 보이던 시조 동명성왕 주몽

그림 30_ 중국 산서 이석(離石) 마무장 2호 한묘(漢墓) 화상석 부분: 문지기 선인

은 등고신(登高神), 혹은 고등신(高登神)으로 신앙된 것으로 전할 뿐이다.[32] 주몽은 농사의 신으로 믿어지고 제사되기보다는 부여신과 함께 국가의 수호신으로 고구려 사람들에게 받들어졌을 것이다. 3세기 이후 중국의 종교 미술에서도 선계(仙界)의 입구를 지키는 문지기로 묘사되는 소머리의 선인이 2세기의 한 화상석에 등장할 뿐_그림 30 신화 세계의 신농은 모습을 드러내지 않는다. 고구려 고분벽화에 소머리를 한 농사의 신이 모습을 드러내는 과정이 궁금할 따름이다.

삶을 풍요롭게 한 신들(3) :
오회분 4호묘 수레바퀴의 신, 대장장이신

선사인의 삶을 바꾼 것은 농경·목축만이 아니다. 토기와 수레바퀴의 발명은 선사인이 자신을 둘러싼 자연환경을 보는 눈길을 새롭게 하였다. 자연 속에서 얻은 것으로 자연에는 없는 것을 만들어 낼 수 있다는 사실에 눈뜨게 했기 때문이다. 이전에는 다니다가 만들어진 길을 걸었는데, 이제는 바퀴가 달린 수레를 끌고 다니기 위해 길을 만들게 되었다. 마을과 마을이 길로 이어지고, 이 길로 곡식과 도구를 가득 실은 수레가 다니며, 크게 자란 마을이 도시가 되면서 자연 속의 한 무리에 불과하던 인간이 자연과 구별되는 자신만의 공간을 지닌 존재로 바뀌게 된 것이다. 오늘날의 자동차에 해당하는 수레는 귀족의 부와 신분을 드러내는 상징이기도 하였고, 국가적 차원의 생산력과 군사력의 유지·강화에 필수불가결한 수단 겸 장치로 인식되기도 하였다.

생활풍속을 주제로 한 초기 고구려 고분벽화에서 수레는 무덤 주인 및 그와 함께하는 사람들의 사회적 지위를 확인시켜 주는 주요 신분 지표 가운데 하나로 등장한다.[33] 위진남북조 시대의 중국에서 귀족은 소가 끄는 수레를 타고 다님으로써 자신의 부와 신분을 주위에 과시하였다. 춘추전국 시대 중국 제후국의 국력을 평가하는 기준의 하나가 전투용 수레, 곧 전차의 보유량이었다. 제후국 사이의 전

그림 31_ 오회분 4호묘 널방 고임 벽화 : 수레바퀴의 신, 대장장이신

쟁에서 승리한 나라는 패한 나라의 전차 보유량을 제한함으로써 상대방에 대한 전투력의 우위를 유지하고자 하였다. 생산 물자의 원활한 유통과 교환이 곧 국력의 상승으로 이어지는 상황에서 고대 동아시아의 주요 국가들은 정부 기구에 물자 유통 및 수레 제작과 보급을 담당하는 부서를 별도로 두고 수레가 다닐 수 있는 길을 닦고 이를 유지하는 데 많은 비용과 인력을 투입하기도 하였다.

인간을 위한, 인간만의 공간인 고대 사회 초기의 마을이나 도시에서 가장 비밀스런 장소의 하나는 쇠를 다루는 대장간이었다. 신라의 석탈해(昔脫解)가 서라벌에서도 세력 있는 인물 중 한 명이던 호공(瓠公)의 집 뜰에 숯을 묻은 뒤, 자신이 그 집에서 대대로 대장장이 일을 하던 집안의 후손임을 알게 하는 증거로 삼아 집을 빼앗았다는 일화는 대장장이가 특별한 대우를 받던 시대적 분위기를 배경으로 성립한 것이다.[34] 불을 다스려 흙과 돌 속에서 '부서지지도 깨지지도 않는, 단단하고 날카로운 물질'을 만들어 내는 대장장이야말로 신과 대화할 수 있으며, 신으로부터 특별한 능력을 전해 받은 신비한 존재로 여겨졌다.

대장장이는 농경과 목축, 전쟁과 제사, 건축과 교역에 필요한 도구, 무기, 의기(儀器), 화폐 제조에 없어서는 안 될 기본 재료를 비밀스런 장소에서 비밀스런 방법으로 만들어 내는 신비한 능력을 지닌 자였다. 석탈해는 이런 존재의 후손임을 내세워 단숨에 신라 왕경(王京)의 유력자 대열에 들어섰다가 왕위까지 거머쥔 인물이다. 5세기에 이르기까지 한반도 남부와 일본열도에서 세력을 과시하던 가야 연맹의 힘은 철의 생산과 보급 능력으로 말미암은 것이었다. 가야 연맹의 전신이라고도 할 수 있는 변한의 철은 해로를 통해 남으로는 왜, 북으로는 한반도 중북부의 낙랑·대방으로까지 수출되는 전략 물자이자, 변한 소국들의 부(富)의 원천이었다.[35]

집안의 오회분 5호묘와 오회분 4호묘 널방 천장고임에 묘사된 수레바퀴의 신과 대장장이신은 이 신들이 수레바퀴를 만들고, 쇠를 다루던 사람들만의 신앙 대상이 아니었음을 알게 한다. _그림 31 이들 신이 벽화고분 천장고임 같은 층에 함께 표현된 불의 신, 농사의 신, 숫돌의 신 등 고구려 사회에서 널리 신앙되고 받들어지던 주요 문명신(文明神)의 대열에 속했음을 짐작하게 한다. 열여섯 개의 살이 고르게 펼쳐진 수레바퀴 이곳저곳을 살피며 마치질하는 수레바퀴의 신, 부젓가락으로 빨갛게 달구어진 쇳덩어리를 집어 모탕 위에 올려놓고 마치로 두드리는 중인 대장장이신의 모습에서 6세기 고구려의 대장간과 수레 제작소에서 땀을 흘리며 맡은 일에 몰두하던 장인들의 작업 광경을 읽어 낼 수 있다. 두 신이 걸친 황금빛 선(襈)의 맞섶, 나래옷과 발에 신은 코끝이 뾰족한 검은 신은 신 자신의 것, 혹은 신을 제사 지낼 때 사제가 사용하는 것이었으리라.

고대 중국의 지리서인 『산해경』에는 제준(帝俊)의 후예인 길광(吉光)이 나무로 수레를 만들었다는 기사가 전한다.[36] 통바퀴를 이용한 원시적인 수레의 기원을 전하는 가장 오랜 기록이다. 살이 달린 바퀴는 중국 진시황의 병마용 갱에서 실물로 모습을 드러내기 시작하며, 살바퀴를 제작하고 수리하는 모습은 후한(後漢)의 화상석에 나타난다. _그림 32 이후 중국의 삼국·위·진에 이르면 고분벽화나 화상전에 수레는 표현되지만 수레바퀴를 다루는 장면은 등장하지 않는다. 더욱이 수레바퀴의 신과 같은 존재가 표현된 사례가 6세기 동아시아 미술에서 고구려 고분벽화 외에는 더 이상 확인되지 않는다. 오회분 4호묘와 오회분 5호묘 벽화 속 수레바퀴의 신이 지니는 의미가 새삼스러울 수밖에 없는 것도 이 때문이다.

쇠를 다루는 대장장이신의 모습 역시 6세기 동아시아 미술에서는 고구려 고분벽화에서만 발견된다. 고대 중국 신화상의 존재 가운데 대장장이신에 해당하는 대표적인 인격은 치우(蚩尤)이다. 신농의 신하로도 언급되는 치우는 『용어하도(龍魚河圖)』 등에 쇠를 캐고 다듬어 무기를 만든 것으로 전하는 신적 존재이다.[37] 그러나 산동의 한대 화상석 등에 표현된 전설상의 신격 가운데 치우는 등장하지 않는다. 쇠를 다루는 장면 역시 6세기 이전 중국에서 만들어진 화상석, 화상전, 고분벽화 등에서 찾아보기 어렵다.

그림 32_ 중국 산동 가상 홍산(洪山) 한묘 화상석 부분 : 수레바퀴의 제작

전마(戰馬)까지 갑옷과 투구로 무장시킨 채, 보통 수천을 단위로 전장에 투입했던 고구려의 철기(鐵騎)는 강한 군사력뿐 아니라 그 바탕이 된 고도의 제철, 제련술, 나아가 제철 산업 전반에서 고구려가 유지하던 높은 생산력과 대규모로 신속하게 이루어지는 전략 물자 수송 능력을 대변한다. 400년, 5만의 군대를 동원한 광개토왕의 남정(南征)은 신라에 대한 가야연맹의 상대적 우위를 일거에 무너뜨렸을 뿐

아니라, 금관가야 중심의 전기 가야 연맹의 해체를 초래하였다.[38] 신라의 왕경을 위협하던 가야·왜 연합군은 어느 날 북방에서 쏟아져 내려온 대규모 철기 군단의 막강한 전투력에 압도당하였고, 당시까지 가야 연맹을 주도하였던 금관가야의 본거지는 고구려군에 의해 쑥대밭이 되었다. 두텁고 무거운 통갑옷과 투구로 몸을 감싼 가야 연맹과 왜의 군사들이 말과 사람 모두 얇은 철제 비늘갑옷과 투구로 무장한 채 시의적절하게 군수물자를 보급받으면서 전장에 나온 북방 왕국의 군사들을 당해 내기는 어려웠다. 제철·제련 기술과 물자 수송력에서 압도적 우위를 점하던 고구려군에 의한 가야·왜 연합군의 궤멸로 한반도 남부와 일본열도 일대의 기존 국제 질서는 재편되었고, 신라는 고구려의 영향권 안에 편입되었다.

고분벽화 행렬도에 빈번히 모습을 드러내는 철기와 생활풍속의 주요 장면에 묘사되는 여러 가지 형태와 용도의 수레는 5호16국 시대 북중국에서 몰아쳐 오는 강풍을 견뎌 내고 동북아시아의 패권 국가로 자리잡는 데 성공한 고구려의 높은 군사력과 산업 능력을 확인하게 하는 설명 기호라고 할 수 있다. 지금은 남아 전하지 않는 고구려 학자와 장인, 공장과 연구실이 유기적으로 얽혀 돌아가던 현장 기록으로의 접근 통로인 셈이다. 제3기의 고구려 고분벽화, 사신을 주제로 한 6세기 고분벽화에 수레바퀴의 신, 대장장이신이 등장하는 사회적 배경과 원인은 여기에서 찾아야 하지 않을까.

여래를 기리는 즐거움, 안악 2호분의 비천

고구려에 불교가 공식 전래된 해는 372년(소수림왕 2년)이다. 스스로를 전륜성왕(轉輪聖王)과 같은 불법(佛法)의 수호자로 자처하던 전진(前秦)의 왕 부견(符堅)이 승려 순도(順道)에게 불상과 경문을 들려 보내자, 고구려는 사신을 보내 사례했다고 한다.[39] 이로부터 20년 뒤인 392년, 고국양왕은 불교를 숭신하여 복을 구하라는 칙령을 내린다. 불교가 고구려의 국교처럼 자리매김된 것이다.

1세기 후반부터 동아시아에서 전래의 흔적을 드러내는 불교는 흔히 5호16국 시대로 표기되는 북중국의 혼란기에 이 지역에 급속히 확산되고 뿌리내리기 시작한다. 물론 종교·사회·문화상의 이와 같은 흐름을 주도하는 것은 강력한 군사력과 종족적 결집력을 바탕으로 다수 한족(漢族) 지배를 관철해 나가던 북중국의 5호(胡) 왕조들이다.

당시 인구상으로뿐 아니라 문화적 밀도와 성취도에서도 한족에 비해 상대적 열세에 있던 5호 국가의 지배 세력은 한족을 포함한 다종족 사회의 통합과 보편성을 띤 문화 개발을 절대적 과제로 삼을 수밖에 없었다. 종교 및 이념적 보편성, 문화적 전통성과 국제성을 모두 갖추고 있던 불교 및 불교 문화는 이를 위한 더없이

● 안악 2호분의 무덤 방향은 서쪽으로 5° 치우친 남향이다. 널길과 널방으로 이루어진 외방무덤으로, 널길과 널방의 길이×너비×높이는 각각 2.23m×1.6m×1.7m, 3.44~3.47m×3.41~3.42m×3.77m이다. 널방 천장 구조는 평행삼각고임이며, 무덤 안에 회를 바르고 그 위에 생활풍속 계통의 벽화를 그렸다.

그림 33_ 안악 2호분 널방 왼벽 벽화 : 비천

홀륭한 장치이자 결과물이었다.[40] 서로는 요동, 북으로는 송눈 평원 지대, 남으로는 한반도 중부 지역에 이르기까지 종족과 문화를 달리하는 사회가 포함된 넓은 지역으로 영역을 넓히던 고구려가 마침내 북중국을 통일하기까지에 이른 새로운 강자 전진으로부터 '불교'가 공식 전래되자, 이를 적극적으로 받아들인 것은 어쩌면 당연한 조처라고 해야 할 것이다.

안악 2호분(현 지명 : 황해남도 안악군 대추리, 옛 지명 : 황해도 안악군 대원면 상사리)은 안악 1호분 바로 뒤에 자리잡은 벽화고분으로 감이 달린 외방의 돌방무덤이다.[41] 1949년 발굴 당시, 무덤 내부는 오래전에 이루어진 도굴에 뒤이은 빗물과 토사의 침투로 말미암아 널방 벽 부분의 벽화가 심하게 훼손된 상태였다. 널방을 가득 채운 토사를 실어 내고 벽과 천장고임에 남은 벽화를 하나하나 확인해 가던 발굴자들의 눈길을 한 곳으로 모으게 했던 것이 왼벽(동벽)의 남쪽 위 부분에 간신히 남아 있던 두 비천(飛天)의 모습이다. _그림 33 무덤의 구조, 벽화 제작 기법 및 수준 등을 바탕으로 안악 2호분의 축조 시기가 5세기 후반으로 추정됨을 고려하면 벽화의 비천은 고구려의 공식적인 불교 수용 이후, 약 1세기에 걸친 불교 문화 전개의 결과물 가운데 하나인 셈이다.

안악 2호분은 널방 벽의 비천 외에도 벽 모서리와 상부에 묘사된 나무 기둥과 도리, 활개 안의 다양하고 정교한 장식무늬, 고임을 가득 메운 화려하고 세련된 연꽃무늬, 보륜무늬 등으로 잘 알려진 벽화고분이다. 이러한 무늬들과 벽 부분의 비천 및 공양자 행렬이 어우러져 널방 안을 불교 사원의 일부처럼 느끼게 한다. 안악 2호분의 널방 안에서는 앞방 천장고임을 예불도와 보살도, 비천도 등으로 장식하여 불교 사원의 본전 내부와 같은 느낌을 자아내게 하는 집안의 장천 1호분과는 또 다른 분위기가 감돈다. 보다 차분하고 부드러운 안악 2호분 특유의 공기는 일단 널방 벽화 전체가 만들어 내는 것이기도 하지만, 왼벽 한쪽에 남아 있는 두 비천과 세 공양자에게서 비롯되는 바가 크다.

널방 왼벽의 비천은 장천 1호분 벽화의 비천이 보여 주던 약간은 어색하고 긴장된 분위기에서 이미 벗어난 존재이다. 잘생긴 고구려의 미소년 같은 얼굴에 살짝 입을 벌려 미소 지으며 팔을 약간 구부린 채 들어올린 상태에서 왼손의 엄지와 검지로 오른손에 받쳐든 연화반 위의 연꽃잎을 집어 내는 비천의 모습이 너무나 자연스럽게 묘사되어 있다. 마치 1500년 전의 고구려에서 우리에게 보낸 산화공양(散華供養) 비천의 스냅 사진을 보는 듯하다. 미풍을 타는 듯이 비스듬히 뒤로 흐르며 너풀거리는 천의(天衣)와 연화반의 위와 아래로 줄기 달린 연봉오리처럼 부드럽게 흘러나간 연꽃잎의 자리 선이 이루는 허공에서의 어울림 또한 말할 수 없이 자연스럽다.

비천은 본래 하늘을 나는 모습의 천인(天人)을 가리키는 말이지만, 자연스럽게 불교에서 말하는 천계(天界)의 존재를 가리키는 대명사가 되었다. 불교적 세계관에 따르면, 비천 역시 윤회의 고리를 벗어나지 못한 채 육도(六道)에 남아 있는 존재이다. 그러나 민간 신앙의 차원에서는 알게 모르게 업(業)으로 말미암은 인연의 세계에서 자유로워져 정토의 일원으로 자리를 옮긴 것처럼 인식되기도 한다.

고·중세 중앙아시아 및 동아시아 불교 미술에서 비천은 흔히 여래의 무한한 공덕을 기리는 것을 자신의 역할로 삼은 듯이 그려진다. 천의를 걸친 듯 만 듯한 모습으로 꽃잎을 뿌리며 여래의 주변을 날아다니는 존재로 묘사되고는 한다. 어쩌면 깨달음의 세계에 가장 가깝게 접근할 수 있는 깨닫지 못한 자의 모습, 깨달은 자를 향한 공덕 쌓기를 통해 깨달음의 세계에 더 가까워질 수 있다고 믿는, 그 때문에 깨달음에 대한 깊은 열망을 가슴 안에 담아 둘 수 없는 사람의 모습이 비천이라는 존재에 투영되고 있는지도 모른다. 벽화 속 비천의 모습에서 신실한 불교 신자로 살아가고자 애쓰던 고구려 귀족의 어떤 순간을 읽어 낼 수도 있을 것이다.

현재까지 알려진 고구려 고분벽화에서 하늘세계의 사람은 408년 축조된 덕흥리 벽화고분 속에서 처음으로 모습을 드러낸다. 물론 덕흥리 벽화고분 앞방 천장고임 벽화의 하늘세계, 수많은 별자리들과 상서로운 새, 짐승들 사이를 날아다니는 사람은 선인이다. 비록 무덤 주인공 진(鎭)은 묘지명을 통해 자신을 석가문불(釋迦文佛) 제자라고 칭했지만, 벽화 속의 하늘세계는 불교적 우주, 불교적 낙원, 정토의 공간이라기보다는 불사(不死)의 선계에 가깝다.[42] 하늘세계의 사람이 불교의 천인으로 그려지지 못하고 선인으로 묘사될 수밖에 없었던 것도 이 때문일 것이다. 불교를 믿고 받들어 복을 받으라는 고국양왕의 칙령과 평양에 9사를 창건하며 불교 신앙의 확산을 장려했던 광개토왕의 의도에도 불구하고 고구려의 상급 귀족들에게조차 불교적 내세는 아직 설득력 있게 다가오지 못하고 있었던 것이다.

안악 2호분 벽화 속의 비천은 덕흥리 고분벽화의 출현으로부터 수십 년 시간의 흐름 속에 불교에 대한 고구려인의 인식과 태도가 어떻게 바뀌었는지를 단적으로 드러내는 좋은 사례 가운데 하나라고 해야 할 것이다. 5~6세기 중국 남북조시대 석굴 사원에 표현되는 비천들이 벽과 고임 곳곳을 가득 채우며 화려한 천의로 몸을 감싼 채 강한 몸놀림으로 서로 부딪칠 듯 가깝게 허공을 유영하는 모

습이 오히려 어지러운 세속을 연상시키는 것과 비교하면, 그림 34 안악 2호분 벽화의 비천은 그야말로 고요한 가운데 자신의 내면으로 눈길을 향하고 있는 출가자의 세계로 나아가게 하는 존재이다. 어쩌면 벽화의 비천이 여래의 덕을 기리고자 한 잎, 한 잎 허공을 향해 던지는 연꽃잎 자체가 고구려의 불교가 정치·사회적 통합을 위한 이념 장치로서의 역할에서 한 걸음 더 나아가 세간·출세간(出世間)을 막론한 궁극적 진리 탐구의 장이자 원리로 인식되기 시작했음을 알리는 아름다운 '소식'인지도 모를 일이다.

영원한 사랑의 약속, 장천 1호분의 연꽃 화생

고구려 사람들은 결혼할 때, 수의를 함께 마련하였다고 한다. 이제 하나 되어 살기로 하였지만 남으로 태어나 자랐던 터라 부부의 미래를 예측하기 어려웠기 때문일까. 장천 1호분 벽화의 한 장면은 고구려의 새 신랑, 새 신부에게 이 수의가 부부로서의 해로를 다짐하는 정도를 넘어서는 의미를 지녔을지도 모른다는 느낌을 가져다 준다.

중국 길림성 집안현 장천 분지 동쪽 낮은 구릉 위에 자리잡은 장천 1호분은 1970년 발굴·조사 당시 불교 사원을 연상시키는 벽화 내용과 구성으로 내외의 눈길을 끌었다. 널길을 통해 무덤 안으로 들어가 고개를 쳐들면 바로 여래의 좌상과 눈길이 마주치도록 벽화 제재의 배치에 주의를 기울였음이 확인되었기 때문이다. 무덤의 앞방 고임 안쪽 한가운데에 묘사된 여래 좌상의 좌우에는 부부로 보

● 장천 1호분의 중국측 공식 명칭은 집안통구고분군 장천묘구 제1호묘(JCM001)이다.[43] 1970년 길림성문물공작대와 집안현문물보관소에 의해 발굴 및 조사되었다. 무덤의 외형은 절두방추형이며, 둘레 88.80m, 높이 약 6m이다. 널길과 앞방, 이음길, 널방으로 이루어진 두방무덤으로 무덤칸의 방향은 남으로 37° 기운 서향이다. 널길과 앞방, 이음길, 널방의 너비×길이×높이는 각각 1.40m×1.53m×1.90m, 2.90m×2.37m×3.35m, 1.34m×1.12m×1.62m, 3.20m×3.30m×3.05m이다. 앞방 천장 구조는 3단의 평행고임과 3단의 삼각고임을 번갈아 얹은 변형평행삼각고임이며, 널방의 천장 구조는 5단의 평행고임이다. 널방 바닥에는 돌관대가 2기 설치되었다. 널방 벽 위쪽에는 일정한 간격으로 동벽에 여덟 군데, 남북 벽에 각 일곱 군데씩의 못 구멍이 뚫려 있다. 장(帳)을 걸기 위해 설치한 못자리로 추정된다. 널길을 제외한 무덤칸 안에 벽화를 그렸는데, 앞방과 이음길의 벽화는 벽면과 천장부에 덧입혀진 백회 위에 그렸으며, 널방 벽면 벽화는 석면 위에 직접 그렸다. 벽화 가운데 백회가 떨어져 나가거나 습기 때문에 지워진 부분이 많다. 벽화 주제는 생활풍속과 장식무늬이다. 널방 천장에 '북두칠청(北斗七靑)'이라는 명문(銘文)이 있다.

그림 35_ 장천 1호분 앞방 천장고임 벽화 : 연화화생

이는 남녀 공양자가 여래에게로 나아와 오체투지(五體投地)로 배례 공양하는 장면을 그렸고, 여래와 공양자들의 위쪽에는 비천을, 아래에는 보주(寶珠)와 주작, 기린 등을 표현하였다. 여래 좌상과 수평을 이루는 고임 왼쪽과 오른쪽 면에는 연화좌(蓮華坐)에 올라 여래를 향해 선 모습의 보살을 넷씩 배치하였으며, 보살과 여래 위쪽의 고임 면 각층에는 연꽃과 비천, 기악천(伎樂天) 등 불교의 하늘, 혹은 정토 세계의 존재들을 그렸다. 연꽃 장식으로 가득한 널방의 벽과 천장고임을 함께 고려하면 장천 1호분의 주인공은 말 그대로 불교적 이상 세계에서의 내세 삶을 꿈꾸며 무덤 속에 몸을 뉘었다고 할 수 있다. 과연 그러할까.

암수 주작과 기린이 그려진 고임 면 아래, 곧 널방과 이어지는 앞방 안벽 통로 공간 위쪽에는 화염을 내뿜는 듯한 모습의 연꽃과 남녀로 보이는 어린아이 둘이 연꽃에서 머리를 내민 모습이 번갈아 그려졌다. _그림 35 어린아이 둘이 연꽃에서 머리를 내미는 모습은 보살들의 좌우, 공양자들의 뒤편 공간에도 등장한다. 널방 고임의 연꽃을 그린 백회층이 벗겨진 곳에서도 이러한 모습과 표현들이 확인된다. 현재의 연꽃 장식은 이러한 표현 위에 덧입혀진 그림임을 알 수 있다. 이들 연꽃 속에서 모습을 드러내는 어린아이는 불경에서 말하는 연화화생(蓮花化生)을 통해 정토에서 새롭게 태어나는 존재이다.

불교에서 화생은 태생(胎生), 난생(卵生), 습생(濕生) 등 이 세상에서 생명체가 자손 번식을 위해 취하는 일반적인 방식과는 구별되는 정토 세계에서의 특별한 탄생법이다. 태생 등이 부모와 자식 사이의 인연을 확인시키는 윤회적 탄생법이라면, 자체(子體)와 동일한 모체(母體)를 바탕으로 하지 않는 화생은 더 이상의 인연 맺기로부터 완전히 자유로운 정토적 탄생법이라고 할 수 있다. 고구려 장천 1호분 벽화의 연꽃 속 어린아이들은 "정토의 모든 존재는 연꽃에서 화생한다"는 불경의 언급을 회화로 표현한 결과인 것이다.[44]

불교 신앙을 지닌 이들에게 연화화생이란 이처럼 생사 윤회의 세계에서 벗어나 정토왕생함을 의미하였으므로 인도로부터 동아시아로의 불교 전파 경로에 자리잡은 불교 유적 속에서 연화화생상을 발견하기는 그리 어렵지 않다.[45] 제작 시기가 기원전으로 거슬러 올라가는 중앙아시아 코탄 출토 소조 연화화생상이나 돈황 및 대동 일대의 불교 석굴 사원들에서 발견되는 연화화생상이나 '연꽃에서 탄생하는 새로운 생명'이기를 갈구하는 소망이 담겨 있기는 마찬가지이다. 돈황의 막고굴 및 대동의 운강 석굴, 용문 석굴, 공현(鞏縣) 석굴의 내부를 장식한 그림과 조소상 속에서 하늘을 나는 연봉오리, 이들 연봉오리가 성장하여 개화하고, 개화한 연화의 한가운데에서 천인의 머리가 나타나는 모습, 화생을 마친 천인의 손에 들린 연화에서 새로운 연화화생이 시작되는 장면 등을 찾아보기는 그리 어렵지 않다. _그림 36

고구려 회화에서 연화화생 표현은 장천 1호분 외에도 삼실총, 성총(星塚), 오회분 5호묘, 오회분 4호묘, 진파리 1호분, 진파리 4호분, 강서대묘 등 여러 곳의 고분 벽화에서 발견된다. 삼실총 벽화와 같이 연화화생 가운데 할머니로 보이는 인물이 주인공으로 등장하는 사례가 있는가 하면, 진파리 4호분 벽화처럼 보주, 용, 새, 천인의 화생이 한 벽면에 고르게 묘사되는 사례도 있다. 오회분 4호묘 벽화에서는 천인으로 보이는 인물들의 화생에 의한 탄생 과정이 널방 벽의 배경 무늬 속에 각각 독립된 장면으로 처리된 반면, 강서대묘 벽화에서는 금강석 형태의 보주가 화생하는 과정이 인동연꽃 장식무늬 속에 연속적으로 표현되어 서로 비교·대조되기도 한다. 고구려 회화의 한 제재로 자리잡았다고도 볼 수 있는 이 연화화

생도는 이웃 일본에도 전해지는데, 고구려계 화사(畵師)가 제작에 참여하여 622
년경 첫 작품이 탄생한 것으로 알려진 일본의 국보 '천수국수장(天壽國繡帳)' 잔
편 속에서 그 사실을 확인할 수 있다.

비교적 다양한 연화화생 표현 속에서도 장천 1호분 벽화의 연화화생도가 전해 오
는 느낌은 독특하다. 불교에서 연화화생이 지니는 교리적 의미, 이른바 '인연으
로부터의 자유' 때문이다. 불교에서는 우주 만물이 지옥(地獄), 아귀(餓鬼), 축생

(畜生), 아수라(阿修羅), 인(人), 천(天)이라는 육도의 삶을 윤회하는 것은 서로간에 얽힌 인연의 고리를 끊지 못하기 때문으로 보고, 인연의 매듭을 푸는 첫 걸음으로 출가를 권유한다. 정토에서의 연화화생은 출가로도 끊어지기 어려운 온갖 태생적 인연으로부터의 완전한 자유를 선언하는 의미를 지닌다.

그런데 장천 1호분의 남녀쌍인연화화생도(男女雙人蓮花化生圖)는 이 세상에서의 2차적 매듭이자, 자식의 출생을 통해 새로운 매듭을 낳는 출발점이라고도 할 수 있는 부부로서의 인연을 내세 정토에서도 유지하고 싶다는 소망을 담고 있다. 신앙 관념상의 본래적 의미·지향과는 너무나 다른, 그 자체는 모순되나 담긴 뜻은 지극하고 특별한 그림인 것이다. 장천 1호분에 묻힌 고구려인 부부의 생전 삶은 도대체 어떤 것이었을까. 무엇이 이들로 하여금 부부의 인연을 속박으로 여기지 않고, 인연의 매듭에서의 자유를 추구하는 정토에서조차도 함께 화생하기를 꿈꾸어 그 모습을 벽화로 남기게 했을까.

정토의 연못, 진파리 4호분 벽화

대부분의 종교에는 '낙원'으로 불리는 세계가 상정되어 있다. 종교의 가장 중요한 목적이자 기능은 신자들을 낙원에서의 삶으로 이끄는 것일지도 모른다. 신선 신앙에서 말하는 선계, 불교에서 말하는 정토, 기독교에서 말하는 천국은 그 세계의 존재를 믿는 이들에게는 이 세상 삶을 마친 뒤 이르러야 하는, 혹은 세상 삶 중에라도 이르고 싶은 '영원성'을 보장받는 이상적인 삶터이다.

고구려 고분벽화에 등장하는 연못은 이 새롭고도 영원한 삶터로의 통로이자, 이상적인 삶의 출발점인 하늘연꽃의 모태에 해당한다. 물론 이 하늘연꽃은 불교에서 말하는 낙원인 '정토' 삶의 꿈과 닿아 있다. 불교에서 연꽃은 깨달음의 상징이

● 평양시 역포구역 용산리(옛 지명 : 평남 중화군 무진리 진파동, 중화군 진파리)에 있는 진파리 4호분은 6세기 전반에 만들어진 것으로 추정되는 벽화고분이다.[46] 평양 동남쪽 제령산 서편 구릉 지대에 소재한 진파리고분군에 속한 흙무지돌방무덤의 하나로 현재는 동명왕릉고분군 1호분으로 불리기도 한다. 진파리 1호분 등과 함께 1960년대에 이르러 북한 학자들에 의해 전면 재조사되었으며, 무덤의 방향은 남향이다. 널길 양벽에 하늘 연못을 그리고 널방 왼벽(동벽)에 벽 가득히 청룡을, 벽 위 부분에 용과 서조를 타고 하늘을 나는 천인들, 화생 중에 있는 하늘연꽃들을 나타냈다. 널방 앞벽(남벽) 좌우에는 암수 주작을 묘사하였으며, 오른벽(서벽)에는 백호와 함께 서조를 탄 천인, 화생의 여러 과정을 보여 주는 하늘연꽃, 계수나무 밑에서 옥토끼가 불사의 선약(仙藥)을 찧는 모습이 담긴 달을 표현하였다. 널방 안벽(북벽) 한가운데에는 현무가 아닌 청룡을 그렸으며, 그 위와 둘레에 서조를 타고 하늘을 나는 천인, 여러 형태의 하늘연꽃을 묘사하였다. 널방 안벽에 고구려의 멸망 2세기 뒤인 870년(唐 懿宗 咸通 11年 庚寅年)에 쓰여진 '함통십○년경인삼월(咸通十□年庚寅三月 : 870년)'이라는 묵서가 있으며, 오른벽에도 묵서의 흔적이 남아 있다. 고구려가 신라·당 연합군의 공격을 받고 망한 뒤, 불타 폐허가 된 도시는 버려지고 옛 고구려 왕실과 귀족의 무덤들에는 더 이상 관리의 손길이 미치지 않게 되면서 일어난 일이라고 하겠다. 널길과 널방으로 이루어진 외방무덤으로 흙무지 밑부분의 직경이 23m, 높이 4.2m이다. 널길의 길이는 3.15m, 널방의 길이×너비×높이는 3.04m×2.53m×2.5m이며, 널방의 천장 구조는 평행삼각고임이다. 잘 다듬은 화강암 판석으로 널길과 널방을 만들고 그 안에 회를 바른 뒤 그 위에 벽화를 그렸다. 벽화의 주제는 사신이다.

그림 37_ 진파리 4호분 널길 왼벽 벽화 : 연못 부분

자, 깨달은 자의 새 삶이 시작되는 곳이다. 불교의 전생적(轉生的) 내세관에 따르면 인연으로 말미암는 업(業)에 매여 있는 한, 하늘·사람·지옥·아귀·축생·아수라라는 여섯 가지 서로 다른 삶의 세계로 이루어진 윤회의 수레바퀴를 벗어나지 못한다. 이전의 삶에서 쌓은 선업이나 악업을 바탕으로 새 삶의 형태와 터가 결정되는 것이다. 현세의 사람이 전세에는 축생의 세계에 태어나 소와 말·원숭이로 살았던 존재일 수 있고, 내세에는 하늘세계의 존재로 태어나 천왕을 섬기며 지내거나, 아귀로 태어나 배고픔에 시달리며 연명할 수도 있다.

그러나 자연적인 출생과 죽음이라는 과정을 거치며 수없이 반복될 수밖에 없는 전생적 삶을 통하여 끊임없이 쌓은 선업이 산을 이루고 베푼 공덕이 바다를 메울 정도가 되면 존재는 어느 순간 모든 인연으로부터 완전히 자유로워진다. 전생을 더 이상 겪지 않게 된 이 생명은 드디어 윤회적 삶의 굴레에서 벗어나 정토 세계의 하늘연꽃을 자궁으로 삼는 초자연적 탄생, 이른바 연화 화생을 맛보고 깨달은 자, 자유로워진 자들만의 세계인 정토에 태어나 영원한 삶을 누리게 된다. 고구려 고분벽화의 연못은 이 초자연적 탄생인 화생의 모체들을 담고 있는 곳이다.

전형적 외방무덤인 진파리 4호분은 벽화의 주제가 사신도이지만, 널방 천장 뚜껑돌에 금분(金粉)으로 표현된 별자리 그림과 널길 양벽에 그려진 연못 그림으로 오히려 잘 알려진 무덤이다.[47] 널길 벽에 그려진 연못은 제재 구성과 표현에서 여러 가지 흥미로운 요소들을 안고 있다. 기암괴석과 울창한 숲에 둘러싸인 연못에는 연(蓮)이 무성하고 꽃이 만발한 상태이다. 잔잔한 물결 위로 뻗어 오른 연, 그 위로 핀 연꽃을 중심으로 좌우의 연과 서기(瑞氣), 인동잎이 상호 대칭을 이루어 이 부분은 언뜻 공예품을 보는 듯한 느낌을 주기도 한다. 그러나 연못의 위쪽 허공의 좌우에 떠 있는 두 송이의 인동연봉오리는 연못의 연과 연꽃이 단순한 공예적, 혹은 정물적 표현 이상의 것임을 암시한다. 더욱이 연못을 둘러싼 숲의 푸른 나뭇잎들에는 몇 군데씩 +자형, 혹은 삼각형 무늬를 금분으로 나타내어 이곳이 현실 세계의 연못 주변과는 다른 매우 특별한 장소임을 시사한다. _그림 37

연못 위에 떠 있는 수염털 같은 것이 달린 인동연봉오리는 진파리 4호분 널방 벽뿐 아니라 진파리 1호분 널방 벽, 공주 무령왕릉 출토 왕비 베개의 장식 그림, 고구려계 화사가 제작에 참여했다는 일본의 국보 천수국수장 잔편, 중국 남북조 시대 북조의 석굴 사원 장식 부조 및 남조의 석관(石棺) 선각화(線刻畵) 등에서도 발견되는 것으로 정토에서의 연화 화생과 관련된 존재이다.[48] 정토의 모든 생명과 무생명들을 탄생시키는 연꽃의 생명력을 담고 있는 신비한 존재인 것이다.

백제 무령왕의 왕비가 썼던 금제 관식(冠飾)은 발견 당시 화려한 외양으로 말미암아 많은 이들의 눈길을 받았지만, 문양의 정체·의미에 대해서는 명확한 해석이 뒤따르지 못하였던 유물이다. 그러나 투각된 문양이 진파리 4호분 널길 벽 연못의 중심부와 동일한 구성을 보인다는 사실에 대해 지금은 거의 아무도 이의를 제기하지 않는다.[49] 무령왕비의 관식 역시 활짝 핀 연꽃을 중심으로 좌우에 이 꽃을 감싸듯이 뻗어 오르는 인동을 배치하는 방식으로 중심 문양부를 구성한다. _그림 38 진파리 4호분 연못 중심부와 다른 점은 투각문이 보다 정교하고 화려한 느낌을 자아낸다는 사실이다. 꽃과 인동의 구성을 보주(寶珠) 문양을 매개로 수직적으로 다시 반복하면서 공예품 특유의 좌우 균형과 대칭을 유지한 까닭일 것이다. 무령왕비의 관식에서 확인되듯이 문양 속의 연꽃은 보주를 탄생시키며, 그 보주는 다시 연꽃을 낳는다. 이 연꽃은 왕비 베개의 문양에서 확인되듯이 수염털 연

그림 38 _ 공주 무령왕릉 출토 왕비 관식

봉오리에서 시작된 존재이다. 또한 수염털 연봉오리는 어룡(魚龍), 서조(瑞鳥), 천인(天人)으로 변화할 수 있는 일종의 천변만화(千變萬化)의 생명체이다.[50]

연꽃을 둘러싼 이와 같은 관념이 진파리 4호분 벽화에서도 확인된다. 진파리 4호분 널방 벽에서도 수염털 연봉오리는 용, 서조, 보주, 천인으로 모습이 바뀔 수 있는 존재이다. 이 수염털 연봉오리가 널길 벽의 연못 위 허공에 떠 있는 것이다. 일

부에서는 벽화 속의 연못이 고구려인이 바라던 불교적 이상 세계의 하나인 천수국
(天壽國)의 그것을 그림으로 나타낸 것이라고 한다.[51] 진파리 4호분에 담겨 있던 이
상적 새 삶터에의 소망이 일본으로 건너가 천수국수장으로 되살아난 것인가.

3
하늘 세계의 모습과 삶

신과 사람을 잇는 하늘 사다리, 각저총의 나무

집안의 각저총(중국 길림성 집안현 태왕향 우산촌)은 널방 오른벽에 묘사된 씨름 장면으로 잘 알려진 벽화고분이다.[1] 벽화의 주제는 생활풍속이지만, 중심 화제는 나무이다. 우산 남쪽 기슭에 무용총과 나란히 자리잡은 이 고분에 '각저총'이라는 이름이 붙은 것은 최초 조사 당시 널방 왼벽에서 씨름도가 발견되었기 때문이다. 북한측은 이 무덤을 씨름무덤으로 부르며, 중국측은 각저묘(角觝墓)로 표기한다.

각저총은 앞방 네 벽과 널방 앞벽에 커다랗게 그려진 나무들, 커다란 나무 옆에서 노인을 심판으로 삼은 매부리코의 중앙아시아계 인물과 고구려인의 씨름 그림으로 잘 알려졌지만, 두 부인을 거느린 무덤 주인의 정좌상이 표현된 널방 안벽 그림과 넝쿨무늬와 해와 달, 별자리들로 장식된 널방 천장고임 벽화로도 눈길을 모아 온 벽화고분이다. 널방 안벽의 무덤 주인 부부와 시종들은 같은 시기 평양 지역 생활풍속계 고분벽화에서와 달리, 가내 생활 중의 여유 있는 한 순간을 연출한다. 벽화에 등장하는 인물들은 볼에 군살이 없이 얼굴선이 깔끔하게 내려오는 고구려인 특유의 얼굴을 지녔으며, 조금씩 다른 얼굴 표정을 드러낸다.

● 각저총은 1935년 처음으로 조사된 뒤, 1956년과 1962년, 1963년 거듭 무덤 수리가 행해졌고, 1966년 다시 실측되면서 집안 통구고분군 우산묘구 제457호묘(JYM457)로 명명되었다. 무덤의 외형은 절두방추형으로 봉토의 직경이 15m, 높이가 4m이다. 널길과 좌우로 곁칸화한 앞방, 이음길, 널방으로 이루어진 두방무덤으로 무덤칸의 방향은 서로 50° 기울어진 남향이다. 앞방의 천장 구조는 궁륭식이고 널방의 천장 구조는 평행고임 위에 변형 삼각고임을 얹은 평행팔각고임식이다. 앞방의 너비×길이×높이는 각 3.2m×1.0m×2.1m이며, 널방의 너비×길이×높이는 3.2m×3.2m×3.4m이다. 무덤칸의 벽과 천장에 백회를 입히고 그 위에 벽화를 그렸다.

그림 39_ 각저총 널방 왼벽 벽화 : 나무

벽면의 나무들은 가지는 모두 자색으로, 잎은 연녹색으로 채색되었는데, 윤곽선 없이 채색한 듯하여 윤곽선이 뚜렷한 인물화와 표현 기법에서 차이를 보인다. X 자로 교차하며 얽힌 가지, 버섯의 갓 모양 덩어리진 잎 등은 표현 기법으로 볼 때 중국 한대 화상석묘(畫像石墓) 그림 중의 연리수(連理樹)를 연상시키는 면도 있다. 그러나 다른 한편으로는 해마다 5월경이면 집안 일대에서 흔히 볼 수 있는 가지 끝에서 잎이 덩어리지듯이 돋는 가래추자나무를 떠올리게도 한다.[2] 씨름 장면의 일부인 커다란 자색 나무의 가지 사이에 표현된 검은 새 여러 마리와 나무 밑동 좌우의 곰과 호랑이로 보이는 짐승들은 고구려인의 전통 신앙과 관계 깊은 동물이겠지만, 자세와 표정, 화면의 다른 소재와 함께 풍속화적 표현의 초기 단계를 보여 주는 존재이기도 하다.

1935년 발견·조사될 때 각저총의 무덤칸 안으로 들어간 조사자들의 눈에 처음 들어온 것은 앞방 네 벽을 가득 채운 나무들이었다. 널방 역시 벽면의 일부, 또는 전부가 거대한 나무 그림으로 장식되어 있었다. 씨름 장면이나 음식 나르는 장면이 오히려 배경으로 여겨질 정도였다. 나무가 등장하지 않은 벽면은 무덤 주인 부부가 자리잡은 널방 안벽뿐이었다. 씨름 장면이 주는 특별한 이미지가 아니었으면 각저총의 이름은 나무 그림 무덤이 되었을지도 모른다. 무덤 안 화면의 대부분을 이렇듯 나무 그림으로 채운 이유는 무엇일까.

> 웅이 무리 3천을 이끌고 태백산 꼭대기 신단수(神檀樹) 밑에 내려와 여기를 신시(神市)라 이르니 이가 환웅대왕이다. (그는) 풍백(風伯)·우사(雨師)·운사(雲師)를 거느리고 곡·명·병·형·선·악 등 무릇 인간의 360여 가지 일을 맡아서 세상을 다스리고 교화하였다. …… 웅녀가 배필이 없으므로 항상 신단 아래에서 축원하기를 "아이

를 배게 해주십시오” 하였다. 웅이 이에 잠깐 변하여 결혼하여 아들을 낳으니 이름
을 단군 왕검이라 하였다.

단군 신화의 한 구절이다. 여기에서 잘 드러나듯이 환웅이 하늘에서 땅으로 내려
올 때에도, 웅녀가 배필을 달라고 기도할 때에도, 다리가 되고 길이 되었던 것은
신단수라는 나무이다. 고구려를 세운 주몽이 새 천지를 찾아 남으로 내려오다가
큰 강을 만나 물고기와 자라가 만든 다리를 건넘으로써 부여의 추격병을 따돌린
뒤 한숨을 돌리던 곳도 큰 나무 아래에서이며, 어머니 유화가 보낸 전령 비둘기
를 발견하고, 활로 쏘아 잡아 새의 부리 안에 있던 오곡의 종자를 받은 뒤, 다시
물을 뿜어 살린 비둘기를 되돌려 보냈던 곳도 이 커다란 나무 아래에서이다. 신
단수나 커다란 나무나 땅과 하늘의 세계를 잇고, 사람과 신 사이 의사 전달의 통
로가 되는 점에서는 서로 다른 점이 없다. 단군 신화의 신단수가 높고도 높은 태
백산 꼭대기에 뿌리를 박고 있었던 것도 이 나무의 실제적 기능이 하늘 기둥이자
사다리였기 때문이리라.

각저총 벽화 씨름 장면 바로 곁의 나무도 신단수나 커다란 나무에 해당하는 존재
인 듯하다. 그림 39 줄기는 밑동 근처에 곰과 호랑이가 등을 기댈 수 있을 정도로
굵고, 가지와 잎은 우거져 새들이 깃들기에 적당하다. 새는 주몽과 유화를 잇던
비둘기를 떠오르게 하고, 곰과 호랑이는 사람 되기를 빌던 단군 신화의 두 짐승
을 생각나게 한다. 신화적 인식과 표현 기호로서의 나무, 새, 여러 가지 짐승은
지역이나 시대, 유적, 유물의 종류에 제한을 받지 않는 것 가운데 하나이다. 중국
의 한대 화상석이나 화상전에서 가장 즐겨 선택되는 제재 가운데 하나가 신성한
나무, 모든 생명의 씨앗을 품은 나무, 하늘과 땅을 잇는 우주나무이며, 신의 뜻을

그림 40_ 중국 섬서 수덕 덕로구촌 출토 한묘(漢墓) 화상석 : 나무

사람에게 전하고 사람의 소망을 신에게 아뢰는 성스러운 새이다. 세상의 나무는 물을 머금고 빛을 받음으로써 생기를 유지하고 열매를 맺지만, 성스러운 우주나무는 해가 깃들고 목욕하게 하는 생명의 자궁이다. 중국 섬서의 한대 화상석에 잘 표현되어 있듯이 뭇 짐승으로 대표되는 모든 생명이 신성한 생명의 나무이자 땅에 뿌리박았으면서도 하늘까지 닿는 우주나무로부터 피어나듯이 자신의 모습을 드러낸다.[3]_ 그림 40

중국 한대 화상석이나 고분벽화, 백화(帛畵)에서 발견되는 생명의 나무, 우주나무, 하늘 전령으로서의 새는 고구려 고분벽화뿐 아니라 삼한 및 삼국의 관습이나 유물을 통해서도 존재를 드러낸다. 대전 괴정동 출토 농경문 청동기에 새겨진 나무와 새는 유물을 통해 확인되는 나무와 새에 관한 신앙이라고 할 수 있으며, 관 위에 커다란 새 깃을 놓아 영혼의 내세로의 여행을 도왔다는 진한 사람들의 장송 의례에 관한 『삼국지』 기사는 관습으로 알게 하는 종교 신앙의 예라고 하겠다.[4] 신라의 김씨 시조 김알지의 탄생이 계림(鷄林)에서 이루어졌다는 시조 설화는 고구려의 주몽이 오곡의 종자를 건네받던 커다란 나무와 전령 비둘기에 대한 이야기와 그대로 대비되는 경우이다. 고구려 장천 1호분 앞방 오른벽 오른쪽 위 부분에 그려진 커다란 나무와 그 나무를 향하여 날아오는 아름다운 새, 오른벽 왼쪽 아래 부분에 그려진 구릉 위의 나무와 나무 밑동의 동굴 같은 공간에 숨은 검은 곰은 각각 백희기악도의 일부, 사냥도의 한 부분으로 그려졌지만 단군 신화와 주몽 설화, 알지 설화에 배인 신화적 인식의 흔적을 담은 표현이라고 해야 할 것이다.

괴수로 바뀐 기둥, 오회분 4호묘 벽화

기둥은 받치기 위해 세운다. 땅이 벽이자 바닥이던 땅속 움집 생활 시절에도 사람들은 지붕이 무너지는 것을 막기 위해 기둥을 세웠다. 방바닥이 자꾸 땅 위로 올라오게 되자, 지붕뿐 아니라 벽도 무너질 수 있게 되었으므로 받치기 위한 기둥의 역할은 더 커졌다. 집이 길어지고 넓어질수록, 집 안의 공간이 여러 가지 형태와 방식으로 나누어질수록 기둥이 지니는 의미와 역할도 크고 무거워져 갔다. 어떤 사람에게든 '기둥과 같다'는 말이 의미 있게 다가오게 된 것도 이 때문일 것이다.

옛사람들이 무너질까 염려한 것은 집의 지붕이나 벽에 한정되지 않았다. 무엇보다도 염려스러웠던 것은 하늘이 무너지거나 쏟아져 내린다든가, 땅이 꺼지거나 큰 바다 속에서 정처 없이 떠다니는 사태였다. 실제 중국 신화 속에서는 하늘이 기울어져 별이 한쪽으로 쓸려 내려가는 사태가 발생하고 있으며, 땅이 바다 위를 이리저리 떠다니는 일이 일어난다. 하늘과 땅에도 기둥이 필요함을 절감하게 하는 신화적 사건인 것이다.

『회남자(淮南子)』에는 어느 날 하늘이 무너지고 땅이 꺼지는 일이 일어나자 창조의 신이자 대지모신(大地母神)인 여왜가 오색빛 돌로 하늘의 뚫린 구멍을 메우고, 거대한 자라의 네 발을 잘라 땅의 네 귀퉁이를 받쳐 말 그대로 인간 세계를 덮친

그림 41 오회분 4호묘 널방 모서리 벽화 : 괴수

우주적 재앙을 막았다는 이야기가 전한다.[5] 『열자(列子)』에는 용백국(龍伯國)의 거인이 동해에서 큰 거북 여섯 마리를 낚시로 잡아 그 등껍질을 벗겨 점치는 데 쓰는 바람에 15마리의 거대한 거북들이 6만 년에 한 번씩 3교대로 떠받치던, 신선들이 살던 동해의 다섯 섬 가운데 두 개가 북해로 흘러가 바다 속으로 침몰해 버리는 일이 발생했다고 한다. 각각 대여(岱輿), 원교(員嶠)라고 불리던 이 섬들은 높이와 주위가 각각 3만 리였으며, 꼭대기의 한쪽 끝에서 다른 쪽 끝까지의 거리가 9천 리였다고 한다.[6] 거대한 거북들이 대륙으로 불릴 만한 큰 섬들을 바다 한 가운데 머무르게 하는 기둥 역할을 했던 까닭이다. 불사의 신선들이 살던 세계에 덮친 이 커다란 재앙도 우주적 기둥의 역할을 맡고 있던 존재의 소멸·상실로부터 비롯되었던 것이다. 전한 시기에 만들어진 중국 호남성 장사(長沙) 마왕퇴(馬王堆) 1호묘와 3호묘에서 발견된 백화에는 한 역사가 커다란 두 마리의 괴어(怪魚)를 받침으로 삼아 두 팔로 땅과 그 위의 세계를 떠받치는 모습이 그려졌는데, 역시 거대한 거북이나 자라 혹은 힘센 괴수나 거인이 땅과 하늘세계를 떠받친다는 신화적 관념의 표현이다.

집안 지역의 후기 고구려 벽화고분의 흐름을 잘 보여 주는 오회분 4호묘 널방 벽 네 모서리에는 천장고임의 세계를 받치는 괴수가 등장한다. 몸은 사람이나 머리는 정체를 알 수 없는 짐승의 형상을 한 존재이다. _그림 41 기둥을 대신한 이 괴수가 받치고 있는 것은 몸을 틀고 꼬며 그 위의 세계를 받치느라 안간힘을 다하는 용이다. 용의 두 발은 천장고임 쪽을, 다른 두 발은 괴수의 머리 쪽을 향해 뻗었다. 아래로부터 떠받들려 위를 받치는 형국이다. 6세기 고분벽화 속의 이들 괴수와 용은 5세기 벽화고분 무덤칸의 기둥과 기둥머리의 역할을 나누어 맡고 있다고 할 수 있다. 이 무덤의 천장부 평행고임 제1층은 수많은 용이 서로의 몸을 얽고 꼬는 모습으로 장식되었는데, 널방 벽 모서리의 용과 괴수의 역할로 비추어 볼 때, 이 용들은 같은 집안 지역의 중기 벽화고분인 각저총이나 무용총 무덤칸 벽과 천장고임을 나누며 무덤 안이 목조 건축 내부처럼 보이게 했던 붉은색 '보'에 해당하는 존재라고 하겠다.

4세기 중반부터 이미 전형을 보이는 고구려 고분벽화의 특징 가운데 하나는 무덤 칸 안에 목조 가옥 내부의 건축 구조를 재현하는 것이다.[7] 무덤 안에 무덤 주인이 살아 있을 때의 세계, 생활풍속의 주요 장면들을 재현함으로써 현세의 삶이 내세 에서도 계속되기를 꿈꾸었던 당대 사람들의 소망과 맞물려 나타나는 현상이다. 무덤칸의 벽과 모서리, 천장고임의 경계를 장식하던 목조 기둥과 기둥머리, 도 리, 보의 표현은 고구려 귀족의 저택 안 부속 가옥 및 기능부의 공간별 구분과 배 치를 위한 보조 도구이자 회화 제재나 장면의 변화를 알리는 전환 장치였다. 생 활풍속이 벽화의 주제이자 내세관의 기본 표현 수단인 상태에서 나무 기둥과 도 리, 보는 죽은 자가 살게 될 내세 삶터 또한 현실 세계와 다름이 없음을 알게 하는 주요 회화 제재이자 장치의 하나로 계속 채택될 수밖에 없었다. 5세기 중엽에 이 르기까지 다양한 내부 장식의 나무 기둥과 도리, 보가 무덤칸 모서리와 천장고임 시작 부분을 장식하는 것도 이 때문이다. _그림 42

마음이 바뀌면 얼굴도 달라진다는 말이 있듯이, 생각이 바뀌면 표현에도 변화가 나타난다. 현재의 삶이 그대로 이어지기를 꿈꾸면서 이를 현실화하는 방안의 하나 로 선택된 생활풍속이라는 기존의 벽화 주제가 5세기 중엽을 전후로 하여 현세와 는 차원을 달리하는 내세 삶이 있다는 믿음과 관련된 새로운 유형의 벽화 주제들 과 혼합되거나 이들 주제에 부속되기 시작하자, 무덤칸 안에 목조 가옥의 내부 구 조를 재현하던 움직임 또한 변화를 겪게 된다. 더 이상 무덤칸 안에 나무 기둥과 도

그림 42_ 수산리벽화분 널방 모서리 벽화 : 기둥

리, 보를 그리는 것에 가치와 의미를 둘 수 없게 된 까닭이다. 무덤이 현세를 내세에 재현하기 위한 장치로 인식되지 않게 되었으므로 귀족 저택의 안채와 사랑채가 무덤칸 안에 다시 세워질 필요가 없게 된 것이다. 평양권의 벽화고분인 대안리 1호분 널방 모서리에 나무 기둥 대신 역사가 등장하는 것은 벽화 주제, 이를 떠받치는 관념과 인식상의 변화와 관련하여 나타난 새로운 현상이라고 할 수 있다. 집의 벽과 천장을 떠받치는 나무 기둥의 자리에 땅과 하늘, 우주를 받쳐드는 역사가 나타났고, 무덤 안은 이제 귀족의 저택이라는 제한된 공간일 수가 없게 되었다.[8]

단순한 나무 기둥과는 차원을 달리하는 존재인 우주 역사가 받쳐든 세계는 더 이상 내세에 재현되어야 하는 현세의 일부가 아니다. 사람이 발 딛고 사는 땅을 전제로 하여 땅과 구분될 수 있는, 이 세상의 삶에서 늘 보고 느낄 수 있는 하늘세계도 아니다. 우주 역사가 자리잡고 있는 공간을 포함한 무덤칸 내부의 벽과 천장 고임 전체가 하늘세계, 곧 새로운 의미의 우주 공간이다. 나무 기둥을 대신한 우주 역사는 생활풍속을 대신하여 등장하는 사신(四神)과 함께 무덤 안의 세계가 이전과는 다른 세계로 인식, 표현되고 있음을 알리는 존재인 것이다.

집안의 6세기 벽화고분 널방에 이르면 역사는 괴수로 바뀐다. 괴수만으로 지탱되던 통구사신총의 우주 공간이 오회분 5호묘, 오회분 4호묘에 이르면 용과 괴수가 위와 아래에서 받쳐드는 보다 역동적인 기운 속의 우주 공간으로 바뀐다. 중국 남북조의 고분벽화에 간간이 등장하는 괴수는 무덤 널길 좌우 벽에 자리잡은 지킴이이고, 북조 석굴 사원 장식에 보이는 괴수는 무한정한 정토 공간 하단에 조그맣게 배치된 버팀목에 해당한다. 이에 비해 고구려 후기 고분벽화 속의 괴수는 기존의 나무 기둥을 대신한 당당한 우주 기둥으로 자신을 자리매김한다. 고분벽화로 확인되는 또 하나의 고구려식 문화 소화의 산물이다.

우주를 받치는 힘, 삼실총의 역사(力士)

기우(杞憂)라는 말이 있다. 하늘이 꺼질까, 땅이 무너질까. 남들이 보기에는 '쓸데없는 걱정'에서 헤어 나오지 못했다는 중국 기(杞)나라 사람에 얽힌 고사성어이다. 하늘과 땅의 안전에 대한 이 염려가 정말 쓸데없는 걱정이었을까.

삼실총(중국 길림성 집안현 태왕향 우산촌)은 통구 평야의 중앙부로 뻗어 나온 우산의 남쪽 기슭 끝에 자리잡은 집안 소재 중기 고구려 벽화고분 가운데 하나이다.[9] 무덤길과 이음길로 세 개의 널방이 서로 이어져 평면상 역 'ㄷ' 자를 이루는 특이한 무덤칸 구조를 지니고 있어 '삼실총'이라는 이름이 붙었다. 북한측의 표기로는 세방무덤이며, 중국측의 공식 명칭은 집안 통구고분군 우산하묘구 제2231호묘(JYM2231)이다. 1913년 조사 때 무덤 안에 벽화가 있음이 확인되었고, 1935년 및 1936년 두 차례에 걸쳐 무덤칸 구조와 벽화 내용 등이 조사되고 실측되었다. 1972년 무덤 수리가 행해졌고, 1975년 집안현문물보관소에 의해 벽화에 대한 재조사와 벽화의 화학적 보존 처리가 이루어졌다. 발견 당시 삼실총은 특이한 평면 구조 외에도 제2널방과 제3 널방 벽면을 가득 채우며 묘사된 천장고임을 떠받치

● 삼실총은 세 개의 외방무덤이 널길로 이어진 변형 외방무덤에 속하며, 제1실을 기준으로 한 무덤칸의 방향은 남으로 기운 서향이다. 제1널방, 제2널방, 제3널방의 너비×길이×높이는 각각 2.7m×2.9m×3.1m, 2.1m×2.8m×3.1m, 2.0m×2.5m×3.3m이다. 각 널방의 천장 구조는 평행삼각고임으로 제1널방은 5단의 평행고임 위에 2단의 삼각고임을, 제2널방은 4단의 평행고임 위에 2단의 삼각고임을, 제3널방은 5단의 평행고임 위에 3단의 삼각고임을 얹었다. 무덤칸은 일정한 크기로 다듬은 장방형의 화강암제 깬돌로 쌓았으며, 벽과 천장 면에 백회를 입히고 그 위에 벽화를 그렸다. 벽화의 주제는 생활풍속과 사신이다.

그림 43_ 삼실총 제2널방 오른벽 벽화 : 역사

는 자세의 역사(力士)로 눈길을 끌었다. 삼실총과 유사한 구조의 이형(異形) 돌방무덤이 집안 지역에서도 몇 기 더 발견됨을 고려하면, 이 벽화고분의 가장 큰 특징은 생활풍속이 그려진 제1널방과 달리 제2, 제3널방의 경우, 벽면의 유일한 제재로 등장하는 역사라고 할 수 있다.[10] _그림 43

제2널방 서남벽 외의 세 벽에 그려진 역사들은 두 다리는 기마 자세를 취하고 두 팔로는 들보에 해당하는 고임 아래쪽을 받쳐든 모습이다. 역사들은 눈이 크고 코가 뚜렷하며, 날씬한 허리를 지녔다. 붉은 빛 얼굴의 서북벽과 동북벽 역사의 두 다리에는 각기 뱀이 한 마리씩 감겼으며, 온몸에서는 상서로운 기운이 뻗어 나온다. 제3널방 네 벽에는 하늘세계를 떠받드는 역사를 한 사람씩 그렸다. 서북·동북·동남벽의 역사는 제2널방 세 벽의 역사와 얼굴, 자세, 옷 입음새 등이 같다. 동북벽 역사가 고임 아래 면을 받쳐든 두 팔의 소매 끝은 연꽃잎무늬로 장식되었으며, 주저앉듯이 버티고 선 두 다리의 종아리 위 부분엔 각각 뱀이 감겨 있다. 왼섶 저고리에 홍색의 짧은 바지 차림인 서남벽의 역사는 뱀이 감긴 오른팔로는 들보에 해당하는 고임 아래쪽을 받치고, 왼팔로는 기둥을 밀어내듯이 짚은 채 서 있다. 두 팔로 강하게 버티고 있음을 나타내려는 듯 눈은 부릅뜨고, 이를 악문 모습이다.

흥미로운 것은 이들 삼실총 역사의 모습에서 확인되는 이국적 이미지이다. 크고 둥근 눈, 오똑한 코, 짙은 구레나룻 등 이목구비에서는 서아시아 및 중앙아시아 지역 코카서스계 인종의 특징이 드러나며, 버티고 선 두 팔 소매 끝의 연꽃잎무늬, 두 다리를 감은 뱀에서는 불교 및 토속 신앙과 관련한 인도 및 서아시아 종교 문화의 흐름이 느껴진다. 삼실총 벽화의 역사가 지닌 문화적 내력과 의미가 더욱 궁금해지는 순간이다.

그림 44_ 중국 호남 장사 마왕퇴 1호 한묘 출토 백화(帛畵) 부분: 역사

사람들은 흔히 "기우야"라는 말로 일의 성사 여부에 대한 확신을 나타내지만, '기우'는 실제 우주의 형태, 땅과 하늘, 바다의 재질, 자신이 사는 세계의 안정성에 대한 고대인의 가장 진지하고 원초적인 의문과 고민을 압축적으로 나타내는 말이다. 중국의 창세 신화에 등장하는 거인 반고(盤古)는 땅과 하늘을 나누기 위해 땅을 딛고 하늘을 받치느라 키가 구만 리나 높아진 존재이며, 여신 여왜는 거대한 거북의 다리를 잘라 꺼져 버린 땅의 네 귀퉁이에 꽂아 땅과 하늘을 떠받치도록 한 우주와 만물의 어머니이다. 그리스 신화의 아틀라스도 지구를 짊어진 거인이라는 점에서는 거대한 거북과 다름없는 존재이다. 땅이 바다 위에 떠 있다면 이리저리 흘러다녀도 곤란하고, 거대한 기둥과 같은 것으로 받쳐 놓지 않았다가 하늘이 받침 없는 천장처럼 무너져 내리거나, 기둥들 가운데 하나가 짧아 한쪽이 기울어져도 상황은 심각해지는 것이다. 동서에 관계없이 고대 신화에서 땅과 하늘을 떠받치는 거인이 이야기되는 것은 이 때문이다.

삼실총 벽화가 그려질 즈음에 등장한 것으로 보이는 장천 1호분 벽화에도 '기우'를 덜어 주는 역사가 등장한다. 장천 1호분 앞방 천장고임 네 모서리의 각 삼각석 측면을 장식하는 이들 역사 역시 이목구비가 크고 뚜렷한 코카서스계 사람들이다. 두 다리로 버티면서 두 팔로 위를 받친 역사의 부릅뜬 눈, 악문 이, 팽팽하게 긴장된 온몸의 근육이 한없이 내리누르는 우주의 무게를 그대로 느끼게 한다. 무덤칸의 안과 바깥, 무덤칸 안의 천장과 바닥의 온·습도 차이로 말미암아 방울방울 맺힌 이슬이 벽화를 보는 어떤 이들에게는 역사들이 흘리는 땀으로 느껴질지도 모르겠다. 삼실총 및 장천 1호분 벽화의 역사는 불교와 함께 불교 문화의 일부로 고구려에 전해진 인도 및 서아시아 문화의 한 요소일 것이다.[11] 이들 역사는 4~5세기에 많이 그려진 중앙아시아 석굴 사원 벽화 및 중국의 북위 시대에 조성된 석굴 사원 조각 중의 주유(侏儒)와 비교될 수 있는 존재이다.

중국의 장의 미술에도 이른 시기부터 '땅과 하늘세계를 떠받치는 역사'는 표현되고 있지만 개념과 형태에서 고구려 고분벽화의 역사와는 구별되기 때문이다. 중국의 호남성 장사 마왕퇴 1호묘에서 수습된 전한 시대 백화 속의 역사는 거대한 괴어(怪魚)를 발판으로 삼아 머리 위의 세계를 떠받치고 있는데, 이목구비에서 몸의 형태, 몸체의 세부 표현과 자세의 긴장도에 이르기까지 삼실총 및 장천 1호분 벽화의 역사와는 현격한 거리를 보인다. 마왕퇴 1호묘 출토 백화의 역사는 흔히 『장자(莊子)』「소요유(逍遙遊)」편에 등장하는 곤붕 설화(鯤鵬說話) 곤붕 중의 곤(鯤), 『열자』「탕문(湯問)」편의 우강(禺彊)을 나타낸 것으로 이해되는 존재이다.[12] _그림 44 중국 나름의 우주 역사 관념과 표현의 결과일 뿐, 수백 년 뒤 고구려 고분벽화에 나타나는 역사와 연결시키기는 어려운 존재임을 알 수 있다.

삼실총의 널방에 역사가 그려지는 5세기 중엽의 고구려에서는 불교가 크게 번성하여 정토를 상징하는 연꽃이 고분벽화의 주요 주제의 하나로까지 채택될 정도였다. 동북아시아 패권국으로서의 위치를 내외에 과시하면서 서아시아로까지 이어지는 외부 교역로를 통해 다양한 계통의 문화를 받아들이고, 이를 고구려식으로 정리·소화하는 데에 자신감을 내비치던 시기였다. 이 시기의 고분벽화에 보이는, 계통을 달리하는 문화 요소들도 이와 같은 사회 분위기의 산물이라고 하겠다. 인도 및 서아시아풍의 우주 역사(力士)들이 집안 삼실총 널방 벽면의 주인공으로 등장하는 이유이기도 하다.

별로 가득한 하늘, 덕화리 2호분 벽화

서울 덕수궁 궁중유물전시관에 보관중인 '천상열차분야지도'는 조선이 개국한 지 4년째인 1395년 돌 위에 새겨 만든 별자리 그림판이다. 모두 1467개의 별, 이들 별의 대부분이 포함된 283개의 별자리로 구성되었다. 조선 태조대의 실력자였던 권근(權近)이 그림판에 남긴 글에 따르면 고구려가 멸망할 때 대동강에 빠뜨려진 석각천문도의 탁본이 7백여 년 뒤까지 전해지다가 조선의 천문학자들에 의해 제2의 석각천문도로 되살아난 것이라고 한다.[13] 물론 새 천문도에는 고구려 멸망 이후 고려를 거쳐 조선에 이르는 기간에 천문 관측을 통해 확인된 새로운 사실들도 일부 더해졌을 것이나, 현대의 고(古)천문학자들의 연구에 따르면 특별한 별자리가 더해지지는 않았다고 한다.[14]

현재까지 무덤칸의 벽이나 천장고임에 별자리가 그려진 것으로 확인된 고구려 벽화고분은 모두 22기이다. 이 가운데 천장고임에 해와 달, 북두칠성과 남두육성(南斗六星), 황도(黃道) 28수가 모두 표현된 것은 덕화리 2호분이 유일하다. _그림 45 이 황도, 곧 태양이 지구를 돌면서 그리는 궤적에서 발견되는 28개의 별자리는

● 전형적인 외방 계열 벽화고분인 덕화리 2호분 무덤칸의 방향은 서쪽으로 약간 치우친 남향이며, 널길은 널방 앞벽 한 가운데에서 시작된다. 널길과 무덤칸의 벽과 천장은 잘 다듬은 화강암 판돌로 쌓았으며, 널길 입구에서 널방 쪽으로 1.4m 거리에 돌문이 있고, 널방 입구에는 나무문을 달았던 문틀 자리가 남아 있다. 널길과 널방의 길이×너비×높이는 각각 2.28m×1.20m×1.71m, 2.91m×2.52m×3.37m이며, 널방 천장부만의 높이는 1.53m이다. 널길 천장 짜임은 평천정이며, 널방 천장은 1단의 평행 4각고임 위에 5단의 평행 8각고임이 더해진 평행고임 방식으로 짜였다. 널방 벽과 고임에 석회를 바르고 그 위에 벽화를 그린 벽화고분으로, 벽화의 주제는 생활풍속 및 사신도이다.

그림 45_ 덕화리 2호분 널방 천장고임 벽화 : 별자리

동방에 각수(角宿)·항수(亢宿)·저수(氐宿)·방수(房宿)·심수(心宿)·미수(尾宿)·기수(箕宿), 서방에 규수(奎宿)·루수(婁宿)·위수(胃宿)·묘수(昴宿)·필수(畢宿)·자수(觜宿)·삼수(參宿), 남방에 정수(井宿)·귀수(鬼宿)·류수(柳宿)·성수(星宿)·장수(張宿)·익수(翼宿)·진수(軫宿), 북방에 두수(斗宿)·우수(牛宿)·녀수(女宿)·허수(虛宿)·위수(危宿)·실수(室宿)·벽수(壁宿) 등 각 방향에 일곱 개씩 있는 것으로 상정되는데, 금분(金粉) 천문도로 유명한 진파리 4호분의 널방 천장에도 28수가 표현되었지만 별자리들 사이에서 남두육성은 확인되지 않는다.

1973년 10월 발굴된 덕화리 2호분은 평안남도 대동군 덕화리 소재지에서 서북쪽으로 약 1km 떨어진 봉화산 남쪽 기슭에 자리잡고 있다.[15] 무덤의 서쪽에 돌방의 짜임새와 벽화 내용, 구성에서 큰 차이를 보이지 않는 덕화리 1호분이 있다. 흙무지의 동서 너비 23m, 남북 길이 26m, 높이는 4.1m이다.

널방의 네 벽 가운데 앞벽과 좌우 벽에 주작·청룡·백호를, 안벽 상단에 인물 행렬, 하단에 현무를 나타냈으며, 천장고임에 전후좌우로 이어지는 커다란 귀갑문, 귀갑문 사이로 해·달·별자리·구름을 그렸다. 널방의 네 모서리에 나무 기둥을, 벽과 천장고임 경계 부분에 들보를 굵은 먹선으로 그리고, 그 안을 붉은색으로 채워 넣은 다음 그 위에 먹선으로 구름무늬를 나타냈다.

천장고임 안쪽(북면) 제1단에서 4단 사이에 주홍색 선으로 나타낸 7개의 별들이 붉은 선으로 이어진 국자 모양의 별자리가 북두칠성이며, 천장고임 앞쪽(남면) 제3단에서 4단에 걸쳐 묘사된 6개의 별로 이루어진 별자리가 남두육성이다. 천장고임 제3단의 왼쪽(동면)과 오른쪽(서면)에는 해와 달을 표현하였는데, 각각 해를

상징하는 세발까마귀, 달을 나타내는 두꺼비와 옥토끼를 둥근 원 안에 묘사하였다. 천장고임의 제2단과 제3단에는 고임의 방향 별로 4개, 혹은 6개의 별들로 이루어진 별자리들이 제 모습을 그대로 지니고 있는가 하면, 석회가 떨어져 나가면서 짝을 잃은 별자리의 흔적들이 남아 있다. 온전한 별자리들의 곁에는 묵서도 남아 있어 이 별들의 무리가 어떤 별자리로 인식되고 표현되었는지를 알게 한다. 천장석 면에 그려진 그림은 석회가 떨어져 나가면서 제대로 알 수 없는 상태가 되었다. 무덤의 축조 시기는 5세기 말에서 6세기 초 사이일 것으로 추정되고 있다.

덕화리 2호분 벽화에서 세인의 눈길을 끄는 부분은 널방 천장고임에 표현된 별자리들이다. 5단으로 이루어진 천장 8각고임 3단부터 5단 사이에 남아 있는 19개의 별자리들은 위치와 방향으로 보아 애초에 그려진 28개 별자리의 일부임이 확실하다. 남은 19개의 별자리 가운데 4개의 별자리 곁에는 류성(柳星), 정성(井星), 위성(危星), 벽성(壁星)이라는 별자리 이름이 묵서로 쓰여 있다. 이름만으로도 이들 별자리가 28개 별자리의 일부로 그려졌음을 재확인시켜 주는 부분이다. 보다 주목되는 것은 이들 별자리들이 위에서 언급한 천상열차분야지도의 해당 별자리와 별의 배열 상태에서 큰 차이를 보이지 않는다는 사실이다. 조선 초기 국립 천문 연구기관에 해당하는 서운관(書雲觀)의 학자들은 시간의 흐름에 따른 별자리의 위치 변동을 고려하여 새로운 석각천문도에 고구려 석각천문도 탁본의 별자리 위치를 수정하여 표시하였다고 한다.[16] 이를 감안하면 덕화리 2호분 널방 고임의 이들 별자리는 천상열차분야지도의 유래에 대한 권근의 설명을 확인시켜 주는 고구려 당대의 생생한 역사 자료라고 할 수 있다.

1983년 일본 나라현 아스카촌에서 발견된 키토라 고분은 20년째 석곽 내부가 정밀 촬영 기기로 탐색되기만 하는 유적으로도 유명하지만, 네 차례의 내부 벽면과 천장부에 대한 촬영을 통해 사신과 별자리, 12지상이 차례로 확인되면서 벽화의 문화적 계통에 대한 수수께끼를 더하게 하는 옛 무덤으로도 잘 알려졌다. _그림 46 천문학자들은 키토라 고분 석곽 천장에는 이제는 보이지 않는 것을 포함하여 600개의 별, 34개의 별자리가 표현되었던 것으로 추정한다. 흥미로운 것은 이 천문도를 검토한 결과, 별과 별자리의 관측 지점이 북위 38° ~39° 지역으로, 같은 위도 안에서는 고구려의 수도였던 평양일 가능성이 높다는 사실이다.[17] 또한 별자리의 형태나 위치도 천상열차분야지도와 매우 가깝다는 점이다. 더욱이 키토라 고분

석곽 네 벽의 중심 화제는 사신이다. 사신을 중심으로 한 벽화 구성과 배치가 고구려에서 성립한 벽화 양식 가운데 하나임은 이미 널리 알려진 사실이다. 이런 사실들로 보아 7세기 말에서 8세기 초 사이에 축조된 것으로 추정되는 키토라 고분은 어떤 방식으로든 고구려 문화와 일정한 관련이 있는 유적이라고 하겠다.[18]

무덤의 축조 및 벽화 제작 시기상 200년 가까운 시차를 보이는 휴전선 너머 북한의 덕화리 2호분 널방 천장고임의 천문도와 바다 건너 일본의 키토라 고분 석곽 천장의 천문도는 14세기 말에 재현된 고구려 석각천문도, 조선의 천상열차분야지도를 다리로 삼아 만난다. 마치 시간과 공간을 넘어서는 타임머신 여행의 결과를 눈으로 보는 듯하다. 모두 고구려 석각천문도의 실재를 확인시키는 덕화리 2호분 천장고임 천문도의 발견에서부터 시작된 일이다.

불로불사의 꿈, 선계의 삶 : 감신총의 서왕모

달은 차고 이지러지기를 거듭한다. 이지러짐은 죽음이고, 채워짐은 삶이다. 사람들은 삶과 죽음을 거듭하는 달의 모습에서 영원히 재생하는 존재, 곧 불사(不死)를 누리는 생명을 상정한다. 불사의 꿈이 실현된 세계, 이른바 '선계(仙界)'에서의 삶을 향한 소망은 고분벽화와 같은 장의 미술이 존재하게 하는 가장 중요한 바탕 가운데 하나이다.

남포시 와우도구역 신령리(옛 지명 : 평남 용강군 신녕면 화상리, 온천군 신영리)에 위치한 감신총은 1914년 이케우치 히로시[池內宏]를 비롯한 일본인 학자들에 의해 발굴되었다.[19] 조사자들의 지시로 일꾼들이 무덤 안을 가득 채운 흙을 실어 내는 과정에서 상당수의 벽화 조각이 함께 휩쓸려 나갔지만, 감신총은 발굴이 진행되는 도중 문제의 오른쪽 감실 입구 위의 고임 부분에 묘사된 흥미로운 장면 하나를 드러냈다. 조사자들은 '산악 및 신선으로 보이는 사람 다섯'으로 보고했고, 이후 연구자들은 이 장면에 대해 앞의 보고대로 받아들이거나 불상으로 보이는 신상과

● 화상 부락 동쪽의 산 능선에 형성된 화상리고분군에 속하는 이 감신총은 발견 당시에는 화상리연실고분(花上里聯室古墳)으로 불렸다. 발견 이후 화상리연실고분이라는 이름 외에 대연화총이라는 이름으로도 불렸지만, 무덤의 앞방 오른벽에 달린 감실 안의 신상으로 보이는 인물상의 정체에 조사자들의 관심이 쏠리면서 감신총으로 주로 불리게 되었다. 무덤 방향이 남향인 이 고분은 널길, 좌우에 감이 있는 장방형 앞방, 이음길, 널방으로 이루어진 두방무덤이다. 감신총의 널길, 앞방, 널방의 길이×너비×높이는 각각 2.12m×0.92m×1.21m, 2.42m×1.51m×2.16m, 2.73m×2.73m×2.42m이며 앞방 천장고임은 궁륭식, 널방 천장고임은 궁륭삼각고임으로 마무리되었다. 무덤 안에 회를 바르고 그 위에 생활풍속계 벽화를 그렸다.

그림 47_ 감신총 앞방 고임 서측 벽화 : 서왕모

공양 드리는 인물들 정도로 해석할 뿐 별다른 관심을 보이지 않았다. 벽화도 뚜렷하지 않은 데다 해당 부분과 비교할 만한 다른 사례도 더 이상 발견, 보고되지 않았기 때문일 것이다. 그러나 고조선 멸망 이래 5세기까지 평양을 포함하여 대동강 중·하류 지역이 지니고 있는 독특한 사회·문화적 위치를 염두에 두면서 감신총 벽화와 관련된 자료들을 보다 넓은 범위에서 찾아보았다면 벽화의 이 부분을 대하는 자세가 크게 달라지지 않았을까. 실제 벽화와 직·간접적으로 관련된 표현 및 자료들이 이웃 중국의 한·위·진대 화상석과 고분벽화에서뿐 아니라 평양 인근 낙랑 유적 출토 유물에서도 찾아지기 때문이다.[20]

문제의 장면은 벽과 천장을 구분 짓는 자색 들보 그림 및 세모꼴 불꽃무늬 위에 있다. _그림 47 고임의 중심 아래에서 위로 내부가 달팽이무늬로 장식된 T자형 대(臺)가 수직에 가깝게 뻗었고, 같은 종류의 또 하나의 대가 이 대를 비스듬하게 지그재그로 감아 올랐으며, 대의 좌우로 험준한 산봉우리들이 뻗어 나간다. T자형 대의 위 부분인 가로 대 위에 한 여인이 정좌하였는데, 서기(瑞氣)를 나타내는 물결 모양의 선이 여럿 어깨 좌우로 부드럽게 흘러 나왔다. 여인의 좌우에는 시녀로 보이는 인물들이 여인을 향하여 다소곳이 서 있고, 가로 대의 오른쪽 아래에서는 한 여자가 새를 타고 정좌한 여인을 향해 날아오는 중이다. 산봉우리와 대 사이 빈 곳 여기저기에는 새구름무늬가 그려졌다. 아득히 높은 산봉우리보다 더 높은 곳, 새를 타고 구름 위로 솟아올라야 이를 수 있는 세계 한가운데에 자리잡고 있는 이 여인은 누구일까.

한대 중국의 장의 미술에서 가장 즐겨 다루었던 주제 가운데 하나는 선계에서의 삶이다. 선계는 불사의 세계이기 때문이다. 무덤 주인공의 선계를 향한 여행 장면, 무덤 주인공이 선인이 되어 불사의 삶을 누리는 모습이 지역에 관계없이 수많은 화상석과 화상전, 고분벽화에 묘사되었다. 선계의 모델로는 중국의 서쪽 끝에 있고, 아래는 좁고 위는 넓은 특별한 형태의 산, 깃털도 빠뜨린다는 약수(弱水)로 둘러싸여 상서로운 짐승조차도 이르기 어렵다는 곤륜산이 즐겨 상정되었다.[21] 온갖 기화요초, 상금서수로 가득한 곳, 모든 큰 강의 근원, 봉황도 약수를 건너 이 산에 이르기 위해서는 사당(沙棠)이라는 특별한 열매를 부리에 물어야 한다는 이 신비한 세계의 주관자는 인간의 오형(五刑)을 담당하고 불사약을 관리하는 불사의 신으로 믿어졌던 서왕모(西王母)이다.

『산해경』에서 동굴 속에 사는 '호치(虎齒)·표미(豹尾)'의 존재로 그려지는 서왕모는 한대 화상석에서는 두 인신사미인(人身蛇尾人)이 교미하면서 만든 교반좌(交盤座) 위에 앉거나, 뭉게뭉게 피어 오르는 구름 위에 앉은 모습으로 그려진다.[22] _그림 48 또 좌우가 용과 호랑이의 상체로 마무리되는 용호좌(龍虎座) 위에 정좌하거나, 건목(建木)을 연상하게 하는 T자형 산봉우리, 이른바 곤륜현포(崑崙懸圃) 위에 앉은 형상으로 묘사되기도 한다. 교반좌나 용호좌는 그 위에 앉은 서왕모가 음양의 원리 위의 존재임을 나타내는 장치이다. 이 불사의 신은 다리 셋 달린 새, 꼬리가 아홉인 여우, 불사약 찧는 토끼, 춤추는 두꺼비, 그 밖에 갖가지 이수(異獸)와 우인(羽人)으로부터 시중 받는 존재이다.

한대 화상석에서 흔히 거칠고 위압적이거나 표정 없는 신상처럼 표현되는 서왕모는 문헌상 중국의 춘추 시대부터 그 존재가 확인되지만 그 기원은 보다 오래된 것으로 추정되는 신이다. 본래는 양성(兩性)을 모두 갖춘 신이었던 서왕모도 양성(陽性)을 상징하는 동왕공(東王公)이 그 대응 신으로 등장하면서 점차 단아한

그림 48_ 중국 산동 등현 대곽촌 출토 한(漢) 화상석 : 서왕모

얼굴을 지닌 귀부인으로 그려진다. 후한 후기부터 나타나는 현상이다.

69년경 만들어진 평양의 낙랑 왕우묘(王旴墓)에서 칠반(漆盤) 하나가 출토되었다. 칠반 안쪽에는 곤륜현포 위의 용호좌에 앉은 서왕모가 그려져 있었다. 서왕모의 머리 위에는 천개(天蓋)가 드리워졌으며, 곁에는 시녀가 있다. 서왕모가 머리에 쓴 화려한 관에는 옥승(玉勝)이 표현되어 있지 않으나 현포와 용호좌, 천개는 서왕모를 장식하는 부수물들이다. 이 칠반은 사천(四川)의 촉군(蜀郡)에서 제작된 것이다. 대동강 남안의 낙랑 지역에서 출토된 것으로 전하는 동반(銅盤)에도 용호좌에 앉은 서왕모와 그의 권속이 표현되었다. 서왕모는 머리를 옥승으로 장식하였으며, 세발까마귀와 아홉꼬리여우가 서왕모를 시중들고 있다. 서왕모의 머리 위에는 천개가 드리웠으며, 어깨 좌우로는 상서로운 기운이 뻗어 나간다.

일제 강점기 대동강면에서 출토된 옥승은 서왕모를 상징하는 물건으로, 도상 중에서는 서왕모의 머리 장식으로 쓰인다. 대동강면 출토 옥승의 경우, 옥승을 이루는 벽(璧) 형태의 둥근 고리 안에는 네잎꼴무늬가 표현되었으며, 고리 끝의 안보다 바깥이 넓은 역마름모꼴 손잡이와 이어진 한 부분에는 이등변삼각형에 가까운 불꽃형 무늬 세 개가 표현되었고, 다른 부분의 끝에는 연속세모꼴무늬가 새겨졌다. 모두 평양 지역에 서왕모라는 존재가 알려졌다는 증거 자료이다. 산봉우리 사이를 뚫고 솟아오른 T자형 대 위의 여인, 감신총 천장 고임 벽화에 보이는 미지의 인물이 어떠한 역사적·문화적 배경 위에 등장하는 존재인지, 무덤에 묻힌 자의 어떠한 꿈과 소망을 담고 있는 표상인지, 과연 누구인지를 짐작하게 하는 자료이기도 하다.

비상, 안악 1호분의 천마·비어·기린

일제로부터의 해방이 분단으로 이어진 지 얼마 안 된 1949년, 북한의 안악 지방에서 3기의 고구려 벽화고분이 발견·조사되었다. 3기 모두 나름의 독특한 구성과 내용으로 내외의 관심을 모았지만, 가장 먼저 발굴되었으면서도 다른 2기에 비해 눈길을 적게 받은 것이 안악 1호분(현 지명 : 황해남도 안악군 대추리, 옛 지명 : 황해도 안악군 대원면 상사리)이다.[23]

안악 1호분이 세인의 관심에서 멀어졌던 것은 발굴 조사를 통해 널방 벽면의 벽화가 백회와 함께 거의 떨어져 나갔을 뿐 아니라 천장고임에 일부 남은 것도 비교적 간단한 무늬들, 이상한 새와 짐승 몇 마리에 불과하다는 사실이 확인되었기 때문이다. 그러나 벽화를 담은 백회가 부스러지듯 떨어져 나가는 가운데 용케 살아남은 천장고임의 그림들은 그 하나하나가 우리들로 하여금 고구려 사람들이 꿈꾸던 한 세계의 편린이자, 그 세계로 안내하는 통로이다. 한 점 남은 벽화의 조각조차 귀중히 여기고 연구해야 하는 것도 이런 까닭이다.

고대 중국의 신화 전설에서 동방 세계는 흔히 '새의 나라', 혹은 날아다닐 수 있

● 안악 1호분은 안악군 대추리 산지 마을 뒤 언덕 위에 있는 2기의 흙무지돌방무덤 가운데 앞의 것이며, 뒤의 것이 안악 2호분이다. 안악 1호분은 널길과 널방으로 이루어진 외방무덤이며, 무덤 방향은 서쪽으로 2° 치우친 남향이다. 널길과 널방의 길이×너비×높이는 각각 2.47m×0.97m×1.55m, 2.85~2.88m×2.53~2.55m×3.35m이다. 무덤 널방의 천장은 평행삼각고임으로 마무리되었다. 무덤 안에 회를 바르고 그 위에 생활풍속을 주제로 한 벽화를 그렸다.

그림 49_ 안악 1호분 널방 고임 남쪽 벽화 : 비어

는 존재들로 이루어진 세계로 그려진다. 중국 고대의 무가(巫家) 계통 지리서로 잘 알려진 『산해경』에서도 동방의 산과 계곡에는 날개 달린 신이한 존재들이 많은 것으로 묘사된다.[24] 지리상의 인식이 동쪽으로 태산(泰山)을 넘어서지 못하던 단계의 고대 중국에서 동방은 불사의 생명들로 가득한 신비의 세계였다. 불사란 삶과 죽음으로 나뉘는 생명 세계의 경계를 넘어서는 개념이다. 시간과 공간에 의해 제약받는 존재로서의 한계를 초월하는 것이다.

고대 중국의 지리서나 신선 신앙에 관한 서적에서 언급되며 동경되던 동방. 언제부터인가 동방 세계의 중심으로 인식되고 있던 고구려에서 불사의 세계는 어떻게 인식되고 그려졌을까. 이러한 의문과 관련하여 새삼 눈길을 끄는 것 가운데 하나가 안악 1호분 널방 천장고임 벽화에 보이는 새와 짐승들이다. 고임 동쪽 2층의 긴 꼬리의 새와 사람 머리의 짐승, 4층의 날아오르려는 자세의 새와 사람 머리의 새, 남쪽 2층의 날개 달린 물고기와 말, 서쪽 2층의 날개 달린 사슴 형태의 기린, 4층의 머리가 보이지 않는 새와 짐승 머리의 새, 북쪽 2층의 날개를 펼친 새 두 마리. 사람 머리의 짐승을 제외하면 모두가 날 수 있는 존재들이다. 기린과 말뿐 아니라 물고기도 날개를 달았다. _그림 49 더 이상 땅에 발을 딛고 있어야 하거나, 물 속에서 헤엄치고만 있어야 하는 '매인' 존재가 아니다. 쳐다보기도 어렵던 하늘, 끝간 데 없이 무한하게 펼쳐진 세계를 마음껏 다닐 수 있는 천마(天馬)가 되고 비어(飛魚)가 된 것이다.

고구려 고분벽화에서 기린은 안악 1호분 벽화에서와 같이 날개가 달린 짐승으로 그려지기도 하고, 집안 지역의 장천 1호분이나 삼실총 벽화의 경우와 같이 그렇지 못한 모습으로 묘사되기도 한다. 사슴 형태로 모습을 드러내기도 하고, 말과 비슷한 형태로 그려지기도 한다. 논란이 되고 있는 경주의 신라 천마총 출토 장니(障泥)에 그려진 천마는 실제 말의 모습을 한 기린에 가깝다.[25] 페르시아계 신화에서 기원하여 그리스 및 로마 신화에서 주요한 신화적 짐승의 하나로 자리잡은 유니콘은 '평화의 상징'이라는 점에서뿐 아니라 외형상으로도 동아시아 신화 속의 기린과 가장 가까운 존재이다. 유니콘처럼 하늘을 날아다닐 수 있는 기린의 형태상 특징 가운데 하나가 이마의 외뿔이기 때문이다. 고구려 고분벽화 속의 기린들 역시 날개의 유무에 관계없이 이마에 지닌 외뿔로 자신의 정체성을 드러낸다.

고대 중국의 문헌에도 언급되어 있듯이, 기린은 성인(聖人)이 다스리는 평화로운 시대에만 모습을 드러낸다는 신비한 짐승이다.[26] 현세에 구현되기를 소망하는 이상 세계의 상징, 삶이 갈등과 고통의 과정이 아닌 평안과 즐거움의 시간이기를 꿈꾸는 사람들이 가장 만나고 싶어하는 존재이다. 『제왕운기』에는 고구려를 세운 동명왕 주몽이 기린을 타고 하늘과 땅을 오가며 두 세계를 다스리다가 하늘로 올라가 돌아오지 않았다는 구절이 나온다.[27] 날개를 지녔는지는 알 수 없으나 동명왕이 타고 다닌 기린은 하늘 세계의 사람을 태우고 하늘과 땅 사이를 자유롭게 오고갈 수 있는 짐승, 곧 자신의 힘으로 허공을 향해 비상할 수 있는 신수(神獸)이다. 이 신비로운 짐승 기린을 타고 다닌 동명왕 주몽은 땅 위의 세계를 자신이 속한 하늘세계와 같은 이상적 삶의 공간으로 가꾸어 가던 신인(神人)인 셈이다. 고구려 사람들이 시조 주몽을 어떤 존재로 인식했는지, 자기들이 살던 고구려라는 나라를 어떤 나라로 여기고 있었는지가 이 기린이라는 신수를 매개로 그 일단을 드러낸다고 해도 과언이 아니다. 비록 날개를 지니지 않은 존재로 모습을 드러내고 있지만 장천 1호분, 삼실총, 강서대묘 벽화의 기린도 현실 속의 이상 세계에 대한 고구려 사람들의 소망을 그대로 담아 내고 있다고 해야 할 것이다.

그림 50_ 덕흥리벽화분 앞방 천장고임 벽화 : 천추

천마와 비어는 남포 강서의 덕흥리벽화분 앞방 천장고임의 해와 달, 별자리들 사이에서도 그 모습을 드러내는 하늘세계의 생명들로 안악 1호분 벽화에서와 같이 날개를 지니고 있다. 날개를 지닌 채 하늘세계를 날아다니는 말의 존재는 페르시아계 신화 속의 페가수스에서 가장 먼저 확인된다. 페가수스가 별자리이기도 한 점을 아울러 고려할 때, 덕흥리벽화분과 안악 1호분 벽화의 날개 달린 말, 천마의 존재에 새삼 눈길이 모아진다.

『산해경』에서 노수(勞水)의 비어는 먹으면 치질과 설사를 낫게 하는 존재이고 정회수(正回水)의 비어는 새끼 돼지와 같이 생겼고 붉은 반점이 있다고 한다.[28] 물속을 헤엄치는 것이 아니라 하늘을 날고 있는 것으로 보아 두 고분벽화 속의 비어 역시 별자리에 대한 인식을 반영한 것이라고 할 수 있다. 고구려를 포함하여 동북아시아에 알려진 신화적 존재로서의 비어의 정체가 흥미롭기만 하다.

사람 머리의 새는 덕흥리벽화분뿐 아니라 집안의 무용총과 순천의 천왕지신총 벽화에도 등장한다. 눈길을 끄는 것은 덕흥리벽화분에 묘사된 두 마리의 사람 머리 새 곁에 각각 '천추지상(千秋之象)', '만세지상(萬歲之象)'이라는 묵서가 쓰여 있고, 천왕지신총의 사람 머리 새 곁에도 '천추(千秋)'라는 글이 적혀 있다는 사실이다. _그림 50 집안의 천추총(千秋塚)에서 발견된 벽돌에 '천추만세영고(千秋萬歲永固)'라는 글자가 돋을새김되어 있음에서 확인할 수 있듯이, 이들 사람 머리 새 역시 무한한 삶에 대한 인간의 소망이 형상화된 결과이다. 날개 달린 존재에 투사된 불사의 꿈이 안악 1호분 벽화뿐 아니라 고구려 고분벽화 곳곳에 흔적을 남기고 있는 것이다.

불사약이 가져온 저주, 쌍영총의 달 두꺼비

'역사의 중심에는 영웅이 있고, 영웅의 뒤에는 여자가 있다'는 재미있는 말이 있다. 분명 영웅만이 역사의 주인공은 아닐 것이다. 어쩌면 역사의 주인공을 찾거나, 상정하려는 것 자체가 어리석은 태도인지도 모른다. 어우러지기도 하고 어긋나기도 하는 사람들 사이의 이야기, 드러난 영웅담 이면의 감추어지고 잊혀진 선남선녀의 사연이 역사의 본질이고 진면목이라고 하여도 굳이 아니라고 할 사람이 몇이나 될까.

쌍영총은 5세기 후반으로 편년되는 생활풍속 및 사신계 벽화고분이다.[29] 널길 벽화 가운데 유일하게 남아 전하는 기마 인물 벽화편과 널방 왼벽의 공양행렬도로 잘 알려진 벽화고분이기도 하다. 발견 당시부터 보존 상태가 나빴거나, 조사 과정에서 훼손이 진행된 이들 벽화 및 벽화편과 달리 천장고임 부분의 일부 벽화는 선과 색 모두 뚜렷이 살아 있었다. 널방 천장 삼각고임 밑면에 표현된 해와 달도 그러한 경우에 해당한다. 전형적인 공작형 세발까마귀가 원 안에 그려진 해, 입에서 화염과 같은 것을 뿜어내는 두꺼비가 원 안에 묘사된 달. _그림 51 5세기 고구려인이 믿고 보며 느끼던 해와 달이 이런 형태의 것이 아니었을까 생각하게 하는 그림들이다.

그림 51_ 쌍영총 널방 천장고임 벽화 : 달

중국의 신화 속에서 달 두꺼비는 명궁 예의 아내 항아(姮娥)의 현재 모습이다. 영웅 예는 활 잘 쏘는 자라는 뜻의 이름을 지닌 고구려의 시조 주몽처럼 명궁으로 이름을 날리던 동이(東夷)의 제후였다.[30] 하루에 한 개씩 동방 끝 부상(扶桑)의 가지에서 떠올라 서쪽 끝의 감연(甘淵)에 이르러 몸을 씻던 10개의 해가 어느 날 한꺼번에 떠올라 땅을 불태우고 강을 말라 버리게 한다.[31] 성군(聖君)으로 알려진 요 임금이 여축(女丑)이라는 무당으로 하여금 비를 구하는 기도를 하게 하지만, 푸른 물빛 옷을 입고 산꼭대기에 올라가 하늘을 향해 기도하던 무당 여축은 10개의 해가 뿜어 내는 뜨거운 햇살을 이기지 못하고 죽고 만다.[32]

하늘과 땅의 모든 질서의 주관자, 대신(大神) 황제(黃帝)가 뒤늦게 이 사실을 알고 영웅 예에게 붉은 화살과 흰 활을 내려 인간계가 겪고 있던 이 미증유의 재앙을 물리치게 한다. 예가 이글거리는 해를 향하여 활시위를 당기자 화살에 명중된 해들이 하나하나 빛을 잃고 땅 위로 떨어진다. 예의 화살을 맞고 떨어진 9개의 해를 보니, 그 실체는 금까마귀였다.[33] 본래 10개의 해, 곧 10마리의 금까마귀를 낳아 하늘의 이 끝에서 저 끝으로 오가게 한 존재는 해의 신 희화(羲和)였다.[34] 여신 희화는 이 사건으로 자식 아홉을 잃은 셈이다.

천제의 마음을 움직이게 했던 요 임금과 백성들의 절망과 비탄의 울부짖음은 그쳤고, 예는 세상을 구한 영웅으로 일컬어지게 되었다. 그러나 예의 아내로 아름답기 그지없던 항아는 자신이 남편과 함께 하늘 질서의 창조자들 가운데 하나이자 한꺼번에 자식을 아홉이나 잃은 어머니가 된 여신 희화의 보복을 받을지도 모르는 처지가 되었다는 생각에 사로잡히게 되었다. 예는 천제의 명(命), 요 임금의 부탁을 받고 세상을 어지럽게 만들고 백성들의 삶을 고달프게 하던 존재들, 사람의 얼굴을 하였으나 몸은 소인 괴물 설유(猰貐), 끌 모양의 이빨을 드러낸 채 사람들의 안전을 위협하는 착치(鑿齒), 아홉 개의 머리로 물과 불을 뿜어내며 사람들이 마을 사이를 오가지 못하게 하는 구영(九嬰), 무서운 바람을 일으켜 모든 것을 날려 버리는 사나운 괴조 대풍(大風), 코끼리도 삼킬 수 있는 거대한 구렁이 수사(修蛇), 커다란 엄니로 땅을 파헤치며 사람을 들이받던 멧돼지 봉희(封豨)와 같은 괴물들을 하나하나 활로 쏘아 없앰으로써 영웅으로서의 성가를 더욱더 높이게 되지만,[35] 항아는 언제 신이 보복의 손길을 자신들의 보금자리에 뻗칠지 모른다는 생각에 잠을 이루지 못한다.

세상의 모든 괴물들을 물리친 영웅 예는 인간의 생사와 오형을 담당하는 여신, 서방 끝 곤륜산 위에 있다는 불사의 세계를 주관하는 존재, 깃털도 빠뜨린다는 약수로 둘러싸인 신비한 곤륜선계의 주인 서왕모를 만나러 다시 모험의 길에 나선다. 온갖 난관을 물리치고 곤륜선계에 이른 예에게 서왕모는 10개의 해로 불타 오르던 세상을 구한 영웅의 공로, 이 영웅도 때가 되면 죽을 수밖에 없다는 인간으로서의 운명을 고려하여 신선의 경지에 이른 자만이 먹을 수 있다는 불사약을 내려 준다.[36] 남편 예가 살아 있는 사람 가운데 아무도 가본 적이 없고 만난 적도 없다는 곤륜선계의 서왕모로부터 불사약을 구해 집으로 가져오자, 아내 항아는 엉뚱한 생각을 하게 된다. '이 불사약을 모두 먹으면 서왕모와 같은 신이 될 수 있지 않을까. 해도 쏘아 떨어뜨린 사람인데, 명궁인 남편한테 여신 회화가 쉽게 보복할 수 있을까. 여신이 보복하려 해도 남편은 스스로를 잘 지킬 수 있을 거야. 그렇지만 나는 어떻게 하지.' 예가 외출한 틈을 타 항아는 죽음을 무릅쓴 길고 위험한 여행 끝에 남편이 구해 온 불사약을 한 입에 삼키고 만다.[37]

그림 52_ 중국 하남 남양 서관한묘(西關漢墓) 화상석 : 달로 달아나는 항아

막상 불사약을 먹어 버리자 항아는 여신 회화의 보복에 대한 두려움은 잊어버리고, 오히려 불사약을 잃었으므로 죽을 수밖에 없게 되었다는 사실을 알게 될 남편이 아내인 자신에게 어떤 반응을 보일지 걱정에 빠지게 된다. 예가 분노를 못 이기고 자신을 해코지하려 할지도 모른다는 생각이 들자 항아는 남편의 발길이 닿지 못할 곳, 눈길조차 미치지 못할 곳을 찾는다. 산과 강, 바다 어느 곳도 영웅의 발길을 거부하지 못한다. 땅 위의 세계이든, 땅 아래 세상이든 영웅의 의지로 닿지 못할 곳은 없다. 이 세상에는 숨을 곳이 없다고 판단한 항아는 신만이 오갈 수 있는 하늘로 눈길을 돌린다. '남편의 믿음을 저버린 나를 신들이 받아들여 줄까. 저 반짝이는 별들의 세계를 지배하는 천제께서 나를 벌주려 하지는 않을까. 비록 나를 받아들여 준다고 해도 내가 멀고 먼 우주 저 끝에 있다는 천궁(天宮)까

지 갈 수 있을까.' 불사약을 먹음으로써 신선과 같이 하늘세계를 날아다닐 수 있게 되었지만 항아는 이 세상에서 가장 가까운 별, 달 속으로 달아나고 만다. _그림 52

항아는 무사했을까. 예가 항아를 찾으려고 했는지, 찾으러 길을 떠났는지, 찾아냈는지에 대한 이야기는 여러 갈래로 전하지만 굳이 세인의 입에 오르내리지는 않는다. 후세의 눈길을 받는 것은 항아를 둘러싼 가슴 아픈 결말이다. 불사약을 남편의 몫까지 먹어 버리고 달 속에서 영원한 삶을 누리게 된 항아에게 주어진 것은 신으로서의 여유와 불변이 아니라 불로(不老)가 없는 불사(不死)였다. 유한성을 특징으로 하는 사람의 몸에 불사의 물질이 과다하게 들어간 탓인지 그 안에 생명은 담고 있으면서 그릇에 때가 끼고 더러워지는 현상은 끊임없이 진행된 것이다. 늙어 쭈그러들기를 계속한 항아의 현재 모습은 겹으로 주름지고 울퉁불퉁한 껍질을 지닌 '달 두꺼비'라고 한다.[38]

맹꽁이가 엎드린 듯한 각저총의 달 두꺼비, 풍뎅이를 보는 듯한 수렵총의 달 두꺼비, 약 찧는 옥토끼의 친구로 등장하는 장천 1호분과 덕화리 1호분, 개마총의 달 두꺼비. 고구려 고분벽화의 달 두꺼비는 대부분 특별한 표정을 지니고 있지 않다. 이 때문인지 입에서 불꽃과 같은 형태로 기운을 뿜어내는 쌍영총의 달 두꺼비는 보는 이로 하여금 특별한 느낌에 빠져들게 한다. 두꺼비의 입에서 나오는 저 기운은 스스로 죽을 수 없는 운명을 택한 항아의 탄식과 한숨을 나타낸 것이 아닐까 하는……

하늘세계에서 듣는 음악, 무용총 선인(仙人)의 연주

음악은 신을 위해 만들어졌다고 한다. 신의 작품이라고도 한다. 모두 아름다운 소리의 배열, 혹은 음의 조화로운 배치가 자아내는 신비스러운 감흥 때문에 생긴 말인지도 모른다. 문헌과 고분벽화를 통해 확인되는 고구려의 악기는 모두 38종에 이른다. 고려 및 조선 시대의 아악 연주에 동원되던 악기가 45종 정도였음을 고려하면, 고구려에서 사용되던 악기는 종류와 내용 모두에서 매우 풍부하고 다양했음을 미루어 짐작할 수 있다.

무용총(중국 길림성 집안현 태왕향 우산촌)은 각저총 곁에 형제·자매처럼 나란히 자리잡은 벽화고분이다.[39] 무덤의 규모, 내부 구조 등에서도 두 무덤은 닮은꼴이다. '무용총'은 1935년의 조사 당시 널방 왼벽에서 발견된 무용 그림으로 말미암아 붙여진 이름이며, 북한에서는 무용무덤으로 부른다. 두방무덤인 무용총 벽화에서 잘 알려진 부분은 널방 벽의 춤추는 장면과 사냥하는 장면, 무덤 주인과 승려로 보이는 두 손님과 대화하는 장면 등이다. 특히 사냥하는 장면은 강서대묘의 현무도 이상으로 전통 문화와 관련한 광고문이나 책의 안과 바깥 장식의 소재로 즐겨 선택되어 왔다. 그러나 무용총 벽화에서 고분벽화 제작의 본래 목적이라고 할 수 있는, 죽은 이가 소망하던 내세 삶의 정체에 곧바로 접근하고자 한다면 널

그림 53_ 무용총 널방 천장고임 벽화 : 선인의 거문고 연주

방 벽에서 천장고임으로 눈길을 돌려야 할 것이다. 연꽃과 사신, 해와 달, 별자리, 기이한 짐승과 새, 선인 등으로 이루어진 천장고임 '하늘세계의 그림'에 무덤 주인이 소망하던 새로운 삶의 모습이 보다 직접적으로 펼쳐져 있기 때문이다.

무용총 널방 천장고임 그림에서 눈길을 끄는 존재 가운데 하나는 악기를 연주하는 모습의 선인들이다. 널방 천장고임 왼편 하단의 달 아래에 표현된 두 선인은 나무를 사이에 두고 마주 앉아 거문고를 연주하고 있으며, 고임 오른편 하단 해 뒤편의 선인은 커다란 뿔나팔을 불면서 하늘을 나는 모습이다. _그림 53 거문고를 연주하는 선인의 하나는 목이 길고 얼굴은 작으며 이목구비가 또렷하지 않다. 더욱이 귀는 당나귀 귀처럼 길다. 뿔나팔을 부는 선인 역시 얼굴 생김을 비롯한 여러 가지 면에서 보통 사람과는 구별된다.[40] 신선가(神仙家)에서 말하는 특이한 신체를 특징으로 하는 별세계의 존재이며, 이들이 다루는 악기와 그 악기에서 나오는 소리 역시 별세계의 것이라고 하겠다. 벽화 속의 남녀 두 선인이 연주하는 거문고는 4현금으로 『삼국사기』에 고구려의 왕산악이 만들었다고 전하는 '현학금(玄鶴琴)'을 연상시키는 악기이며,[41] 뿔나팔은 대규모 인원의 움직임을 통제하기 위한 신호용 악기로서보다는 특유의 강하고 뚜렷한 음을 즐기기 위한 연주용 악기로 쓰인 경우라고 할 수 있다.

고대 신화에 따르면 음악은 본래 신이 모여 사는 하늘세계의 전유물이었다. 따라서 악기 연주란 하늘세계의 완벽한 조화와 질서를 소리로 나타내는 행위였다. 고대 사회에서 다수의 악기를 동원한 장중한 악곡이 신전이나 궁중을 중심으로 발달하는 것도 음악을 신, 혹은 신성한 힘과의 대화 수단으로 여겼기 때문이다. 중국 춘추전국 시대의 한 제후국 지배자의 무덤에서 발견된 거대한 편경(編磬)은 음

악이 지닌 특별한 힘과 능력에 대한 이 시대의 보편적 신앙을 전제로 하지 않으
면, 춘추 열강의 세력 경쟁 틈바구니에서 사직을 보존하는 데 바빴던 지방 일개
소국이 지니고 있었으리라고는 상상하기 힘든 종류의 것이다.

음악에 대한 우주적·신화적 인식은 특별한 곡이나 악기가 지닌 신비한 힘을 믿
는 신앙을 출현시키고 확산시키는 데 중요한 역할을 했던 것으로 보인다. 고대
이스라엘인들은 부드러운 수금(竪琴) 연주로 사람에 깃들인 악령을 물리칠 수 있
다고 믿었으며, 신라에서는 낭랑한 피리 소리로 외적의 침입을 물리쳐 국가의 걱
정거리를 없앨 수 있다고 여겼다. 각각 뒤에 이스라엘 왕위에 오르는 다윗의 수
금 연주, 신라 진평왕대에 바닷가 섬의 대나무 가지로 만들었다는 만만파파식적
(萬萬波波息笛)에 얽힌 이야기이다.[42] 고구려의 호동 왕자와 낙랑 공주 사이의 비
운의 사랑을 떠올리게 하는 자명고(自鳴鼓)에 얽힌 설화, 적이 온다는 사실, 나라
가 위급해졌음을 알리기 위해 스스로 울려 소리를 냈다는 이 신비한 북에 얽힌 설
화도 음악에 대한 위와 같은 인식 및 신앙을 바탕으로 성립한 '이야기' 가운데 하
나일 것이다.[43]

그러나 신화 속에 신들 사이에서 일어났던 균열과 갈등이 언급된 데에서 미루어
짐작할 수 있듯이, 하늘세계의 전유물 역시 언제까지나 조화와 질서를 유지하거
나 상징하는 수단으로 남지는 못한다. 고대 중국 신화에 소개되는 치우(蚩尤)를
따르는 신들과의 싸움에서 불리해진 황제가 천둥 소리를 내는 기(夔)라는 괴물의
가죽으로 북을 만들고 뇌수(雷獸)라는 짐승의 뼈로 북채를 만들어 큰 북소리를 냄
으로써 전세를 역전시켰다는 이야기는[44] 악기와 그 소리에 대한 특별한 인식의
산물이기도 하지만, 신성한 음악의 기능이 세속화하는 과정을 보여 주는 사례이

그림 **54**_ 안악 3호분 회랑 벽화 : 고취악대

기도 하다. 이른바 음악의 기능과 역할에 대한 기존 인식과 신앙에 변화가 일어
난 것이다.

『삼국사기』에는 신라의 진흥왕이 가야금을 만든 우륵(于勒)이 망명하자 받아들여
신하 몇에게 악곡과 연주를 가르치게 하였고, 그 결과를 시연하는 자리에서 한
신하가 "망한 나라의 음악은 받아들일 것이 못 된다"고 반대했다는 기사가 실려
있다. 물론 진흥왕은 "나라의 다스림과 어지러움은 음악으로 말미암는 것이 아니
다"는 답변과 함께 가야 음악의 수용을 명한다.[45] 우륵의 음악을 둘러싼 논란은
그 뒤에도 여운을 남기지만, 여러 가지 면에서 신라의 새 시대를 열었다고 평가되
는 진흥왕에 의해 그때까지 음악에 겹겹이 덧입혀져 있던 신화적 사고의 꺼풀 가
운데 하나가 벗겨졌음을 알 수 있다.

안악 3호분 회랑의 대행렬도에는 64명으로 구성된 고취악대가 등장한다. _그림 54
여러 줄의 타고대와 고취대로 구성된 악대에서 크고 작은 뿔나팔, 긴 저, 젓대,
소(簫) 등의 관악기를 부는 사람만 28명이며, 동원된 타악기도 각종 북과 종, 징
을 포함하여 9종에 이른다. 이러한 악대는 악기 연주가 크고 작은 집단적 움직임
에 질서와 흥을 부여하면서 지배자의 위세를 내외에 과시하는 데 효과적이라는
인식의 산물이라고 할 수 있다. 음악이 더 이상 신성의 장막 안에만 머무르지 못
하고, 세속의 광장으로 나오게 되었음을 안악 3호분 벽화의 고취악대가 보여 주
고 있는 것이다.

별의 강을 넘은 사랑, 덕흥리 고분의 견우와 직녀

밤하늘에서 별을 보기 어려운 곳이 많아졌다고 한다. 사람들이 별에 꿈을 담지 않기 때문일까. 아니면 별이 사람들의 꿈을 담지 못하기 때문일까. 혹 사람들이 더 이상 꿈을 꾸지 않아서 일어난 현상은 아닐까.

고구려 광개토왕대인 408년 세상을 떠난 전 유주자사 진(鎭)의 무덤이 1976년 남포시 강서구역 덕흥리(옛 지명 : 평남 대안시 덕흥리)에서 발견되었다.[46] 앞방과 널방의 천장 구조는 궁륭평행고임이다. 무덤 안에 회를 바르고 그 위에 생활풍속을 주제로 한 벽화를 그렸으며, 앞방 안벽 상단에 14행 154자의 묘지명이, 장면마다 직명(職名)이나 설명문이 묵서로 적혀 있음이 발굴 조사를 통해 확인되었다.

덕흥리벽화분의 앞방 벽은 유주 13군 태수 배례도를 비롯하여 무덤 주인을 주인공으로 한 행렬도 등으로 채워지고, 널방 벽은 연못, 마구간, 외양간, 고상창고(高床倉庫) 등 귀족 집안의 안채 구조와 살림살이를 알게 하는 장면들, 칠보(七寶) 공양 행사, 마사회(馬射戲) 등 일상의 주요 행사나 놀이 장면들로 장식되었다. 600여 자에 이르는 명문과 함께 이들 장면 하나하나는 그 자체가 5세기 초 고구려의 사회상을 파악하는 데 더없이 생생하고 귀중한 현장 자료들이다. 더욱이 이들 벽

그림 55_ 덕흥리벽화분 앞방 천장고임 남측 벽화 부분 : 견우와 직녀

화는 보존 상태가 양호하여 거의 대부분의 내용이 파악 가능한 상태였다. 발굴 조사에 참여한 학자들뿐 아니라 이 소식에 접한 내외 연구자들의 기분이 어떠하였을지는 미루어 짐작하고도 남는다.

그런데 덕흥리벽화분도 무덤 안에서 묵서로 쓰여진 묘지명이 확인되면서 무덤 주인 진이 전연(前燕) 출신 망명객인지 여부와 주인공이 역임했던 유주자사가 광개토왕 시대 고구려에서 받은 관직인지를 둘러싼 논쟁의 소용돌이에 휘말리게 되었다.[47] 북한 학자들은 무덤 주인 진에 관한 묘지명을 광개토왕 시대의 고구려가 현재의 중국 북경을 포함한 하북성 일부에서 요녕성의 대부분에 이르는 넓은 영역을 지배했다는 직접적인 증거로 본 반면, 중국 및 일본 학자들은 진을 전연 출신의 망명객으로 보고, 유주자사는 진이 전연의 관리로 재임하던 시절의 관직으로 보거나, 고구려로 망명한 뒤 진이 자칭한 허구의 직명으로 보았다. 한국의 연구자들 사이에서도 이 부분은 논쟁거리로 남아 있는 상태이다.

무덤 주인의 정체, 경력을 둘러싼 치열한 논란이 계속되자 자연히 덕흥리벽화분 안의 그림들 가운데 '진'의 생전의 삶과 직접 관련된 것으로 보이는 장면이 아닐 경우, 이들 제재에 대한 연구는 뒷전으로 밀려나게 되었다. 특히 앞방 고임을 장식한 수많은 별자리, 하늘세계와 관련된 상상 속의 존재들은 이해의 고리가 쉽게 찾아지기 어려운 것들인 까닭에 구체적인 연구의 대상으로 떠오르지도 못하였다. 앞방 천장고임 남쪽의 하늘세계를 비스듬히 둘로 나누며 흘러내린 별의 강, 은하와 강의 양편에 나뉘어 그려진 견우와 직녀가 연구자들의 관심의 초점에서 비켜난 것은 어쩌면 당연한지도 모른다. _그림 55

본래 견우는 풍요를 비는 제사에 쓰이던 희생용 소를 가리키는 용어였다.[48] 농경이 발달하면서 신성시되던 소가 쟁기를 끌며 밭을 가는 역할을 담당하게 되고, 사람은 소에 멍에를 씌우고 소를 이리저리 몰아 가며 쟁기를 끌게 하는 존재가 되자 '견우'라는 용어의 의미도 달라지게 되었다. 성스러운 희생용 소이던 견우가 쟁기 끄는 소를 부리는 사람을 가리키게 된 것이다. 견우의 인격화이다. 이 인격화된 견우에 대한 관념과 하늘의 별자리에 대한 신앙이 어우러져 별자리신 견우가 탄생한 것이다.

직녀는 베라는 직물의 원천인 '뽕나무'를 관장하는 여신에 대한 신앙에서 파생된 존재라고 할 수 있다. 고대 사회에서 일반적으로 발견되는 땅과 하늘을 잇고, 원초적 생명의 기운을 담는 신성한 나무에 대한 신앙이 지모신에 대한 보편적 신앙을 바탕으로 출현하였을 가능성을 고려하면, 직녀 관념의 뿌리를 어디에서 찾아야 할지는 명확해진다고 하겠다. 신성한 뽕나무를 관리하는 여신에 대한 신앙과 누에고치에서 실을 뽑아 신의 옷, 곧 천의를 짜는 여인에 대한 경외심이 어우러져 베 짜는 여신에 대한 관념이 성립한 것이다. 여기에 별자리에 대한 신앙이 더하여지면서 나타난 존재가 별자리신 직녀이다.

견우와 직녀는 중국에서 전한 무제 때 이미 큰 못 곤명지(昆明池)를 사이에 둔 석상(石像)의 모습으로 형상화된다. 위·진대에 이르면 두 남녀가 평소에는 은하를 사이에 두고 떨어져 지낼 수밖에 없지만, 해마다 칠월 칠석에는 별의 강을 건너 만나 회포를 풀고 다시 헤어진다는 설화의 주인공으로 민간의 사랑을 받는 존재가 된다. 민간에서는 또한 한밤에 실로 바늘귀를 한 번에 잘 꿰는지를 통해 그 해의 베짜기와 옷짓기 성과를 가늠하는 걸교(乞巧)라는 행사를 칠월 칠석에

그림 56_ 대안리 1호분 널방 앞벽 동측 벽화 부분 : 베 짜는 여인

연다. 천의를 짜는 별자리신 직녀의 솜씨가 자신에게 덧씌워지기를 바라는 데에서 비롯된 풍습이다.

고구려의 고분벽화 가운데 직녀로 상정되는 여인이 그려진 사례로는 덕흥리벽화분 외에 대안리 1호분이 있다. 5세기 중엽에 만들어진 것으로 보이는 대안리 1호분 널방 앞벽의 동쪽 벽에는 주작 위쪽에 한 여인이 베틀 앞에 앉아 베를 짜다가 옆을 돌아보는 모습이 그려졌는데, 단아한 얼굴에 부드러운 미소를 지닌 전형적인 고구려 여인 그대로이다. _그림 56 덕흥리벽화분의 직녀가 이미 별의 강을 건너 소를 끌고 떠나는 견우를 배웅하며 아쉬움의 눈길을 거두지 못하는 운명적 사랑의 주인공 모습이라면, 대안리 1호분의 베 짜는 여인은 자신에게 주어진 일에 몰두하다가 짬을 내어 아름다웠던 시간을 회상하며 예정된 만남을 기다리고 준비하는 창조적 사랑의 주인공 모습이라고 하겠다.

덕흥리벽화분의 직녀, 대안리 1호분 벽화의 베 짜는 여인은 5세기 중엽 고구려에서 이루어지고 있던 방직 작업의 현장, 그와 관련된 민간 전승과 설화의 존재를 짐작하게 해준다. 5세기 고구려에서 국가적 차원의 직물 산업 정책과 연계된 설화상의 직녀에 대한 신앙이 민간에 널리 유포되었을 가능성을 시사한다는 것이다. 신라의 수도 경주에서 6부 여인의 베짜기 내기가 연례 행사로 치러졌다는 『삼국사기』의 관련 기사에서 신라가 국가적 산업 정책의 일환으로 직물 생산을 장려했음을 읽어 낼 수 있는 것과 같다.[49] 덕흥리벽화분 속의 견우직녀도는 전성기를 구가하던 5세기 전반경의 고구려 사회에서 번창하던 직물 산업, 그것을 가능하게 하던 사회적 힘과 문화적 활력, 그와 같은 흐름 속에서 민간에 회자되던 견우 직녀 설화와 온갖 별자리 신화의 존재를 들여다보게 하는 또 한 장의 역사 여행 안내도인지도 모른다.

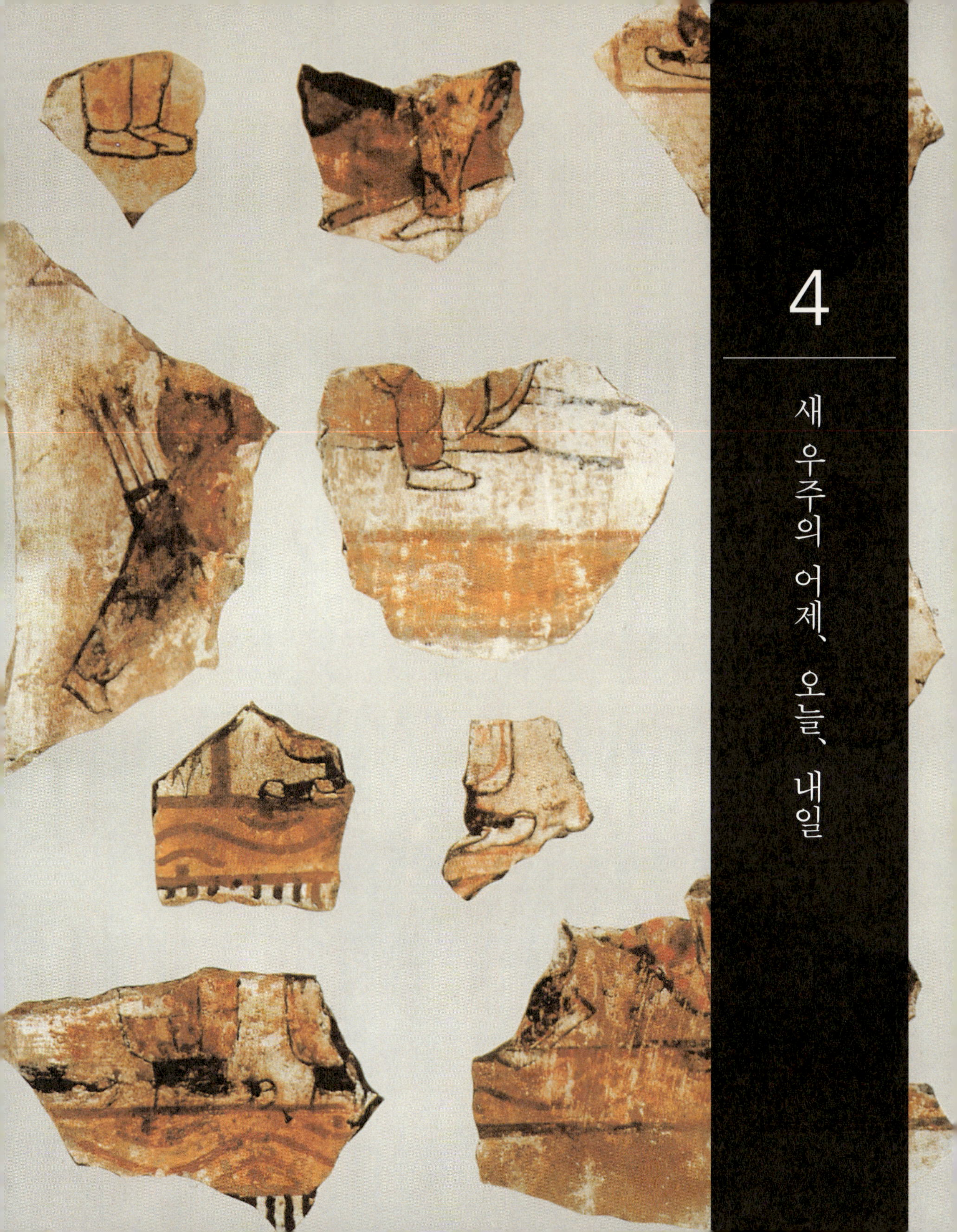

4

새 우주의 어제, 오늘, 내일

그림과 실물의 조화, 천왕지신총 내부 구조

"꼭 인형 같다"는 말은 사람에게 쓰이고, "꼭 사람 같다"는 말은 인형에게 쓰이지만 그 뜻은 하나이다. 표현 대상의 완성된 모습이 너무나 생생하고 정교하여 실물과 구별하기 어려울 정도라는 뜻이다. 만일 제대로 된 표현과 그 대상이 된 실물을 잘 정리하여 한 공간 안에 두면 그것을 보는 느낌은 어떨까. 눈이 어지러울까. 아니면 특이한 배합의 작품으로 느껴질까. 한 공간 안에서 실물과 표현의 자연스러운 구성과 배치가 과연 가능한 것일까.

천왕지신총은 생활풍속 및 장식무늬를 벽화 주제로 한 5세기 중엽 편년 벽화고분이다.[1] '천왕'과 '지신'으로 대표되는 널방 천장고임의 벽화로도 널리 알려졌지만, 건축물 내부의 장식과 뼈대를 실물과 그림을 혼합하여 나타낸 특이한 구조 및 표현으로도 유명한 고분이다. 현재까지 발견된 100기 정도의 고구려 벽화고

● 천왕지신총은 평안남도 순천시 북창리(옛 지명 : 평남 순천군 북창면 송계동, 평남 은산군 북산리)에 있는 흙무지돌방무덤으로 무덤 방향은 남향이다. 일제 강점기인 1916년과 1917년 두 차례에 걸쳐 조사되었으며, 당시의 행정 지명에 근거하여 북창면 송계동고분(松溪洞古墳), 북창리 제1호분(北倉里第1號墳), 혹은 널방 천장고임의 특징에 주목하여 붙인 이름인 팔각천정총(八角天井塚) 등으로도 불렸다. 이후 널방 천장고임 북측의 '천왕(天王)', '지신(地神)'이라는 묵서가 있는 그림에 연구자들의 관심이 모이면서 천왕지신총이라는 이름으로 불리게 되었다. 널길, 기둥과 천장에 의해 셋으로 나뉜 장방형 앞방, 이음길, 장방형 널방으로 이루어진 두방무덤으로 앞방과 널방의 길이×너비×높이는 각각 1.56m×6.73m×3.00m, 3.14m×2.83m×3.70m이다. 앞방 오른칸의 천장은 평행고임, 왼칸은 삼각고임, 가운데 칸은 3개의 활개받침이 있는 꺾음식이며, 널방은 8각고임과 4각고임이 엇물린 특이한 천장 구조로 되었다. 무덤 안에 석회를 바르고 그 위에 벽화를 그렸으며, 벽화의 주제는 생활풍속과 장식무늬이다. 널방 천장고임에는 각종 기금이수(奇禽異獸), 혹은 이들 짐승과 새를 탄 신인이 그려졌는데, 고임 북측의 묵서 외에도 남측에 자리잡은 이두일신(二頭一身)의 이수(異獸) 곁에 쓰인 '천추(千秋)'라는 묵서로도 세인의 눈길을 끌었다.

그림 57_ 천왕지신총 투시도

분 가운데 건축 구조를 이처럼 나타낸 다른 사례로는 대안리 1호분이 있으나, 내부 훼손이 심하여 천왕지신총 널방에 버금갈 정도로 짜임새 있는 표현과 구조를 지녔는지는 알 수 없다.

천왕지신총의 널방 벽면 각 모서리에는 다른 생활풍속계 고분벽화에 보이는 것과 같은 기둥과 두공을 그리고 그 위에 도리를 나타냈는데, 이 그림 기둥과 두공, 도리에 덧붙여진 것은 실물 활개와 소로이다. 그런데 벽면 위에 올려진 천장부의 8각고임 제1층에는 그림으로 활개를 나타내고, 이 활개에 잇대어 실물 제궁과 소로를 달아 이것이 8각고임 제2층 부분을 고이도록 하였다. 물론 고임 제1층과 제2층의 경계는 도리를 나타내는 그림으로 처리하여 실물과 그림의 반복적 배치가 계속되는 효과를 자아냈다. 8각고임 제2층이 끝나는 부분에서 다시 두 쌍의 실물 활개가 등장하여 이것이 위로 2층의 4각고임을 가로지르며 뻗어 올라 천장 뚜껑돌을 받친다. 실물과 그림으로 표현된 이들 건축 부재의 내부는 연꽃, 꽃잎, 귀면, 넝쿨무늬 등으로 적절히 장식하여 실물과 그림의 자연스런 어울림을 돕게 하였다.＿그림 57

그림과 실물이 기묘하게 어우러진 이 독특한 건축물의 내부는 묻힌 이의 종교관, 내세관, 우주관과 관련한 표현들로 장식되었다. 벽은 내부가 연꽃으로 장식된 6각 귀갑문을 상하좌우로 연속시킨 무늬로 채워졌으며, 천장고임의 아래 부분, 곧 그림 활개 및 실물 제궁과 소로로 8개의 독립적인 화면으로 구획된 8각고임 제1층의 각 면에는 천왕, 지신을 비롯한 신인(神人), 천추(千秋), 만세(萬歲)를 위시한 여러 종류의 상금서수들이 배치되었다. 8각고임 제2층부터 천장 뚜껑돌에 이르는 공간은 해, 달을 비롯하여 여러 가지 별자리와 구름, 서조(瑞鳥) 등으로 장식되었다.

천왕지신총 널방 내부의 벽화는 그림의 사실감을 돋우는 실물, 실물의 기능을 돋보이게 하는 그림 사이의 기묘한 조화를 배경으로 독자적인 우주 공간을 완성시키는 역할을 담당한다. 널방 벽면 연속 6각 귀갑문 속의 연꽃무늬는 죽은 이의 쉼터를 불교에서 말하는 정토와 유사한 내세 공간으로 규정짓는 역할을 하고 있으며,[2] 8각고임 제1층의 천왕, 지신, 각종 서수들은 새로운 내세 공간의 구성원들이 어떤 존재들인지를 알게 한다. 널방 안벽, 연속 6각 귀갑문들 사이의 열린 공간에 표현된 정면상의 귀부인과 그 곁 건물 속의 반(半)측면상 귀족 남자, 이들에게 시중 드는 남녀는 이제 천왕·지신이 자리잡고 지켜 나가는 세계로 삶터를 옮겨 살기를 원하는 사람들과 그의 권속이다. 천장의 8각고임 제2층 이상의 해·달·별자리들은 삶터를 옮기려고 하는 사람들의 새로운 삶의 공간이 지상 세계와는 다른 차원의 공간, 곧 하늘세계의 일부임을 드러낸다. 건축 부재의 실물과 그림들은 이 새로운 공간의 독자적인 구조와 질서를 확인시켜 주는 보조 장치라고 할 수 있다.

축조 시기 및 내부 구조에서 천왕지신총과 비교될 수 있는 대안리 1호분은 남포시 대안구역에 있는 두방무덤이다.[3] 벽화의 주제는 생활풍속 및 사신이어서 천왕지신총과 차이를 보인다. 대안리 1호분 역시 무덤 축조 및 내부 장식 과정에서 건축 부재의 그림과 실물의 교차 배치를 시도한 흔적을 지니고 있다. _그림 58 널방 벽의 네 모서리에 '∧' 형태의 실물 활개를 설치하고, 그 아래에 기둥을 대신하는 역사를 그려 넣어 역사가 활개를 떠받드는 듯이 보이게 하였다. 널방이라는 별도의 건축 공간 안에서 실물과 그림의 조화를 시도한 예라고 하겠다. 9층의 8각고임으로 이루어진 천장부도 이와 유사한 방식으로 처리되었는지는 벽화가 남아 있지 않아 알 수 없다. 다만 8각고임 제4층과 제6층 각 면 모서리에 'ㄴ'자 형태로 튀어나온 받침이 달려 있고, 뚜껑돌 아래로 '∧' 형태의 받침이 네 개 붙어 있는

그림 58_ 대안리 1호분 널방 천장고임 구조

것으로 보아 건축 부재의 실물과 그림의 조화로운 배치가 시도되었을 가능성이 매우 높다.

온라인과 오프라인, 사이버와 실재, 디지털과 아날로그. 성격과 지향, 구성과 내용이 서로 다른 듯한 두 세계를 어떻게 조화롭게 잇고, 소통시킬 것인가. 공존인가. 교체, 혹은 교대인가가 시대의 화두로 떠오르고 있다. 많은 사람들이 자신이 살고 있는 시대의 정체성에 대해 묻고 답하려 애쓰지만 명확한 결론을 내리기를 주저하거나 유보한다. 같은 세대 안에서도 시대를 읽어 내는 판이한 시각과 방법론으로 말미암아 갈등에 빠지고 충돌을 겪으면서 서로를 이해하는 데 어려움을 겪는다. 한 사람의 내부조차도 혼란에 빠뜨리고 분열에 이르게 하는 온라인과 오프라인 세계 사이의 인격적 거리를 어떻게 좁힐 것인가. 사이버와 실재 사이에 발생하는 현실 감각의 충돌을 어떻게 해소할 것인가. 디지털과 아날로그 문화 사이의 차이를 어떻게 극복할 것인가. 통합인가. 지양인가. 둘 다인가.

다양한 문화의 수용과 소화, 재창조가 시대의 과제였던 5세기 중엽 고구려 사람들의 고민도 그 내용은 현 세대가 겪고 있는 것과 마찬가지 성격을 지녔는지도 모른다. 혹 고구려 사람들이 시대를 읽어 나가는 과정에서 나온 잠정적 결론이 천왕지신총 널방 속 실물과 그림의 조화라는 형태로 표출된 것은 아닐까. 우리 시대의 고민도 천왕지신총이나 대안리벽화분과 같은 5세기 고구려의 벽화고분 속 독특한 구조와 장식에서 해결의 실마리를 찾을 수는 없을까.

숨은 그림 찾기, 환문총 벽화

사막의 모래로 둘러싸인 도시 돈황은 중국 불교 미술의 보고(寶庫)로 알려진 곳이다. 600여 개의 석굴 사원으로 이루어진 막고굴, 1천여 년에 걸쳐 조성된 막고굴 안의 벽화와 불상들 때문이다. 막고굴의 수많은 석굴 벽화들이 어떻게 만들어졌는지는 지금도 계속 연구되고 있지만, 벽화 제작 기법 연구와 관련하여 눈길을 끄는 것의 하나는 263굴의 사례이다. 11세기 서하(西夏) 시대에 그려진 천불도(千佛圖) 아래층에서 5세기 북위(北魏) 시대의 설법도(說法圖)가 나타났기 때문이다.[4] 원래의 벽화 위에 진흙이 발라지고 새로 벽화가 그려진 것이다. 덕분에 263굴의 북위 시대 벽화는 다른 석굴 사원의 벽화와 달리 안료의 산화로 말미암은 원색의 변색을 면하고 선염(渲染) 기법으로 둘러진 세련된 담홍색 테두리의 북위 시대 보살상의 모습을 오늘날까지 전할 수 있게 되었다. 벽과 천장에 진흙을 바르고 얇게 회를 입힌 다음 그 위에 벽화를 그리는 방식이 낳은 결과이다.

초기와 중기의 고구려 고분벽화도 돌로 쌓아 올린 무덤칸의 벽과 천장에 짚과 진흙을 이겨 만든 흙을 입히고, 그 위에 거친 회와 고운 회를 잇달아 바르고 다듬어 낸 면 위에 그림을 그리는 방식으로 제작하였다. 때문에 벽화 제재의 수정, 심지어는 주제의 변경도 가능하였다.[5] 벽화 제재의 형태나 세부적인 표현을 수정한 사례는 고분벽화에서 자주 발견된다. 장천 1호분 앞방 고임 모서리의 삼각석 측

그림 59_ 안악 3호분 앞방 오른쪽 곁방 오른벽 벽화 : 무덤 주인

그림 60_ 환문총 널방 오른벽 환문과 원래의 그림 흔적

◉ 행정구역상의 소속이 중국 길림성 집안현 태왕향 하해방촌인 환문총의 중국측 공식 명칭은 집안 통구고분군 하해방묘구 제33호묘(JXM033)이며, 북한측의 명칭은 둥근무늬무덤이다. 무덤의 외형은 절두방추형이며 둘레 80m, 높이 3m이다. 환문총은 널길과 널방만으로 이루어진 외방무덤으로 무덤칸의 방향은 남으로 30° 기운 서향이다. 널길의 너비×길이×높이는 1.00m×3.20m×0.70~1.40m이며, 널방의 너비×길이×높이는 3.03m×3.30m×3.48m이다. 널방 천장고임은 궁륭식이다.

면 벽화를 잘 살펴보면 역사의 머리 부분에서 눈의 위치와 크기, 상투의 형태와 크기 등이 두 차례 이상 수정되었음을 확인할 수 있다. 돌 벽면에 얇게 호분(胡粉)을 입힌 뒤 그림을 그린 안악 3호분의 경우에도 앞방 오른쪽 곁방의 무덤 주인 얼굴을 여러 번 고쳐 그 시대의 이상적인 형상으로 바꾸어 놓고 있다. 안악 3호분 무덤 주인의 얼굴은 눈의 위치가 세 번에 걸쳐 다듬어졌으며, 머리에 쓴 관과 옷자락의 주름 등도 한두 차례에 걸쳐 고쳐졌다. _그림 59

벽화 주제는 무덤 속에 잠든 이와 남은 일족의 내세관과 깊은 관련이 있으므로 쉽게 변경되기 어렵다. 그런데 고구려 고분벽화에서 주제 변경의 사례가 확인되어 흥미롭다. 집안에서 발견된 환문총 벽화가 그런 경우이다. 1935년 일본인 학자들이 조사하면서 벽화고분임이 확인된 이 무덤은 널방 벽에 그려진 겹둥근무늬로 말미암아 ‘환문총’이라는 이름을 얻었다.[6] 처음으로 환문총의 널방 벽화가 조사되면서 조사자들의 눈길을 끌었던 것은 일정한 간격으로 배치된 겹둥근무늬였다. 1930년대까지 조사된 고구려의 벽화고분 가운데 무덤칸이 이러한 무늬로 장식된 사례가 없었기 때문이다. 벽화에 대한 세부 조사와 모사 작업이 진행되면서 조사자들은 새롭고도 흥미로운 사실을 발견하게 되는데, 겹둥근무늬 사이사이로 사람이 춤추고 노래하는 모습이 희미하게 보인 것이다. _그림 60

그러나 벽면의 사람들은 세월의 힘으로 말미암아 모습이 희미해진 것이 아니었다. 이들은 겹둥근무늬가 그려진 벽화층 안쪽 층에 그려졌던 존재들이다. 처음에는 완벽하게 가려졌던 안쪽 회벽층의 그림이 세월이 흐르면서 바깥 회벽층으로 배어 나오면서 이들의 존재가 드러난 것이다. 처음 환문총의 널방 벽에는 생활풍속계 제재를 위주로 한 벽화가 그려졌으나, 어떤 이유에서인지 그림 위에 다시

회가 입혀지고 새로운 백회층이 겹둥근무늬를 위주로 한 장식무늬 주제 고분벽화로 장식된 것이다. 환문총의 주인공이 죽어 무덤 속에 장사되면서 이미 그려졌던 벽화의 주제가 다시 바뀌었는지, 무덤 속을 생활풍속계 벽화로 장식한 채 폐쇄하였다가 특별한 이유로 말미암아 죽은 이의 후손들이 다시 무덤을 열고 이미 그려진 벽화 위에 장식무늬계 벽화를 덧씌웠는지 현재로서는 알 길이 없다. 다만 확실한 것은 기존의 벽화가 고구려인의 전통적인 계세관(繼世觀)을 반영하는 측면이 강하다면, 덧씌워진 벽화는 5세기에 이르러 고구려 사회에 널리 퍼졌던 불교의 전생관(轉生觀)과 관련이 깊을 것이라는 사실이다.[7]

벽화 속에 현실 세계에서 누렸던 지배층으로서의 생활을 재현하고, 미처 누리지는 못하였어도 현세의 삶에서 소망하던 생활의 한 장면도 화면 중에 더하여 넣음으로써 내세의 삶이 그와 같기를 기원하던 생활풍속계 벽화가 어느 날 상징적인 장식무늬계 벽화로 대체된 것이다. 겹둥근무늬는 여전히 자신의 명확한 의미를 드러내지 않고 있지만 현세의 삶이 언제나 그대로 내세에 재현되지는 않는다는 인식, 과거로부터 현재까지 이어진 삶의 방식 전부가 내세 삶의 형태를 결정하는 원인으로 작용하고 기능할 수 있다는 관념이 환문총의 주인공과 그의 가족들에게 전해지고 영향을 미쳤을 가능성이 높다. 5세기 고구려 사회에서 진행된 내세관의 다양화 과정, 고구려인들 사이에서 내세관의 새로운 갈래로 자리잡게 되는 불교의 전생관 수용 과정이 환문총 벽화 주제의 변경 과정 속에 배어 있는지도 모른다.

환문총과 같이 벽화의 주제를 바꾼 것은 아니지만, 기존의 벽화층 위에 새로운 벽화층을 더하면서 벽화의 제재를 바꾸어 표현한 사례는 더 있다. 장천 1호분 널방 천장고임 벽화가 그러한 경우에 해당한다. 장천1호분 널방 천장고임 1층과 2

층에 본래는 앞방 천장고임에 표현된 것과 같은 쌍인연화화생상(雙人蓮花化生像)을 일정한 간격으로 그렸으나, 벽화에 회를 덧입혀 그 그림을 덮은 다음 새 백회층 위에 연꽃을 그렸다. 널방의 벽을 장식한 연꽃과 함께 널방 전체가 연화정토(蓮花淨土)처럼 보이게 하려는 의도에서이다. 장천 1호분의 주인공, 혹은 그 가족은 죽은 이가 더 이상 윤회의 수레바퀴 속에 갇혀 있지 말고 연화정토에 태어나 깨달은 자의 삶을 누리기를 간절히 바랐던 것이다. 환문총 벽화의 주제가 바뀐 것과 관련하여 눈여겨볼 부분이다.

돈황 막고굴 263굴 벽화와 같이 환문총 벽화가 그려진 바깥층이 일정한 두께를 지녀 안쪽의 벽화층이 원래대로 보존되었는지는 알 수 없다. 그러나 환문총의 벽화가 그려진 바깥층과 안층의 관계 규명은 고구려 고분벽화 연구에 필수적인 중요한 정보를 다량 제공해 줄 가능성이 높다. 비록 1978년 집안문물관리소가 벽화에 화학 안료의 막을 입히는 형태로 보존 처리한 후 현재의 상태는 알 수 없으나, 환문총의 벽화층은 고구려에서 고분벽화 제작에 사용된 안료의 종류와 배합 과정, 제재 표현과 채색 방법의 계기적 발전 과정에 대한 많은 정보를 담고 있을 것이다. 환문총 벽화와 벽화층의 과학적 조사 및 분석이 조만간 가시화되어 1500여 년 전 고구려 화공이 간직하던 벽화 제작 기술과 방법, 한 시대가 도달한 과학기술과 예술 작업의 조화 방식과 수준의 일단이 드러나기를 바라는 마음 간절하다.

퍼즐 맞추기, 동암리 고분벽화

최근 몇 년 사이 한국 고고학계에 새롭게 더해지는 의미 있는 자료 가운데 하나가 제사 관련 유적의 발굴 조사 결과이다. 옛 무덤이나 집터, 마을터 발굴 과정에서 제사와 관련된 자료나 흔적들이 함께 찾아지는 사례가 점차 증가하고 있는 것이다. 제사 유구가 포함된 유적이 조사되고 있기 때문이라고 할 수도 있겠지만, 오히려 조사자들이 발굴에 들어가면서 유적 속에 '제사와 관련된 흔적이 있을 가능성'을 염두에 두고 주의 깊게 작업을 진행한 결과라고 해야 할 것이다. 거칠게 말한다면 '찾으려고 하기 때문에' 찾아진다는 것이다. 일정한 공간에서 특정한 유적만을 찾아내려고 할 때에는 그 이외의 유적은 보이지 않게 마련이다. 이미 조사자들의 머리 속에서부터 그 가능성이 닫혀 있는 까닭이다. 어떤 작업이나 연구에서든지 열린 생각과 자세가 전제되어야 하는 것은 이 때문이다.

평안남도 순천시 동암리 마을 북편의 검산 기슭에 있는 동암리고분의 옛 이름은 검산동고분이다.[8] 1916년 처음 조사될 당시 무덤 안에서는 벽화가 발견되지 않았다. 때문에 검산동고분은 벽화가 없는 고구려 시대의 돌방무덤으로 분류되었다. 그런데 일제 하에서 해방된 뒤에도 오랜 시간이 흐른 1987년에 이르러 검산

● 동암리벽화분은 널길과 장방형 앞방, 이음길, 널방으로 이루어진 두방무덤이다. 앞방 천장은 평천정에 가까우며, 널방 천장은 평행삼각고임이다. 무덤의 널길, 앞방, 널방의 길이×너비×높이는 각각 2.6m×1.2m×1.82m, 1.87~1.88m× 3.5m×2.8m, 3.7m×3.6m×3.6m이다. 무덤 안에 회를 입히고 그 위에 생활풍속 계통의 벽화를 그렸으나, 회가 모두 바닥에 떨어진 뒤 그 위에 토사가 쌓인 상태로 발굴되었다.

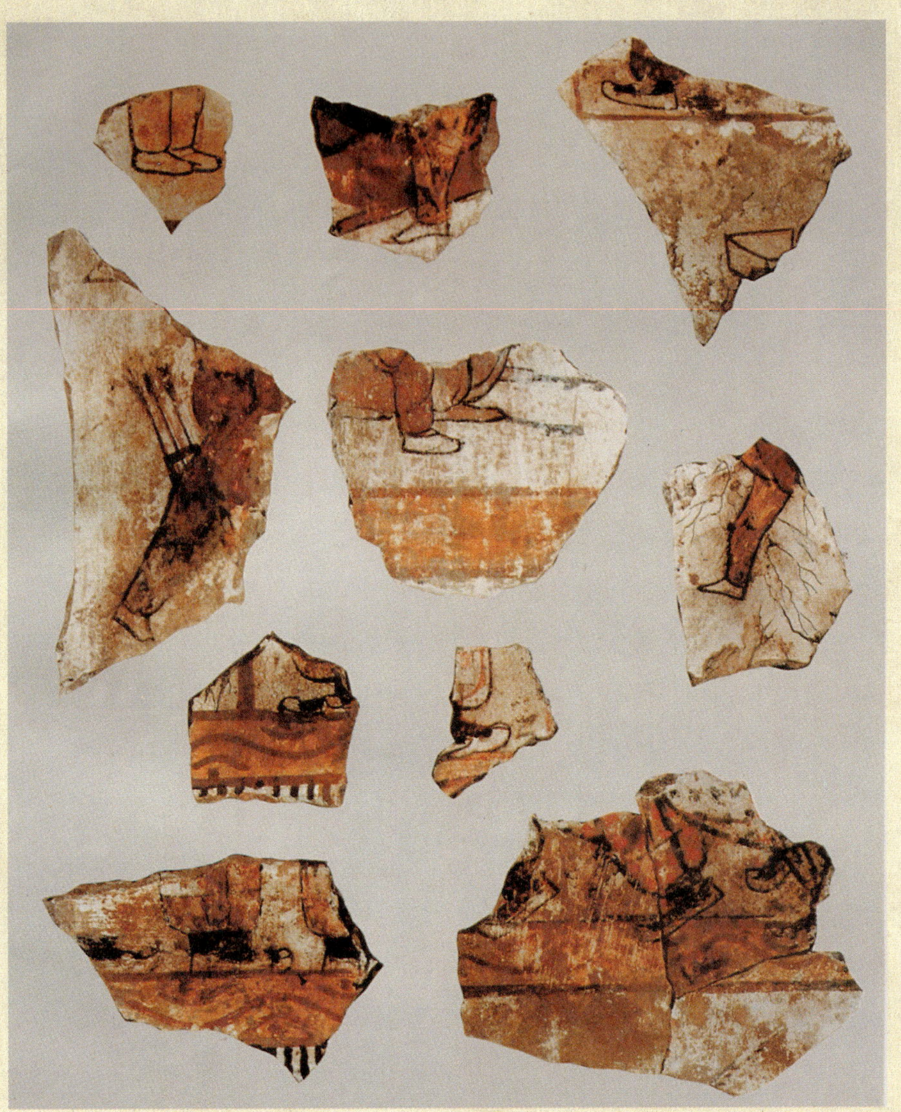

그림 61_ 동암리 벽화고분에서 발견된 벽화 조각들

동고분은 동암리벽화고분으로 다시 태어났다. 무벽화분이 벽화분이 된 것이다. 어떻게 이런 일이 일어날 수 있을까.

1945년 이전 이미 한 차례 조사되었던 많은 고구려 유적들이 해방 뒤 북한의 고고학자들에 의해 재조사·분류되었다. 수십 년에 걸쳐 진행된 이 작업을 통해 일제하에 조선총독부의 의뢰로, 혹은 묵인이나 방조 아래 부실한 정도를 넘어서 때로는 파괴에 가까울 정도로 거칠게 조사되고 방치되었던 북한의 고구려 유적들이 지니고 있던 고고학적 정보들이 새로 정리되고 정비되었다. 동암리 벽화고분의 발견은 그 과정에서 얻어진 귀중한 수확 가운데 일부라고 할 수 있다. _그림 61

고구려 고분에서 벽화는 대개 두 가지 방식으로 제작되었다. 하나는 돌로 쌓은 무덤칸 안의 벽과 천장고임에 여러 차례에 걸쳐 흙과 회를 입힌 뒤, 마지막으로 그 위에 고운 백회를 얇게 발라 면을 고르게 다듬은 다음, 그 위에 그림을 그리는 방식이고, 다른 하나는 벽과 고임의 돌면을 다듬고 그 위에 직접 그림을 그리는 방식이다. 돌면 위에 직접 그림을 그릴 경우, 안료가 돌의 입자 속으로 스며들게 되어 벽화의 보존성이 극히 높아지지만, 보존성이 높고 침투력이 강한 안료 및 아교의 개발이 전제되어야 한다. 때문에 돌면 위에 직접 그림을 그리는 방식은 후기 고구려 고분벽화 제작에 주로 적용되었다.[9]

전기 및 중기 고구려 고분벽화는 대부분 백회 위에 그리는 방식으로 제작되었다. 백회의 수분이 어느 정도 남아 있는 상태에서 그림을 그리는지, 그렇지 않은지에 따라 벽화 제작 기법이 다시 나누어지지만, 백회 위에 벽화가 존재하게 되는 점에서는 서로 다르지 않다. 그런데 백회 위에 그림을 그리는 방식은 돌면을 직접 화면으로 쓴 벽화와 달리 세부 표현의 수정뿐 아니라 주제의 변경도 가능하다. 언뜻 주문자나 제작자 모두에게 심리적 안정을 줄 수 있는 듯하지만, 이러한 방식으로 제작된 벽화는 보존성이 떨어진다는 매우 큰 약점을 안고 있다. 무덤칸이 밀폐된 상태를 유지하고, 내부의 습도가 일정 수준에서 그대로 머물러 있어야만 벽과 천장고임의 백회층이 벽화가 그려지던 당시의 상태로 남아 있을 수 있기 때문이다.

검산동고분이 처음 조사될 때에 벽화가 그려진 백회층은 이미 벽과 천장고임에서 조각조각 떨어져 나와 무덤칸 안으로 흘러든 토사 속에 섞여 있던 상태였다. 도굴 구멍 등으로 흘러든 토사로 무덤칸이 채워진 상태에서 무덤 내부에 대한 조사가 진행된 것이다. 발굴 조사에 참여한 사람들이 고분벽화의 제작 방식에 대한 지식도 부족하고, 조사하는 유적이 벽화고분일 가능성도 고려하지 않았다면 무덤칸 안에 쌓인 토사는 수레에 실어 내다버려야 하는 거추장스러운 흙더미 이상도 이하도 아니었으리라. 인부들이 무덤칸 안의 흙더미를 부지런히 밖으로 퍼 나르는 가운데 무덤 내부에 대한 조사가 진행되었을지라도 조사자들이 무덤칸의 벽과 천장고임에서 벽화를 발견하였을 리는 만무하다. 고구려 사람들의 삶과 느낌, 꿈을 담은 벽화 조각들이 흙더미에 섞여 무덤 바깥에 버려지고 있었지만 아무도 그 사실을 알지 못하고 있었던 것이다.

감신총은 벽화가 그려진 무덤 안의 백회층 곳곳이 떨어졌거나 떨어져 나가는 상태에서 발굴 조사가 진행되었지만, 무덤 안을 가득 채우고 있던 토사에는 주의를 기울이지 않은 경우이다. _그림 62 역시 일제 하인 1914년 내부가 조사되면서 벽화고분임에도 불구하고 무덤 안의 토사는 발굴 조사자들의 관심이나 주의의 대상에서 벗어난 채 인부들에 의해 무덤 바깥으로 퍼내어지고 버려졌다.[10] 무덤 안

에서부터 연구자들의 세심한 조사 대상이 되어 토사의 제거 과정이 통제를 받는다거나, 조사자들이 직접 주의 깊게 토사를 긁어내면서 백회 조각들을 수습하는 일은 일어나지 않았던 것이다. 최소한 토사들이 바깥으로 내보내질 때 체로 걸러 잘게 조각난 상태의 백회편들이 일부라도 수집되어 보관되었다면 기술과 능력이 뒷받침되는 한도 내에서 부분적인 복원도 가능했을 것이다. 하지만 흙더미의 일부로 무덤 바깥에 버려진 감신총의 벽화 조각들은 결국 벽화가 그려지기 이전의 상태, 곧 석회질이 섞인 흙으로 되돌아가 버리고 말았다.

1987년 일제 하의 검산동고분, 현재의 동암리벽화분에 대한 재조사 과정에서 무덤 칸의 벽과 천장고임에서 먼저 떨어져 나와 바닥에 떨어지거나, 무덤 바닥의 더 낮고 구석진 곳에 떨어진 까닭에 흘러들어 쌓인 흙더미에 섞인 채 버려지는 운명에서 비껴났던 몇 되지 않는 벽화 조각들이 북한 학자들의 눈에 들어왔고 손에 들려지게 되었다.[11] 비록 조각난 상태로나마 아름다운 바둑판 무늬의 저고리와 바지를 입었거나, 여러 가지 형태의 모자를 쓴 남자들, 내린 머리를 질끈 묶었거나, 아름다운 무늬의 치마와 두루마기를 걸친 여자들, 전통을 맨 남자들, 요리를 준비하고 음식을 만드는 장면과 조리 기구들, 무리를 이루어 행진하는 사람들, 사냥꾼의 화살을 피해 달아나는 호랑이의 뒷모습, 화면을 위아래로 나누는 동시에 보도의 역할을 한 나무 들보 등이 1500년의 세월을 건너 현실 속에 다시 모습을 드러낸 것이다. 무벽화분이던 검산동고분이 70여 년 만에 동암리 벽화고분으로 새로 태어나는 순간이다. 고분벽화가 어떻게 만들어지는지, 그것이 우리에게 무엇을 말하고 알려 주려는지에 대해 잘 알고 있던 이들, 고구려 사람들이 남긴 죽은 자를 위한 쉼터를 만날 때마다 벽화의 작은 흔적이라도 찾아내려던 사람들에 의해 고구려인들의 표정과 몸짓, 얼굴과 생각이 생생한 모습으로 되살아나는 순간을 눈앞에 보는 듯하다.

죽은 이의 쉼터에 핀 꽃, 통구사신총의 인동연꽃

신에게 쫓긴 요정이 나무가 되고, 신의 사랑을 받던 청년이 죽은 자리에서 꽃이 핀다. 나무가 만물의 어머니가 되고, 꽃이 생명의 자궁이 된다. 그리스 신화 속의 태양의 신 아폴론이 아들 에로스의 화살을 맞은 뒤 맹목적인 사랑에 빠져 요정 다프네를 뒤쫓자 강의 신인 그의 아버지는 딸을 월계수로 변형시킨다. 중국 신화 속의 전쟁신 치우는 신 중의 신 황제와의 전쟁에서 패하여 사로잡혀 처형당한 뒤, 자신을 묶었던 수갑과 족쇄를 단풍나무로 변하게 함으로써 신으로서의 재생 능력을 확인시킨다. 그리스 청년 나르시스는 물에 비친 자신의 모습에 반해 결국 죽음에 이르지만 수선화로 다시 태어나 사람들의 눈길을 받으며, 한국의 소녀 도라지는 어린 시절 바다 건너 중국에 가서 입신양명하여 되돌아오겠다는 이웃 소년의 약속을 믿고 일생 동안 님이 돌아오기를 기다리다가 죽어 도라지꽃으로 다시 피어난다. 서로는 그리스-로마 신화, 동으로는 중국 신화, 한국의 전설에 이르기까지 세계 각 지역의 신화와 전설, 각종 설화에서 고르게 발견되는 변형 신화, 대지

⦿ 1935년 발견된 이래 사신총, 집안서강사신총, 서강 60호분, 통구 7호분 등으로 불리던 통구사신총은 1966년 중국 학자들에 의해 재조사되면서 집안 통구고분군 우산묘구 제2112호묘(JYM2112)로 다시 명명되었다.[12] 북한측에 의해서는 통구사신무덤으로 표기되며, 일반적으로 앞의 지명이 생략된 채 사신묘(四神墓), 사신무덤 등으로 불린다. 중국 길림성 집안현 태왕향 우산촌에 자리잡고 있는 이 무덤의 외형은 절두방추형이다. 널길과 널방으로 이루어진 외방무덤으로 무덤칸의 방향은 남향이며, 널방의 너비×길이×높이는 3.8m×3.4m×3.3m이다. 널방은 잘 다듬은 청록색 석회암 판석으로 축조되었으며, 천장 구조는 1단의 평행고임 위에 2단의 삼각고임을 얹은 평행삼각고임이다. 널방 바닥에 두 개의 돌관대가 놓였다. 돌면 위에 직접 벽화를 그렸으며, 벽화의 주제는 사신이다.

그림 **63**_ 통구사신총 널방 천장고임 벽화 : 인동연꽃

모신(大地母神) 신화의 기본 개념이자 줄거리이다. 대지에 뿌리박고 하늘을 향해 줄기를 뻗어 올린 나무에 생명의 힘이 담겨 있다면, 가지 끝 꽃망울 하나하나에 깊숙이 숨겨진 것은 새로운 생명 자체이다. 이것은 자연 속에서 확인되는 '현상' 이기도 하지만, 우주적 창조와 재생에 관한 종교·신앙적 비유이기도 하다.

남으로 약 50m 거리에 있는 오회분 5호묘, 4호묘와 함께 집안 지역 후기 고분벽 화의 흐름을 잘 보여 주는 통구사신총 벽화는 안타깝게도 보존 상태가 그리 양호 하지 못하다. 그나마 안료의 색이 아직 뚜렷이 남아 있는 것 가운데 일부가 인동 연꽃 넝쿨무늬이다._그림 63 한 시대의 꿈과 기억을 지우려는 자연적·인위적 손길 들조차 비껴가게 만든 생명의 힘이 혹 이 꽃 넝쿨 속에 있었기 때문은 아닐까.

연꽃은 고구려 고분벽화에서 가장 빈번히 발견되는 회화적 제재이자, 종교적 상 징 가운데 하나이다. 동서의 고대 및 중세 미술에서 즐겨 표현된 역사적 소재의 하나라고도 할 수 있다. 이집트의 수련을 비롯하여 연(蓮)으로 불릴 수 있는 식물 의 종과 갈래는 다양하다. 그러나 동서의 고대 및 중세 사회의 사람들이 이 식물 을 보고 이해하던 방식, 어쩌면 연과 사람 사이의 대화로부터 비롯되었다고도 볼 수 있는 '연에 대한 관념'은 하나에 가깝다. '재생의 힘'을 지닌 존재, 불멸을 품 은 신비한 꽃을 피우는 식물이라는 종교적 인식이다.[13]

대영박물관에 소장되어 있는 고대 이집트 파피루스 문서에는 한 생명이 연꽃 속 에서 태어나는 순간이 그림으로 그려져 있다. 이집트인이 연꽃을 생명의 근원, 재 생의 모체로 보았음을 알게 하는 표현이다. 고대 인도 마하바라타(Mahavarata)의 천지창조 설화에는 창조의 신 브라흐마가 광명의 신 비쉬누의 배꼽에서 피어난 연꽃 속에서 태어나는 장면이 묘사되어 있다. 베다(Veda)에는 인도 사람들이 믿고 숭배하던 신들과 신성하게 여기던 갖가지 짐승들이 연꽃 속에서 태어나는 것으로 노래되어 있다. 인도 사람들 역시 연꽃을 생명의 자궁으로, 재생의 그릇으로 인식하였음을 드러내는 부분이다.[14]

인동, 혹은 인동당초로 한역된 팔메트도 '생명력'과 관련하여 고대 지중해 연안과 서아시아 지역에서 사람들의 눈길을 끌었던 넝쿨 식물의 하나이다. 고대 그리스와 소아시아에 세워진 수많은 신전들, 특히 기둥머리와 들보의 장식에 팔메트문이 즐겨 새겨지고, 무기의 손잡이 부분까지 팔메트문으로 장식되는 사례가 확인되는 것도 이 넝쿨 식물이 지닌 것으로 믿어지던 재생의 힘에 대한 고대 지중해 연안 민족들의 인식에서 비롯되었다고 할 수 있다. 연꽃과 어우러진 인동, 인동에 감싸인 연꽃은 그래서 재생과 불멸에 대한 더욱더 강한 소망의 상징, 미래적 현실의 표현일 수밖에 없다. 인동연꽃 출현의 정신사적 배경, 종교미술사적 필연성이 설득력 있게 다가오는 부분이다.

통구사신총은 전형적인 사신도(四神圖) 벽화고분이다. 1935년 일본인 사이토 키쿠타로오[齊藤菊太郎]가 집안의 우산(禹山) 남쪽 기슭 끝 부분에 자리한 이 외방무덤의 내부에 들어갔을 때, 조사자의 눈을 채우며 들어왔던 영상은 널방 네 벽을 가득 채운 채 포효하며 용틀임하던 사신의 모습이었다.[15] 빠르게 흐르는 구름을 헤치며 입구를 향하여 내닫는 청룡과 백호, 부리를 크게 벌리고 눈을 부릅뜬 채 거의 원형에 가깝게 날개를 펼친 암수 주작, 뱀과 거북이 얽히며 힘있게 어우러지는 모습의 현무. 이들 신수가 널방의 벽이라는 공간에 갇힌, 때문에 현실 너머의 세계에서 의미를 지닌 존재임을 알게 해주었던 것은 어쩌면 벽과 천장고임

그림 64_ 오희분 4호묘 널방 왼벽 벽화 : 인동연꽃

이 만나는 벽의 제일 윗부분에 그려진 인동연꽃 넝쿨무늬였는지도 모른다.

통구사신총 벽화에서 연꽃은 인동에 감싸인 세잎꽃의 형태로 주로 나타난다. 가까운 곳에 자리잡은 오회분 5호묘, 오회분 4호묘 벽화에서 보이는 것과 같은 인동에 감싸인 채 이루어지는 연꽃의 탄생과 성장, 연꽃으로부터의 화생 과정이 통구사신총 벽화에서는 확인되지 않는다. 오회분 5호묘와 오회분 4호묘에서 용띠무늬로 장식되던 널방 벽 제일 위 부분을 세잎꽃을 감싼 인동넝쿨무늬가 차지하고 있을 뿐이다. 세잎꽃은 오히려 인동의 일부분에 가깝다. 벽과 천장고임을 나누는 자리, 사신의 공간과 하늘세계 천인, 신수(神獸)들의 공간이 만나는 곳에 세잎꽃 인동 넝쿨무늬가 장식된 이유는 과연 무엇일까. 두 세계를 구분 짓는 장애물인가. 두 세계를 하나로 잇는 다리인가.

오회분 5호묘, 오회분 4호묘 벽화에서 확인할 수 있듯이 세잎꽃은 활짝 핀 연꽃으로 가는 과정이다. 마치 꽃씨처럼 떠 있기도 하는 세잎꽃이 인동에 감싸인 채 다섯 잎의 연꽃으로, 다시 활짝 핀 꽃으로 바뀌어 가는 과정이 널방 벽의 배경 벽화에 표현되어 있다. _그림 64 그럴 경우, 세잎꽃은 연꽃이 지닌 것으로 여겨지는 신비한 생명력이 성장·증폭되는 과정을 상징적으로 드러내는 장치로 해석될 수도 있다.[16] 사신에 의해 지켜지는 쉼터, 그 속에서 천인들의 세계, 이상적인 내세 삶터로 들어서기를 꿈꾸던 죽은 이의 소망이 인동 덩굴에 감싸인 세잎꽃의 재생의 힘으로 말미암아 실현되는 것은 아닐까. 그렇다면 통구사신총의 인동연꽃은 벽과 천장고임을 하나의 공간, 하나의 세계로 만드는 의미 깊은 회화적·종교적 장치인 셈이다.

질식해 가는 용의 세계, 오회분 5호묘 벽화

고구려의 건국 시조 주몽은 스스로를 천제의 아들이며, 하백의 외손(外孫)이라고 하였다. 주몽의 아버지 해모수는 다섯 용이 끄는 수레를 타고 물 속에 있는 하백의 궁전에 이른 최고의 하늘신이다.[17] 나라를 세운 주몽은 기린을 타고 하늘과 땅을 오가며 두 세계의 일을 돌보다가, 나라의 기초가 서자 하늘이 내려보낸 황룡의 머리를 밟고 하늘세계로 올라가 땅의 세계로 돌아오지 않았다고 한다.[18]

시조 주몽을 이은 유리명왕(琉璃明王)은 수도를 국내(國內)로 옮겨 나라를 더욱 굳건히 하려는 도중에 황룡국(黃龍國)과 마찰이 일자 황룡 국왕이 보낸 활을 꺾어 보임으로써 그 원인을 제공한 태자 해명(解明)으로 하여금 자살하게 한다.[19] 두 나라 사이의 무력 충돌을 예방하고자 함이다. 건국 이래 주변의 작은 나라들을 정복하고 심지어 수백 년 동안 만주 일원의 강자로 군림하던 부여와의 전쟁도 불사하면서 국세를 확장해 나가던 고구려였지만, 천하의 중심이라는 의미를 담은 '황룡'의 나라와는 충돌하려 하지 않은 것이다.

동아시아의 고대 신화에서 용은 하늘과 땅 사이를 오갈 수 있는 신령스러운 짐승이자 신성한 힘과 능력의 상징이었다. 창조신 복희·여왜를 비롯하여 해신·달신을 포함한 여러 등급과 계통의 신들이 머리와 몸 일부는 사람이나 나머지 부분은

그림 65_ 오회분 5호묘 널방 천장고임 벽화 : 용의 띠

용으로 표현되는 것도 고대인의 용에 대한 특별한 관념과 관련이 깊다. 중국 신화에서 신 중의 신으로 일컬어졌던 황제는 네 개의 얼굴에 황룡의 몸이 덧붙은 형상을 한 채 비·바람·구름·서리·이슬·무지개와 같은 기상 현상을 주관하였으며, 벼락을 내릴 수 있었다고 한다.[20] 황제가 신들의 산 곤륜산에 거하면서 신들 사이에 일어나는 온갖 문제의 해결사이자 지상 세계의 지배자로 군림할 수 있었던 것은 용이 발휘할 수 있는 온갖 능력을 지니고 있었던 까닭임을 알게 한다.

고구려 벽화고분에 신인(神人)들이 용을 타고 하늘을 나는 모습으로 그려지는 것도 용이 지닌 특별한 능력에 대한 관심의 표현이라고 할 수 있다. 집안의 오회분 5호묘와 오회분 4호묘에서 용은 널방 벽과 천장고임 곳곳에 여러 가지 모습으로 그려진다. _그림 65 서조(瑞鳥)들과 앞서거니 뒤서거니 하면서 여러 가지 악기로 천상의 음악을 연주하거나 불사의 선약이 담긴 그릇을 손에 들고 있는 신인을 등에 태운 채 하늘을 날아다니는 용, 사신의 일원이 되어 한 벽면 전체의 주인공으로 등장하는 청룡, 괴수와 함께 우주 공간을 떠받치는 벽 모서리 위쪽의 용, 서로를 감고 얽어 띠를 만든 상태로 '보'의 역할을 하는 벽과 천장고임 사이의 수십 마리의 용들, 다투는 듯이 호랑이와 몸을 얽거나 홀로 천정석 밑면을 장식한 용. 언뜻 보면 집안 지역 후기 고분벽화를 대표하는 이들 고분벽화의 기본 제재가 용인 듯이 느껴질 정도이다.

용은 본래 생명의 상징인 물과 관련 깊은 상상 속의 짐승이다. 전통적인 기우제에 용을 그린 깃발이 등장하는 것도 이 때문이다. 한(漢) 화상석에서는 여성으로 표현된 한발(旱魃)을 물어 쫓아 버리는 용의 모습이 발견되기도 한다. 중국 신화에는 황제와 치우 사이에 벌어진 신들의 전쟁에서 전세가 불리해진 황제가 응룡(應龍)

을 시켜 치우군에게 물 세례를 퍼부으려다가 치우측의 풍백(風伯)과 우사(雨師)로
말미암아 오히려 황제측이 물난리를 겪게 되자, 황제의 딸이자 가뭄의 신인 한발
이 지상에 내려와 폭풍우를 그치게 하였다는 내용이 있다.[21] 응룡은 이제 지상에
머물게 된 한발을 쫓을 수 있는 유일한 존재가 된 것이다.

용은 또한 하늘과 관련 깊은 존재이다. 중국의 고대 신화에서 용은 봉황과 함께
하늘신의 사자로 자주 등장하며, 신선 신앙과 관련된 문헌에서는 선계로 오를 자
격을 지닌 이를 등에 태우고 하늘로 날아오르는 승선(乘仙)의 조력자로 빈번히 모
습을 드러낸다. 죽은 이의 영혼을 태우고 신들의 세계로 돌아간다는 영조(靈鳥)의
기능과 역할을 용도 지니고 있다는 믿음에서 비롯된 관념일 것이다. 한 생명이 누
릴 수 있는 또 다른 삶이 용의 도움으로 가능해지고 있는 셈이다.

주몽의 아버지 해모수가 다섯 용이 끄는 수레를 타고 하백의 나라로 들어갔다가
다시 하늘세계로 돌아갔다는「동명왕편」주석의 이야기도 하늘과 땅, 하늘세계와
물의 세계를 자유롭게 다닐 수 있는 용의 능력, 그런 능력을 지닌 용에 대한 고구
려 사람의 신앙을 잘 나타내 준다.[22] 그런 점에서 하늘의 기운과 물(땅)의 능력을
한 몸에 받은 고구려의 시조 동명성왕 주몽의 이미지와 하늘과 물 속을 마음대로
오가는 용의 이미지는 서로 닿는다. 고구려 고분벽화에 용이 빈번히 등장하고,
오회분 5호묘와 오회분 4호묘에서는 널방 안벽과 천장고임 어디에나 용이 그려
진 이유를 짐작하게 하는 부분이다.

용의 나라라고도 불릴 수 있는 고구려, 용의 이미지로 가득 찬 고분벽화. 그러나
오회분 5호묘 벽화 속의 용들은 더 이상 영웅이나 신선을 태우고 하늘과 땅 사이

그림 66_ 통구사신총 널방 오른벽 벽화 : 백호

를 오르내릴 수 있는 신령스러운 짐승이 아니다. 가뭄을 쫓아 버리고 하늘로부터 생명의 물방울을 떨어뜨리는 물의 신도, 죽은 자의 쉼터를 지키며 무덤 안을 기웃거리는 사악한 존재들을 향해 덮칠 듯이 내려오며 으르렁거리는 벽사(辟邪)의 신수, 황도 28수의 동방 7별자리를 대표하는 방위신도 아니다. 오회분 5호묘 벽화의 용들은 물에 빠져 허우적거리며, 사람의 입김에 싸여 숨을 헐떡이면서 서서히 생기를 잃어 가는 '옛 기억'의 일부일 뿐이다.

집안 지역의 후기 고구려 벽화고분 가운데 하나인 오회분 5호묘는 무덤칸 안의 벽화를 석면 위에 직접 그린 경우이다. 돌 입자에 잘 스며드는 안료와 아교를 사용한 까닭에 일제 하에서 발견되었을 당시, 무덤 속 벽화의 보존 상태는 백회 위에 그려졌던 다른 고분벽화들에 비해 좋은 편이었다. 통구 17호분, 서강 62호묘, 사협총 등으로 불리던 이 무덤이 1962년 중국의 고고학자들에 의해 전면 발굴 및 조사되면서 통구 5호분으로 불리게 되었을 때에도 벽화 속의 용들은 생생한 모습과 기운을 유지하고 있었다.[23] 그러나 아무리 돌과 안료가 하나가 되다시피 한 까닭에 벽화가 잘 보존되고 있었다 하더라도 무덤의 안과 바깥의 환경이 원상태를 유지하지 못한다면 돌과 안료, 아교의 관계 역시 변화될 수밖에 없다. 안료와 돌 사이를 잇던 아교가 생물학적 침해를 받거나, 안료가 화학적 변화를 일으키면서 돌과 분리될 수도 있는 것이다.

중국이 오회분 5호묘를 관광객에게 개방하고, 벽화 환경을 유지하기 위한 별다른 조치를 취하지 않게 되면서 무덤칸 안의 벽화는 급격히 훼손되기 시작하였다. 무덤 내부가 아무런 완충 장치 없이 바깥과 이어지고 관광객이 수시로 드나들면서 무덤 안의 온도와 습도가 불안정해지자, 이로 말미암아 벽화 위로 곰팡이가 번식하고, 물방울이 맺히다가 흘러내리는 현상이 되풀이해서 일어나게 되었다. 안료와 아교의 일부 성분이 분해되어 그 일부가 수분과 결합하여 벽화 위에 하얀 탄산칼슘층을 형성시키는가 하면, 다른 성분들은 곰팡이의 증식을 돕는 양분으로 쓰이게 된 것이다. 안정된 보존 환경을 잃은 벽화 속의 용들도 어쩔 수 없이 병들기 시작하였다. 질식해 가는 고구려의 용들을 누가 살릴 것인가.[24] 오회분 5호묘 벽화 속 용들이 1500년 전의 생생함을 다시 찾게 될 때는 언제일까. 통구사신총의 백호처럼 하얗게 흔적만을 남기기 시작한 오회분 5호묘 벽화 속 용들을 되살릴 수는 있을까. _그림 66

부 록

고구려 문화와 고분벽화

고구려 문화와 고분벽화

고분벽화는 당대의 실물 자료이다. 그 시대를 살던 사람의 모습과 생각, 시대의 문화가 그대로 담긴 '역사의 증언'인 것이다. 따라서 당대 역사와 문화의 흐름을 고려하지 않고 고분벽화를 이해하기는 어렵다. 고구려 고분벽화의 구성과 내용에 대한 분석 작업은 고구려가 걸은 길, 곧 고구려의 사회·문화적 전개 과정에 대한 이해와 맞물려 있는 것이다.

1990년대부터 고구려사는 세인의 관심을 끌고 있다. 특히 고분벽화는 그 자료적 가치와 내용의 풍부함으로 말미암아 주요 연구 주제로 떠오르고 있다. 뿐만 아니라 고분벽화를 주제로 한 글들이 다수 발표되고 있는 현실은 더욱 고무적이다. 그러나 고분벽화라는 특정한 장르의 장의 미술 전개의 바탕이라고 할 수 있는 당대의 사회·문화와 고분벽화와의 상관 관계를 개관하려는 시도는 거의 이루어지지 않고 있다.[1] 필요한 작업임에도 불구하고 이 주제가 지니는 쉽다면 쉽고, 어렵다면 어려울 수 있는 개괄적인 성격 때문일 것이다. 그러나 구체적인 논증이 어려운 부분이 아직 여러 곳 있다고는 해도 '검토하고 토론' 할 자료를 제공한다는 의미에서라도 이 작업은 시도될 필요가 있다. 이 글은 이를 위해 준비되었다.

1.고구려의 역사적 전개와 문화

국가성립기의 문화

고구려의 국가로서의 성립 연대는 기원전 37년이다. 하지만 정치적 실체로서의 고구려는 중국의 진·한(秦·漢)이전부터 그 존재를 뚜렷이 하고 있었다. 근래의 연구는 고구려 국가 성립의 주체인 맥족(貊族)이 늦어도 고조선의 위씨(衛氏) 왕조 출현 시기에는 다수의 소국, 혹은 소국 연맹체 형태로 고조선이라는 연맹체 국가에 참여하였던 것으로 이해하고 있다.[2]

기원전 1세기 말부터 기원후 1세기 말에 이르는 기간, 고구려는 오랜 역사와 세력을 자랑하던 부여를 제압하고 한 군현(漢郡縣)의 압력을 배제하면서, 만주·한반도 일대의 새로운 국가 세력으로 성장해 나간다. 이 시기의 고구려는 기존의 예맥계(濊貊系) 이외에 비예맥계로 통칭될 수 있는 다양한 갈래의 주변 군소 세력을 아우르며 세력을 증대시킨다.[3]

시조 동명성왕 주몽에서 태조왕(太祖王)에 이르는 국가 성립기 고구려의 문화는 첫 수도 졸본(卒本, 현재의 환인 桓仁)을 감싸고 흐르는 혼강(渾江) 유역과 다음 수도인 국내(國內, 현재의 집안 集安)가 자리잡은 압록강 중류 일대를 중심으로 전개된다. 2세기 전반에 이르기까지 고구려의 첫 번째 과제는 남만주와 한반도 중·북부에 남아 있던 한의 군현 세력을 제거하여 독자 세력권을 확보하는 것이었다. 때문에 고구려가 가장 빈번하게 접촉했던 대상은 한의 군현이었지만, 한(漢) 문화의 수용은 제한적으로 이루어질 수밖에 없었다. 이 시기의 환인과 집안을 중심으로 한 고구려 문화가 고유의 전통을 바탕으로 전개되는 것은 이와 같은 역사적 흐름과 일정하게 관련이 있다.

국가 성립기 고구려 문화의 독자성은 유적과 유물, 특히 묘제와 무덤의 껴묻거리 류에서 잘 나타난다. 고구려의 전통적 묘제로 알려진 돌무지무덤은 이 시기 환인과 집안 지역에 조성된 고구려 유적의 절대 다수를 차지한다. 돌무지무덤의 껴묻거리로 빈번히 출토되는 황갈색 항아리류와 철제 도구 및 무기류는 그 형태와 계통에서 한(漢)의 유물과 일정한 차이를 보인다.[4]

국가 성장과 문화권의 확대

2세기 후반부터 4세기 전반에 걸쳐 고구려는 이전부터 추진하던 주변 군소 세력의 통합을 마친 데에서 한 걸음 더 나아가 현도·낙랑 등 만주 남부와 한반도 중·북부 일대에 남아 명맥을 유지하던 중국계 군현 세력을 완전히 소멸시킨다.[5] 고구려가 이 지역에서 중심 세력으로 부상해 나가는 시기인 셈이다. 비록 실패로 끝났으나, 차대왕(次大王)이 국가 권력을 국왕 중심으로 재편하려고 한 것도 이 시기 지속적으로 이루어지고 있던 고구려의 국가적 성장을 배경으로 한 것이었다.[6]

2세기 후반부터 영토 확장이 본격화하면서 고구려는 보다 이질적이고 다양한 사회와 접촉하게 될 뿐 아니라, 이러한 사회를 영역화하게 된다. 이것은 고구려와는 다른 문화를 지닌 사회가 고구려의 일부가 된다는 것을 뜻하며, 이로 말미암아 고구려 문화가 보다 풍부한 내용을 지니게 됨을 의미한다. 이 시기 나름의 문화적 특징을 지니면서 고구려의 새로운 영역으로 포함된 지역으로는 북부여가 있던 서북의 부여성 지역, 북옥저와 동부여가 있던 동의 책성(柵城) 지역, 동옥저와 동예의 영역이던 동남의 동해안 일대, 낙랑이 있던 남의 대동강 유역, 요동군(遼東郡)과 현도군(玄菟郡)이 있던 서의 요동 지역 일부를 들 수 있다. 서북의 부여성 지역은 부여 고유의 문화가 발달했던 곳이며, 동의 책성 지역은 옥저 문화와 말갈 문화가 복합된 위에 동부여 문화가 더해진 곳이다. 동해안 일대는 예(濊) 문화에 한(漢) 문화가 더해진 지역이며, 평양을 중심으로 한 대동강 유역은 고조선 문화에 한 문화가 더해지면서 성립한 낙랑 문화의 중심이다. 고구려와 중국, 북방 유목 세력 사이의 영역 다툼이 심하던 요동 지역은 여러 계통의 문화가 복합된 문화적 점이(漸移) 지대에 속한다. 이로 보아 고구려가 매우 다양한 문화권을 영역화하게 되었음을 알 수 있다.

약 2세기에 걸쳐 고구려의 영역으로 편입된 이들 문화권과 환인 및 집안을 중심으로 형성된 고유의 고구려 문화 사이에 어떠한 관계가 있었는지는 아직 명확히 밝혀지지 않고 있다. 다만 고구려의 영역으로 편입되기 이전부터의 역사 및 문화 전개 내용으로 미루어 볼 때, 평양 일대와 요동 지역의 문화는 일정한 기간 동안 고유의 고구려 문화에 대해 상대적인 독자성을 유지했을 가능성이 높다. 부여성 일대 및 책성 일대, 동해안 지역의 문화는 아직 그 실체가 제대로 밝혀지지 않았으나, 비교적 빠른 기간 안에 고구려 문화의 영향권에 편입되었을 것으로 보인다.

전제왕권기 평양 중심 보편 문화의 전개

4세기 후반에서 6세기 초에 걸쳐 고구려의 영역은 이전에 비해 크게 확장된다. 5세기에 전성기를 맞는 고구려의 영역은 서로는 요하(遼河) 좌우, 북으로는 동류 송화강(東流 松花江) 유역, 동으로는 연해주 남단, 남으로는 한반도 중부 전역에 이른다. 이와 같이 영역을 크게 확장하면서 고구려는 동북아시아의 패자로 자리잡으며, 나아가 동아시아 국제질서를 좌우하는 4강의 하나로 부상한다.[7] 남북조 및 유연(柔然)과의 세력균형을 바탕으로 동북아시아 패자로서의 지위를 확고히 한 고구려는 1세기 이상 만주·한반도 일대의 여러 세력에 대해 패권을 행사하게 된다. 이른바 고구려적 천하의 성립과 전개이다.[8]

이 시기 고구려의 영역 확장 및 동북아시아에서의 패권 확립과 관련하여 이루어지는 사회·문화적 제반 흐름에서 큰 줄기를 이루는 것으로는 지배 이념의 정비, 그 과정이자 결과로서의 평양 천도, 남북조 및 유연 등 동아시아 주요 세력과의 지속적인 교섭을 들 수 있다. 지배 이념의 정비와 평양 천도는 4세기 후반부터 진행된 고구려의 제반 체제 정비와 밀접한 관련이 있는데,[9] 그 과정이자 결과로 눈길을 끄는 것이 보편 문화의 산실이자 보편 관념의 종합체로서의 불교의 수용과 확산, 현실 역사이자 국가 지배 이데올로기로서의 주몽 신화와 이에 대한 신앙의 체계화, 고구려적 천하의 중심이자 새로운 고구려 문화의 중심으로서의 평양의 부상이다.[10]

남북조·유연 등과의 교섭 내용과 그 영향도 주목할 필요가 있다. 남북조에서 중국 문화와 잘 버무려진 서아시아 문화와 막북(漠北)의 유연을 다리로 삼은 비중국적 외래 문화가 지속적으로 고구려에 유입되기 때문이다. 이 시기 고구려가 고유의 전통 위에 가꾸고 다듬어 온 문화가 새로 유입되는 동서 여러 문화와 어떤 방식으로 만나고 어떻게 새롭게 빚어지는지가 관심의 대상이 아닐 수 없다. 특유의 고구려적 개성에 보편성을 더한, 국제적 수준의 고구려적 보편 문화, 이른바 범고구려 문화로의 발전 여부는 당대 고구려 사회의 몫이기 때문이다.[11]

귀족연립기 남북 문화권의 경쟁
6세기 중엽에서 7세기 중엽에 이르는 기간에 고구려는 백제의 부흥, 신라의 성장,

중국 남북조 시대의 종결 및 통일 세력의 등장, 통일 중국의 주변 사회에 대한 압력 등 국제질서의 변화에 맞닥뜨린다. 고구려가 기존의 세력과 영역을 유지할 수 있을지, 새로운 국제 환경이 요구하는 제한된 틀 속에서나마 역사를 지속시킬 수 있을지는 이와 같은 질서 변화에 어떻게 효과적으로 대응하느냐에 달려 있었다.

그러나 이와 같은 국제질서의 재조정기에 고구려는 귀족 연립 정치의 전개 및 지방 분권화로 귀결되는 정치·사회적 혼란에 빠진다. 중앙 정치 세력의 분열로 말미암아 사회 내부의 통합력이 약화되자, 신라를 비롯한 주변 세력에 대한 영향력이 급속히 떨어지고, 고구려적 천하는 와해된다.[12] 해체된 동북아시아 여러 세력 간의 기존 질서는 당시 수·당을 중심으로 이루어지던 동아시아 국제질서 재편 활동과 맞물리면서 새로운 질서 수립을 요구받게 되는데, 고구려는 이 새로운 국제질서 수립을 주도하기보다는 옛 질서의 복원에 관심을 보인다. 그 결과는 동아시아의 중심으로 대두한 수·당의 동북아시아 지역 질서에의 개입, 그에 대한 고구려의 강경 대응, 수·당과의 지속적 대립 및 충돌로 말미암은 고구려 세력의 약화와 소멸이다.

6세기 중엽 이래 고구려의 사회·문화적 전개와 관련하여 눈길을 끄는 주요 흐름으로는 왕위 계승을 둘러싼 정치 세력의 분열, 그 귀결로서의 귀족 연립 정치의 전개,[13] 귀족 연립의 기반이자 결과로서의 지방 분권적 사회 운영, 남북조에서 수·당으로 이어지는 중국 여러 왕조와의 지속적인 교류 등을 들 수 있다. 여기서 특히 눈길을 끄는 것은 6세기 중엽 이래 고구려 사회를 특징짓는 귀족 연립에 따른 지방 분권적 사회 운영이라는 대내 질서의 변화가 중국 여러 왕조와의 지속적 교섭이라는 5세기 이래의 대외정책과 맞물리면서 빚어 내는 사회·문화적 결과이다. 최근의 연구에 따르면, 이 시기 고구려의 귀족 연립 정치는 수도인 평양 외에 평양 천도 이후에도 고구려 사회 안에서 일정한 비중을 유지하고 있던 옛 도읍 집안을 평양에 버금가는 정치·사회적 중심으로서의 위치를 확고히 하게 하는 계기로 작용한 측면이 강하다고 한다.[14] 집안 지역을 기반으로 한 귀족 세력이 중앙 권력 안에서 지니던 비중의 정도를 짐작할 수 있다. 정치·사회적 측면에서의 이와 같은 흐름이 여러 방면의 문화적 동향에 영향을 주었을 것임은 물론이다.

남북조 및 수·당에서 생성되거나 이들 왕조를 경유한 제반 문화가 수도 평양 외에 집안에도 집중적으로 전해지고, 두 지역이 나름의 문화 전통과 기준 위에 이들 문화를 소화한다면 그 결과는 어떠할까. 상이할 수 있다. 5세기 이전부터 두 지역 문화 전통의 내용과 지향성에는 차이가 있었고, 6세기 두 지역을 기반으로 한 귀족 세력의 동향에도 일정한 편차가 있기 때문이다. 남의 평양과 북의 집안이 각기 특유의 색깔을 지닌 문화 중심으로 기능할 소지는 6세기 이전부터 마련되어 있었던 셈이다. 실제 6세기에 들어서면 고구려의 문화 중심은 남북으로 이원화한다.[15]

문화 중심의 이원화와 더불어 눈여겨 볼 것은 문헌상으로는 7세기 초부터 확인되는 도교 계통 종파의 유행과 이와 맞물린 불교 신앙의 후퇴, 집권 귀족 세력에 의해 추구되는 도(道)·불(佛) 병립 정책 등이다.[16] 도교 계통 종파의 대두는 6세기 이전부터 진행된 고구려 사회 내의 사상적 동향과 일정한 관련이 있는 것으로 보이며, 도·불 병립 정책은 이와 같은 흐름과 그 이면의 의미를 읽어 낸 집권 귀족 세력의 정치·사회적 의도와 직결되어 있다고 보아야 할 것이다. 종교·신앙 및 사상 정책상의 이와 같은 동향이 어떠한 사회적 파장을 일으키는지, 그 결과는 어떠했는지, 예를 들어 5세기 고구려에서 국가 이데올로기화하면서 정치·사회적 영향력을 크게 증대시켰던 불교 세력이 위축되었다면, 문화적인 어떤 영향을 미쳤는지는 이제부터 밝혀야 할 역사 연구상의 과제이다. 고분벽화는 고구려사와 관련한 이와 같은 과제 앞에서 1차적으로 떠올릴 수 있는 당대 자료의 하나일 것이다.[17]

2. 고분벽화와 문화

제1기

고구려 고분벽화는 주로 흙무지돌방무덤에서 찾아지지만, 간혹 돌방무덤에 가까운 돌무지무덤에서 발견되기도 한다. 집안의 우산하 41호분은 돌무지무덤이지만 무덤칸의 벽에 그림이 그려진 벽화고분이다. 고구려 고분벽화의 주제는 크게 생활풍속, 장식무늬, 사신(四神)으로 나누어 볼 수 있다. 각 주제는 시기와 지역에 따라 독립적으로 그려지기도 하고, 서로 혼합되기도 한다. 때문에 시기와 지역에 따른 고구려 사회상의 변화나 내세관(來世觀)의 중심 줄기를 이해하는 데 도움을 줄 뿐 아니라 고분 조성과 벽화 제작 시기를 추정하는 편년 기준을 제공하여 주기도 한다.[18]

고분 구조와 벽화 주제 등을 함께 고려하면서 고분벽화 제작 시기를 가늠하여 보면 크게 세 시기로 나누어 볼 수 있다. 제1기는 3세기 말에서 5세기 초에 걸치는 시기로 여러방무덤에 생활풍속이 즐겨 그려진다. 이 시기의 고분벽화는 주로 벽면에 회칠을 한 다음, 회가 마르기 전에 밑그림을 그리고, 이어 채색을 하는 습지

벽화법(濕地壁畵法)으로 제작된다. 제2기는 5세기 중엽에서 6세기 초에 걸쳐 여러 방무덤과 외방무덤에 생활풍속, 장식무늬, 사신이 독자적으로 혹은 뒤섞여 그려지는 시기이다. 2기의 고분벽화에는 기존의 습지벽화법에, 회가 마른 다음 화면(畵面)에 그림을 그리는 건지벽화법(乾地壁畵法)이 부분적으로 더해지기도 한다.

제3기는 6세기 중엽에서 7세기 중엽에 걸친 시기로 외방무덤에 사신이 사실상 유일한 주제로 등장한다. 제3기의 고분벽화는 무덤칸의 벽과 천장고임의 석면을 잘 다듬고 그 위에 직접 그림을 그리는 방법으로 제작되는 것이 특징이다. 대부분의 고분벽화는 모본(模本)에 따라 묵(墨)이나 목탄·먹바늘 등으로 밑그림을 그린 후, 죽필 등을 이용하여 채색하는 방법으로 제작된다. 그러나 밑그림을 따로 그리지 않은 상태로 벽화가 그려진 경우도 있다. 안료로는 주사(朱砂)·석록(石綠)·석청(石靑)·석황(石黃)·백자석(白赭石) 등 천연광물질이 주로 사용되었고, 식물성인 화청(花靑)·등황(藤黃)·연지(胭脂) 등과 특수한 성분으로 황금(黃金)·백은(白銀)·주분(朱粉) 등이 함께 쓰였다. 색채는 무덤칸의 분위기를 부드럽고 차분하게 하는 갈색 계통이 많이 쓰였으며, 흑색·황색·자색·청색·녹색 등이 함께 쓰였다. 이와 같은 특징을 지니는 각 시기 고분벽화의 주제와 구성은 해당 시기를 중심으로 진행되는 고구려의 정치·사회적 변화 및 문화 변동과 일정한 함수 관계를 맺고 있다.[19] 이 부분에 대해 보다 구체적으로 살펴보기로 하자.

이미 언급하였듯이 고분벽화의 시기 구분상 제1기는 3세기 말에서 5세기 초에 걸치는 시기이다. 이 시기 고분벽화의 주제로 즐겨 택했던 것은 생활풍속이다. 그러나 일부 고분벽화에서는 사신이나 장식무늬가 주제로 선택되기도 했다. 생활풍속이 벽화 주제인 무덤에는 무덤칸이 두 칸 이상인 여러방무덤이 많은 반면,

사신이나 장식무늬 위주의 벽화무덤은 외방무덤인 경우가 일반적이다. 생활풍속
이 주제인 벽화고분은 무덤칸의 구조와 벽화의 내용이 죽은 자 생전의 저택 구조
를 재현하거나 상징적으로 드러내도록 서로 맞물리는 경우가 많다. 이러한 무덤
은 흔히 무덤칸 모서리와 벽의 윗부분에 갈색 안료로 기둥과 들보 등 목조 가옥의
뼈대를 그려 무덤 안이 주택의 내부처럼 느껴지게 한다. _그림 67 목조 가옥의 뼈대
표현은 장식무늬가 주제인 같은 시기의 고분벽화에서도 보이나, 사신이 주제인
고분벽화에서는 잘 나타나지 않는다. 이것은 고분벽화의 주제로 생활풍속 및 장

그림 68_ 덕흥리벽화분 널방 안벽 벽화 : 무덤 주인과 시종들

식무늬가 선택될 때와 사신이 선택될 때, 무덤 내부를 보는 시각이 달랐기 때문일 것이다. 생활풍속과 무늬로 장식되는 곳은 일상생활의 공간, 혹은 수평적 내세 공간인 반면, 하늘의 28별자리가 형상화된 사신이 그려지는 곳은 우주적 공간, 혹은 수직적 내세 공간으로 상정되었을 것이기 때문이다.[20]

생활풍속은 죽은 자 생전의 공적 생활 가운데 기념할 만한 것과 사적 생활의 풍요로움을 무덤 안에 그림으로써 내세에도 이와 같은 삶이 재현되기를 바라는 마

음에서 택해진 벽화 주제이다. 때문에 생활풍속을 주제로 한 고분벽화에서는 무덤 주인이 홀로, 혹은 부인과 함께 정좌한 채 남녀 시종들의 시중을 받는 장면, 대행렬에 둘러싸여 출행하는 장면, 산야를 질주하며 사냥하는 장면, 연회를 베풀고 가무와 놀이를 즐기는 장면 등이 자주 나온다. 벽화 속의 인물들은 흔히 신분과 계급 정도에 따라 다른 사람의 몇 배, 혹은 몇 분의 1 크기로 그려지며, 모자와 머리 모양, 입은 옷의 무늬와 빛깔의 다양성 정도, 소매나 가랑이의 너비와 길이 등이 다르게 묘사된다. _그림 68

생활풍속이 주제인 제1기 평양 지역 고분벽화의 인물들은 대개의 경우 맞섶이나 오른섶에 소매와 통이 넓은 중국계 복장을 한 모습으로 묘사된다. 이 지역에 채협총(彩篋塚)과 같은 중국계 덧널무덤을 남긴 낙랑의 영향 때문일 것이다. 반면, 각저총을 비롯한 집안 지역 고분벽화의 인물들은 흔히 고구려 특유의 점무늬가 있는 왼섶 옷을 입은 모습으로 그려진다.[21]_그림 69 같은 시기 평양 지역 고분벽화 인물에게서 흔히 볼 수 있는 무늬 없는 맞섶 옷이나 오른섶 옷은 거의 보이지 않는다. 왼섶은 내륙아시아 유목계 민족 복식의 특징적 요소 가운데 하나이다. 427년의 평양 천도 이전 상당한 기간에 걸쳐 고구려의 새로운 정치·사회·문화의 중심으로 삼기 위한 평양 개발이 이루어지지만, 적어도 문화적 측면에서는 평양은 평양대로, 집안은 집안대로 고유 색이 유지되고 있었음을 짐작할 수 있다. 집안을 중심으로 성립한 원고구려 문화가 평양 지역에는 영향을 미치지 못했음을 이 시기의 고분벽화가 보여 주고 있는 것이다.

제2기

고분벽화 시기 구분상 제2기는 5세기 중엽에서 6세기 초에 걸치는 시기이다. 이 시기에는 외방이나 두방무덤에 생활풍속과 사신, 혹은 생활풍속과 장식무늬가 공존하는 그림과 장식무늬만을 주제로 한 그림이 많이 그려진다. 생활풍속이 벽화 주제인 경우는 극히 드물게 발견된다. 평양과 안악 지역에서는 생활풍속과 사신을 공통의 벽화 주제로 즐겨 택했던 반면, 환인과 집안 지역에서는 생활풍속과 장식무늬 혹은 장식무늬가 벽화 주제인 무덤이 많다. 벽화의 장식무늬로는 동심원, '왕(王)' 자문, 연꽃문 등이 즐겨 선택된다. 이 시기 고분벽화에서 일부 인물 묘사는 매우 세련된 수준에 이르나 산수(山樹)는 여전히 초보적인 표현 수준을 벗어나지 못한다. 장식무늬 가운데 구름무늬나 불꽃무늬류는 점차 단순해지는 반

면, 연꽃무늬 및 인동당초무늬류는 보다 복잡해지고 화려해진다. 사신과 상서동물류(祥瑞動物類)는 시간이 흐름에 따라 세련되는 묘사 기법에 의해 상상 동물 특유의 사실성을 갖추어 가기도 한다.[22]

제1기 고분벽화와 비교할 때, 제2기 고분벽화에 나타나는 변화 가운데 눈길을 끄는 것으로는 먼저 연꽃문을 벽화의 중심 화제로, 더 나아가 유일한 화제로 삼은 사례가 다수 발견된다는 사실이다. _그림 70 중국 등 동아시아에서 연꽃문이 천제(天帝)를

나타내는 표지일 수도 있고, 여래(如來)나 정토의 상징일 수도 있음은 잘 알려진 사실이다.[23] 양자의 구별은 벽화의 구성 방식에 대한 분석과 이해를 기초로 이루어질 수밖에 없다. 그러나 벽화의 중심적이거나 유일한 제재로서의 연꽃문은 5세기 전후 고구려가 불교를 국가 이데올로기화하기 위한 제반 시책을 내놓은 점을 염두에 둘 때, 아무래도 불교의 정토를 상징하는 무늬, 죽은 자의 정토왕생(淨土往生)을 희구하는 표현으로 이해해야 할 것이다.[24] 고구려 국가 권력이 주도한 불교 수용과 불교 신앙의 확산이 죽은 자의 쉼터에 대한 인식과 표현에도 영향을 미친 것이다.

연꽃문의 유행과 더불어 눈에 띄는 현상은 인물 표현 기량의 발전, 대상 비중 표현 방식의 지양이다. 집안의 장천 1호분, 평양·안악 지역의 쌍영총과 안악 2호분 벽화에서 잘 나타나는 이와 같은 현상은 5세기 전후 고구려의 폭넓고 밀도 있는 대외 관계의 산물이라고 할 수 있다. 동북아시아의 패자로 부상하여 이를 유지하는 과정에서 고구려는 중국의 남북조 및 스텝 유목 국가인 유연, 중앙아시아의 대소 세력과 빈번히 접촉하는데, 그 결과의 하나가 이들 지역에서 번성하던 불교 문화 및 이와 관련된 제반 요소의 수용이기 때문이다. 고구려가 불교 및 이와 관련된 문화를 받아들이면서 평등한 인간관에 기초한 불교의 관념 체계, 자세 표현과 명암과 굴곡 처리에서 일정한 수준에 도달해 있던 인도·이란계 회화 기법도 함께 받아들여 익혔을 가능성은 충분히 상정할 수 있다. 실제 장천 1호분 벽화의 경우, 여래와 공양자 사이에 표현 비례 차는 거의 나타나지 않으며, 비천과 기악천은 이전에는 볼 수 없던 다양한 자세와 유연하고 힘찬 몸놀림을 보여 준다.[25]_그림 71 모두 고구려가 폭넓은 대외 관계를 바탕으로 동서의 여러 문화를 받아들여 소화해 낸 결과이다.[26]

제2기 고분벽화에서는 이밖에 제재의 표현 양식에서도 이전과는 다른 흐름이 나타난다. 이른바 단일 양식화의 경향이다. 연꽃문의 경우, 5세기 중엽까지는 집안식 표현과 평양식 표현이 뚜렷이 구별되지만, 5세기 말에 가까워지면 평양식 표현에 집안식 표현이 더해지는 일종의 절충적 양식이 출현한다.[27]_그림 72 집안에서 고집되던 고구려 고유의 점무늬 옷이 평양 지역 고분벽화에 등장하면서 기존의 중국계 복식을 밀어내는 한편, 외견상 보다 세련된 모습을 보이는 점도 5세기 말의 문화 동향과 관련하여 눈길을 끄는 부분이다. 천도 이후, 평양을 중심으로 제반 정치·사회·문화 활동이 진행된 결과가 반세기가 흐른 5세기 말경의 고분벽화에 구체적으로 반영되고 있는 것이다. 이 시기 고분벽화에서 확인되는 이와 같

그림 72_ 쌍영총 널방 천장고임 벽화 : 연꽃

은 변화 양상들을 종합적으로 고려할 때, 5세기의 고구려는 제반 외래 문화를 나름의 방식으로 소화해 내는 데에서 한 걸음 더 나아가 평양을 중심으로 한 고구려적 보편 문화, 곧 범고구려 문화의 창출에까지 이르렀다고 할 수 있다. 정치·사회뿐 아니라 문화적 측면에서도 동북아시아의 패자로서의 위치를 확보하고 있었다는 평가가 가능해지는 것이다. 그러면 제2기 고분벽화를 통해 확인되는 고구려적 보편 문화가 다음 시기에도 확대·발전하는 것일까.

제3기

고분벽화 시기 구분상 제3기는 6세기 중엽에서 7세기 전반에 걸치는 시기이다. 이 시기에는 널방만 있는 외방무덤에 사신이 즐겨 그려진다. 무덤은 모두 뒤로는 산을 지고 앞으로는 들을 내다보는 구릉 기슭에 남향으로 축조된다. 평양과 안악 지역의 제3기 벽화고분으로 대표적인 것은 진파리 4호분, 내리 1호분, 강서대묘, 강서중묘 등이며, 집안 지역의 벽화고분으로는 통구사신총, 오회분 5호묘, 오회분 4호묘를 꼽을 수 있다. 이 시기 고분벽화의 사신은 널방의 벽면 전체를 차지하는 사실상 유일한 제재로 단순히 하늘별자리가 형상화된 방위신(方位神) 정도가 아닌 죽은 자의 세계를 지켜 주는 우주적 수호신이다.[28]

평양 지역 고분벽화에서 사신은 6세기 남조 미술의 영향을 짙게 담은 진파리 1호분, 진파리 4호분의 단계를 지나면 배경 표현을 가능한 한 배제한 상태에서 묘사되는 경향을 보인다. 반면, 집안 지역 고분벽화에서는 사신이 복잡하고 화려한 배경 위에 표현되는 경향을 보여 준다. 사신 자체의 표현도 평양 지역이 세부 묘사를 과감히 생략하고 색조의 조화와 동세(動勢)표현을 중시하는 데 비해, 집안 지역은 색채의 강렬한 대비와 치밀한 세부 묘사에 치중한다.[29] 그림 73 두 지역이 똑같이 사신을 벽화의 주제로 삼으면서도 그 표현에서는 서로 차이를 보임을 알 수 있다. 이 시기 평양과 집안 사이에 존재한 문화 풍토와 기질의 차이를 느끼게 하는 부분이다. 이를 보다 구체적으로 살펴보자.

제3기에 속하는 집안 지역 벽화고분 널방 벽면의 사신은 오색 띠로 테두리진 화려한 연속변형귀갑문이나 빠르게 흐르는 구름을 배경으로 삼고 나타난다. 널방 고임과 천장에 그려지는 것은 여러 가지 장식무늬, 부채꼴의 나무들, 해와 달, 별

그림 73_ ① 오회분 5호묘 널방 안벽 벽화 : 현무, ② 강서대묘 널방 안벽 벽화 : 현무

그림 74_ 오회분 5호묘 널방 천장고임 벽화: 해신과 달신

자리, 해신과 달신, 여러 문명신(文明神), 천인(天人)과 상금서수(祥禽瑞獸) 등이다. _그림 74 양식상 이들 고분벽화의 제재들은 중국 북조 및 남조의 영향을 받고 있으며, 제재 구성상 벽화의 주제는 승선(昇仙), 보다 엄밀히 말하면 승선이라는 관념 위에 불교의 화생(化生) 관념이 더해진 상태라고 할 수 있다. 한편, 제3기로 편년되는 평양 지역 벽화고분에서 사신은 앞 시기에는 빠르게 흐르는 구름 등을 배경으로 묘사되다가, 뒤에는 무배경의 벽면 위에 그려지며, 해와 달, 선인과 상금서수류가 고임과 천장에 표현된다. _그림 75 양식상 평양 지역 고분벽화의 제재들은 6세기 중엽까지는 중국 남조의 영향을 상대적으로 강하게 받으나, 그 이후에는 직접적인 영향권에서 일정하게 벗어나고 있다. 제재의 구성상 벽화의 주제는 앞 시기에는 불교적 정토화생관(淨土化生觀)이나, 시간이 흐르면서 정토관(淨土觀)과 선계관(仙界觀)이 혼합된 양상을 보인다.[30] 6세기 중엽을 넘어서면 양식상으로도, 제재 구성상으로도 두 지역이 구분됨을 알 수 있다. 두 지역 고분벽화에 나타나는 이와 같은 차이는 어떤 의미를 지닐까.

먼저 언급할 것은 5세기 말 고분벽화를 통해 짚어 낼 수 있었던 고구려적 보편 문화가 6세기에 들어서면서 구심력을 상실했을 가능성이다. 6세기 전반을 고구려의 단일 중심으로서의 평양 지역의 구심력이 이전에 비해 약화되는 한편, 집안 지역이 천도 이전의 구심력을 다시 회복해 가는 시기로 상정할 수 있는 것이다. 실제 6세기 중엽을 고비로 두 지역 고분벽화가 제재상의 주제를 사신으로 공유하면서도 양식 및 제재 구성에서 적지 않은 차이를 보이게 되는 것은 고구려의 정치·사회적 중심의 이원화가 문화 동향에도 영향을 미친 결과로 이해하게 한다. 귀족 연립이라는 상황이 전개됨으로 말미암아 집안 지역이 다시금 정치·사회의 여러 방면에서 평양에 버금가는 구심력을 지니게 되면서 문화적 중심으로서의

그림 75_ 강서대묘 널방 천장고임 벽화: 선계

위치도 확보할 수 있게 된 것이다. 이 과정을 겪으면서 고구려적 보편 문화가 더 이상 확대·발전할 여지를 잃게 될 뿐 아니라 존립 기반마저 서서히 위축되는 것은 당연한 귀결이라고 하겠다.

다음으로 고구려적 보편 문화 성립의 이념적 전제이기도 했던 불교 신앙이 기존의 입지를 잃어 가고, 그 빈자리를 도교 계통의 신선 신앙이 메워 나갔으며, 그 파장이 고구려 사회의 두 문화 중심에 상이하게 영향을 끼쳤을 가능성을 상정할 수 있다. 6세기 중엽을 전후로 고구려 고분벽화에서 불교적 제재의 비중이 이전에 비해 현저히 떨어지고, 승선적 세계관과 관련한 제재는 주류적 위치를 지니게 된다. 승선적 관념의 표현이 집안 지역에서 상대적으로 강하게 드러나는 현상을 이와 관련된 종교·신앙상의 변동 과정과 분리하여 이해하기는 어렵다. 실제 6세기 중엽의 고구려에서 불교의 입지가 좁아지고 있었음은 승려 혜량(惠亮) 등의 망명 기사로도 미루어 짐작할 수 있다.[31] 한 사회 안에서 특정 종교의 입지가 약화된다면, 그와 관련된 신앙 및 신앙 행위도 영향을 받을 것은 당연하다. 내세 삶과 관련한 관심의 초점이 불교의 정토왕생에서 도교의 선계 승선으로 옮겨지고, 그와 같은 인식상의 변화가 고분벽화에 반영된 것으로 보아야 하는 것이다.

선계 승선에 대한 관심은 고분벽화상으로는 이미 5세기부터 확인되는 것으로 6세기 전반의 정치·사회적 상황의 변화를 겪으면서 새삼 높아진 것으로 이해된다. 아마도 왕권과 밀착하면서 성장했던 불교가 이른바 귀족 연립 정치로의 이행 과정에서 이전의 입지를 상당히 잃게 되고, 주요 귀족 세력들이 5세기 이래의 승선적 세계관 및 중국 남북조에서의 선·불 혼합적 관념의 유행 등에 관심을 기울인 데 원인이 있을 것이다.[32] 다만, 이 과정에서 평양과 집안 지역의 문화적 대응과 결과는 차이를 드러내게 된다. 이것은 천도 이후, 평양이 고구려의 단일 중심으로 부상하여 고구려적 보편 문화를 성립시켰던 반면, 집안은 고구려 제2의 중심으로 다시 자리매김되고 평양 중심 문화의 영향을 받아들이는 입장에 처하게 되었기 때문일 것이다. 6세기 전반의 새로운 상황 아래에서 평양 문화에는 불교의 영향이 서서히 약화되는 동시에 외래 문화의 소화 및 자기화 능력은 일정하게 남게 된 것에 비해, 집안 문화에는 어떤 면에서는 복고적이고, 다른 면에서는 외래적이라고 할 수 있는 도교적 신선 신앙의 영향력이 급속히 높아지고 외래 문화의 소화 능력은 상대적으로 빨리 약화되는 변화가 뒤따랐다면 그 문화적 산물은 상이할 수밖에 없다. 이 시기에 만들어지는 두 지역의 고분벽화는 이러한 문화적 변동의 구체적 증거라고 할 수 있다. 고분벽화 시기 구분상의 제3기에 고구려 사회는 집안과 평양이라는 두 곳의 문화 중심이 남북에 병립하면서 경쟁하는 상황을 맞고 있었던 것이다.

맺으며

고분벽화는 고구려의 정치·사회적 확장 및 발전 과정에 외부로부터 들어온 장의 미술의 한 장르이다. 4세기 이래 고구려가 남과 서로 영역을 크게 확장하고, 이들 새로운 영역에 존재하던 보다 세련되고 다양한 문화를 접한 결과의 하나가 고분벽화라는 새로운 장의 미술의 수용인 것이다. 비록 고구려 자체에서 출발한 것은 아니지만, 고분벽화는 고구려 특유의 역동적이고 자립적인 문화 토양 위에서 고구려 문화의 한 장르로 성장하였다. 특히, 5세기의 고구려는 정치·사회 여러 방면에서 중국의 남북조 및 내륙 아시아와는 구별되는 독자적인 영역을 구축하고 있으면서도 외부 세계와의 사회·문화 교류 통로도 상시적으로 열어 두고 있었다. 때문에 고구려 사회는 새로운 문화 요소의 지속적 유입을 통해 고유의 문화 토양이 척박해지는 상황을 예방할 뿐 아니라 자기 문화의 독자성을 유지하면서도 보편성을 지닌 범고구려적 문화로 발전시켜 나갈 수 있었다. 강인함과 세련됨이 교묘히 어우러진 이 시기의 고분벽화는 5세기 고구려 문화의 이와 같은 전개 및 발전 과정을 가장 구체적으로 드러내 주는 역사 자료라고 할 수 있다.

그러나 6세기 중엽을 고비로 고구려 사회 안에서 정치·사회적 이완 및 분열 현상이 나타나고 국제 정세마저 급격히 변하면서 고구려의 독자적 영역은 와해 조짐을 보인다. 자연 고구려와 외부 세계와의 사회·문화 교류도 상시성을 잃게 되자, 고구려적 보편 문화의 기반도 급격히 좁아진다. 남북 이원화, 남북 병립 현상을 보이는 이 시기 고분벽화의 구성과 표현 방식은 6세기 중엽 이후 고구려 사회 및 문화의 진행 방향과 내용이 어떠한지를 생생하게 전한다. 고분벽화라는 장의 미술의 전개 과정이 당시 사회의 역사·문화적 흐름과 직결되어 있음을 새삼 확인할 수 있다.

미주

1. 다시 누리는 부귀영화

1) 화가 및 고분벽화 수요자의 인식과 표현의 관계에 대해서는 全虎兌, 「고구려 고분벽화 연구론」, 『古文化』 50, 한국대학박물관협회 , 1997 참조.

2) "□□郡信都〔縣〕都鄕□甘里 釋加文佛弟子□□氏鎭仕 位建威將軍〔國〕小大兄左將軍 龍驤將軍遼東太守使持
節東〔夷〕校尉幽州刺史鎭 年七十七薨〔焉〕永樂十八年 太歲在戊申十二月辛酉朔廿五日 乙酉成遷移玉柩周公相
地 孔子擇日武王〔選〕時歲使一 良葬送之〔後〕富及七世子孫 番昌仕宦日遷位至侯王 造欌萬功日煞牛羊酒米粲
不可盡〔掃〕且食鹽〔豉〕食一椋記 〔之〕〔後〕世寓寄無疆."
묵서명의 판독문은 盧泰敦·徐永大, 「墨書銘: 德興里古墳 墨書銘」, 『譯註 韓國古代今昔文』(韓國古代社會
研究所 編) 第1卷(高句麗·百濟·樂浪篇), 1992]을 기준으로 삼았다.

3) 孔錫龜, 「德興里 壁畵古墳 被葬者의 國籍問題」, 『韓國上古史學報』 22, 1996; 李仁哲, 「德興里壁畵古墳의
墨書銘을 통해 본 高句麗의 幽州經營」, 『歷史學報』 158, 1998.

4) 손영종, 「덕흥리벽화무덤의 주인공의 국적 문제에 대하여」, 『력사과학』 1987-1, 1987.

5) 康捷, 「朝鮮德興里壁畵墓及其有關問題」, 『博物館研究』 1986年 1期, 1986(松田昌治 日譯, 「朝鮮德興里壁畵
古墳の諸問題」, 『考古學の世界』 5, 1986).

6) 武田幸男, 「德興里壁畵古墳の被葬者の出自と經歷」, 『朝鮮學報』 130, 1989.

7) "奮威將軍燕郡太守, 范陽內史, 魚陽太守, 上谷太守, 廣寧太守, 代郡內史, (北平)太守, 遼西太□, 昌黎太守, 遼東
太守, 玄菟太守, 濼浪太守, 帶方太守"

8) 全虎兌, 「고구려 고분벽화의 문화사적 위치」, 『한국 미술의 자생성』, 한길사, 1999.

9) 全德在, 『新羅六部體制研究』, 一潮閣, 1996.

10) 蔡雄錫, 『高麗時代의 國家와 地方社會-'本貫制'의 施行과 地方支配秩序』, 서울대학교 출판부, 2000.

11) 全虎兒, 「高句麗 古墳壁畵 硏究史」, 『高句麗硏究』 4, 고구려연구회, 1997.

12) 도유호, 「안악에서 발견된 고구려 고분들」, 『문화유물』 1, 1949(李啓烈 中譯, 「在朝鮮安岳發現的一二高句麗古墳」, 『文物參考資料』 1952-1, 1952); 학계 소식, 「기양 관개 지구에서 새로 발견된 고구려 벽화고분」, 『문화유산』 1958년 4기, 1958; 황욱, 「안악 제3호분 발굴 보고」, 『유적 발굴 보고』(과학원 고고학 및 민속학 연구소) 3, 과학원출판사, 1958.

13) "永和十三年卅月戊子朔十六日 癸丑使持節都督諸軍事 平東將軍護撫夷校尉樂浪 相昌黎玄兎帶方太守都 □□ 幽州遼東平郭 縣都鄕敬上里冬壽字 □安年六十九薨官."

14) 이에 대한 연구사적 정리로는 孔錫龜, 「安岳3號墳의 墨書銘에 대한 考察」, 『歷史學報』 121, 1989; 全虎兒, 「역사의 블랙홀, 동수 묘지」, 『고대로부터의 통신』(한국역사연구회 고대사분과), 푸른역사, 2004)이 있다.

15) 全虎兒, 「고구려 고분벽화의 문화사적 위치」, 『한국 미술의 자생성』, 한길사, 1999.

16) 『日本書紀』 권18 「欽明記」 14년 10월조.

17) 『日本書紀』 권18 「欽明記」 15년 12월조.

18) 黑田源次, 「輯安古墳發掘に關する調査」, 『滿洲史學』 1卷 2號, 1938; 黑田源次, 「輯安高句麗時代の古墳調査」, 『滿洲史學』 1卷 3號, 1938; 黑田源次, 「輯安古墳壁畵模寫開始」, 『滿洲史學』 2卷 2號, 1939; 黑田源次, 「輯安十二號墓の保存可能と存る」, 『滿洲史學』 2卷 2號, 1939; 王承禮·韓淑華, 「吉林輯安通溝第十二號高句麗墓」, 『考古』 1964年 2期, 1964(崔茂藏 韓譯, 『增補 高句麗.渤海文化-中國考古學者의 發掘報告書』, 集文堂, 1985).

19) 王承禮·韓淑華, 「吉林輯安通溝第十二號高句麗墓」, 『考古』 1964年 2期, 1964.

20) 『삼국사기』 권45 「열전」 5, 溫達.

21) 全虎兒, 「회화」, 『한국사』 8(삼국의 문화), 국사편찬위원회, 1998.

22) 이에 대해서는 徐永大, 「『三國史記』와 原始宗教」, 『歷史學報』 105, 1985가 참고된다.

23) 『東國李相國集』 引 「東明王篇」 註釋.

24) 이와 관련하여 사슴의 뿔이 宇宙樹를 상징하는 것과 관련이 깊다고 보는 견해가 참고된다(김열규, 『한국의 신화』, 일조각, 1976).

25) 김종혁, 「수산리 고구려 벽화무덤 발굴 중간 보고」, 『고고학 자료집』(과학원 고고학 및 민속학 연구소) 4, 사회과학출판사, 1974.

26) 全虎兒, 「고구려 고분벽화에 나타난 하늘연꽃」, 『美術資料』 46, 국립중앙박물관, 1990.

27) 고구려 고분벽화 속의 교예도에 대한 종합적인 연구로는 주재걸, 「벽화무덤을 통하여 본 고구려의 교

예」, 『력사과학』 1983-2, 1983이 있다.

28) 「조선일보」 2001년 10월 4일자 1면(2000년 5월 및 8월에 발생한 것으로 전하는 집안 삼실총 및 장천 1호분 벽화 도난 사건에 대해 현지 취재 보도 형식으로 언급).

29) 중국 교예에 대한 서역의 영향에 대해서는 傅起鳳·傅騰龍, 『中國雜技史』, 上海人民出版社, 1989 참조.

30) 『舊唐書』 권220 「高麗傳」; 온돌의 기원에 대한 고전적인 정리로는 손진태, 「溫突文化傳播考」, 『新民』 3-4(24), 1927; 손진태, 「朝鮮溫突考」, 『鄕土研究』 5-6·7, 1931이 있다. 북한 학계에서는 고조선 시대부터 온돌이 개발된 것으로 보고 있다(리화선, 『조선 건축사』 1, 과학백과사전종합출판사, 1989).

31) 전호태, 『고분벽화로 본 고구려 이야기』, 풀빛, 1999.

32) 전주농, 「태성리 저수지 건설장에서 발견된 유적 정리에 대한 개보」 (1)(2), 『문화유산』 1958년 2·3기, 1958; 채희국, 「Ⅷ. 석실묘」, 『태성리고분군 발굴보고』(『유적 발굴 보고』 5, 과학원 고고학 및 민속학 연구소), 과학출판사, 1959.

33) 陳增弼, 「漢·魏·晋 獨坐式小榻初論」, 『文物』 1979年 9期, 1979.

34) 리화선, 『조선 건축사』 1, 과학백과사전종합출판사, 1989; 한인호, 『조선 중세 건축 유적 연구』(삼국편), 사회과학출판사, 1995.

35) 趙明濟·李喜洙·朴胤成, 『韓國의 에너지·動力技術發達史』, 학연문화사, 1996.

36) 谷井濟一, 「高句麗時代 雙楹塚-口繪解說」, 『考古學雜誌』 4卷 10號, 1914; 關野貞, 「平壤附近に於ける高句麗時代の墳墓」, 『建築雜誌』 28-326號, 1914(『朝鮮の建築と藝術』, 東京: 岩波書店, 1941, pp.279~294); 朝鮮總督府, 『朝鮮古蹟圖譜』 二, 名著出版社(關野貞外), 1915, pl.527~581; 關野貞, 「平壤附近に於ける高句麗時代の墳墓及繪畵」, 『國華』 327號, 1917; 關野貞, 「平安南道大同郡,順川郡及龍崗郡古蹟調査報告」, 『大正五年度古蹟調査報告』, 1918; 李王職 發行, 『朝鮮古墳壁畵集』, 1916, pl.91~103; 조선유적유물도감 편찬위원회, 『조선유적유물도감』 6(고구려편 4), 외국문종합출판사, 1990, pl.161~184.

37) 申東河, 「高句麗의 寺院造成과 그 意味」, 『韓國史論』 19, 서울대 국사학과, 1988.

38) 전호태, 「고구려 고분벽화의 문화사적 위치」, 『한국 미술의 자생성』, 한길사, 1998.

39) 『舊唐書』 권220 「高麗傳」.

40) 과학원 고고학 및 민속학 연구소, 「평안남도 순천군 룡봉리 료동성총 조사보고」, 『대동강 류역 고분 발굴 보고』(『고고학 자료집』 1), 과학원출판사, 1958, pp.4~9, pl.1~10(道生 中譯, 『考古』, 1960年 1期, 1960); 조선유적유물도감 편찬위원회, 『조선유적유물도감』 6(고구려편 4), 외국문종합출판사, 1990, pl.370~373.

41) 金元龍, 『韓國壁畵古墳』, 一志社, 1980.

42) 『삼국유사』 권3 「塔像」 4, 遼東城育王塔條.

43) 본래 8각 기단의 7층 목탑이었을 것으로 보이는 평양 금강사탑의 높이가 61.25m, 8각 기단의 5층 목
탑으로 여겨지는 평양 정릉사탑의 높이가 40m였을 것으로 추정됨을 고려하면(리화선, 『조선 건축
사』, 과학백과사전종합출판사, 1989) 요동성탑의 규모와 위용도 어느 정도는 짐작할 수 있을 듯하다.

44) 리화선, 『조선 건축사』, 과학백과사전종합출판사, 1989 ; 문화재연구소 편, 『황룡사 유적 발굴 조사
보고서』 1, 문화재관리국, 1984.

45) 국립부여문화재연구소, 『미륵사지 유적 발굴 조사 보고서』 2, 1996.

46) 『舊唐書』 권220 「高麗傳」.

47) 전호태, 「요양 위·진 고분벽화 연구」, 『미술자료』 62, 국립중앙박물관, 1999.

48) 전주농, 「전동명왕릉 부근 벽화무덤」, 『각지 유적 정리 보고』(과학원 고고학 및 민속학 연구소, 『고고
학 자료집』 3, 과학원출판사, 1963, pp.171~188, pl.97~103) ; 김일성종합대학, 『동명왕릉과 그 부
근의 고구려 유적』, 김일성종합대학출판사, 1976(呂南喆·金洪圭 日譯, 『5世紀の高句麗文化』, 雄山閣,
1985) ; 朝鮮畵報社 編, 『高句麗古墳壁畵』, 東京 : 講談社, 1985, pl.166~176 ; 조선유적유물도감 편찬위
원회, 『조선유적유물도감』 6(고구려편 4), 외국문종합출판사, 1990, pl.247~268 ; 小泉顯夫, 「中和眞
坡里古墳群の調査」, 『朝鮮古代遺蹟の遍歷』, 六興出版社, 1986.

49) 全虎兒, 「高句麗 角抵塚 壁畵硏究」, 『美術資料』 57, 국립중앙박물관, 1996.

50) 全虎兒, 「고구려 장천 1호분 벽화의 서역계 인물」, 『울산사학』 6, 1993.

51) 전호태, 「고구려 고분벽화 연구론」, 『古文化』 50, 한국대학박물관협회, 1997.

52) 全虎兒, 「高句麗 角抵塚 壁畵硏究」, 『美術資料』 57, 국립중앙박물관, 1996.

2. 신과의 만남

1) 대한제국 말기 강서삼묘가 여러 차례 외부 사람들의 손길을 탔던 경위에 대해서는 최근 발표된 무乙
女雅博, 「일본에 있는 고구려 고분벽화 모사(模寫)-초기 연구의 재평가」(서울대학교 박물관 주최 국
제학술 심포지엄, 『요령 지역의 고대 문화』, 2001.10.9)에 상세히 수록되어 있다. 이외에 전호태, 「고
구려 고분벽화-강서대묘 벽화의 현무를 중심으로」, 『한국사 시민강좌』 25, 1997 ; 강서대묘와 강서
중묘의 조사 주체와 연도에 대한 진술은 필자 및 기록에 따라 편차가 있다.

2) 『說文解字』卷13, 龜條 ; 『博物志』物性篇.

3) 이에 대한 전반적인 정리로는 全虎兒, 「고구려의 五行信仰과 四神圖」, 『國史館論叢』48, 국사편찬위원회, 1993 참조.

4) 關野貞, 「朝鮮江西に於ける高句麗時代の古墳」, 『考古學雜誌』3卷 8號, 1913 ; 〔消息〕, 「江西遇賢里第一塚玄室壁畵(附圖說明)」, 『建築雜誌』314號, 1913 ; 關野貞, 「平壤附近に於ける高句麗時代の墳墓」, 『建築雜誌』326號, 1914 (『朝鮮の建築と藝術』, 東京:岩波書店 재수록, 1941) ; 朝鮮總督府, 『朝鮮古蹟圖譜』一, 名著出版社(關野貞 外), 1916, pl.41~54 ; 朝鮮畵報社 編, 『高句麗古墳壁畵』, 1985, pl.185~200 ; 조선유적유물도감 편찬위원회, 『조선유적유물도감』6(고구려편 4), 1990, pl.352~369.

5) 全虎兒, 「고구려 고분벽화-강서대묘의 현무도를 중심으로」, 『한국사 시민강좌』23, 일조각, 1998.

6) 『三國志』권30, 「魏書」오환선비·동이전 제30 '예'.

7) 해방 이전의 벽화 모사에 대해서는 早乙女雅博, 「일본에 있는 고구려 고분벽화 모사(模寫)-초기 연구의 재평가」(서울대학교 박물관 주최 국제학술 심포지엄, 『요령 지역의 고대 문화』, 2001.10.9) 참조.

8) 關野貞, 「朝鮮江西に於ける高句麗時代の古墳」, 『考古學雜誌』3卷 8號, 1913 ; 〔消息〕, 「朝鮮江西古墳壁畵模寫の御覽」, 『考古學雜誌』3卷 12號, 1913 ; 關野貞, 「平壤附近に於ける高句麗時代の墳墓」, 『建築雜誌』28-326號, 1914(『朝鮮の建築と藝術』, 東京:岩波書店, 1941) ; 朝鮮總督府, 『朝鮮古蹟圖譜』二, 名著出版社(關野貞 外), 1915, pp.630~645 ; 李王職 發行, 『朝鮮古墳壁畵集』, 1916, pl.41~54 ; 朝鮮畵報社 編, 『高句麗古墳壁畵』, 東京:講談社, 1985, pl.177~184 ; 조선유적유물도감 편찬위원회, 『조선유적유물도감』6(고구려편 4), 외국문종합출판사, 1990.

9) 全虎兒, 「고구려의 五行信仰과 四神圖」, 『國史館論叢』48, 국사편찬위원회, 1993.

10) 全虎兒, 「고구려의 五行信仰과 四神圖」, 『國史館論叢』48, 국사편찬위원회, 1993.

11) 東潮, 『高句麗考古學研究』, 吉川弘文館, 1997.

12) 朝鮮總督府, 『大正五年度古蹟調査報告』, 1917, pp.690~763 ; 關野貞, 「平壤附近に於ける高句麗時代の墳墓及繪畵」, 『國華』327號, 1917 ; 朝鮮總督府, 『高句麗時代之遺蹟』圖版 下卷(古蹟調査特別報告 第五冊), 1930, pl.546~569 ; 小場恒吉·有光敎一, 「大同郡高句麗古墳の調査」, 『昭和十一年度古蹟調査報告』(朝鮮總督府, 朝鮮古蹟研究會 刊), 1937 ; 朝鮮畵報社 編, 『高句麗古墳壁畵』, 東京:講談社, 1985, pl.160~165 ; 조선유적유물도감 편찬위원회, 『조선유적유물도감』6(고구려편 4), 외국문종합출판사, 1990, pl.232~240.

13) 『博物志』「物性篇」.

14) 全虎兒, 「漢~唐 四神圖 研究」, 『省谷論叢』31, 성곡학술문화재단, 2000.

15) 『삼국사기』 권17 「고구려본기」 5, 美川王條.

16) 『삼국사기』 권17 「고구려본기」 5, 烽上王條.

17) 『삼국사기』 권45 「열전」 5, 溫達.

18) 『삼국사기』 권20 「고구려본기」 8, 營留王條; 『삼국사기』 권49 「열전」 9, 蓋蘇文.

19) 이에 대해서는 全虎兌, 「고구려 고분벽화의 해와 달」, 『美術資料』 50, 국립중앙박물관, 1992참조.

20) 全虎兌, 「漢-唐代 古墳의 日像·月像」, 『美術資料』 48, 국립중앙박물관, 1991.

21) 吉林省博物館(李殿福·方起東), 「吉林輯安五盔墳四號和五號墓淸理略記」, 『考古』 1964年 2期, 1964; 吉林省文物工作隊(李殿福), 「吉林集安五盔墳四號墓」, 『考古學報』 1984年 1期, 1984; 조선유적유물도감 편찬위원회, 『조선유적유물도감』6(고구려편4), 1990, pl.287~307.

22) 關野貞, 「朝鮮平壤附近の樂浪高句麗及ひ支那輯安縣附近の高句麗遺蹟」, 『朝鮮及滿洲』 78, 1914; 關野貞, 「滿洲輯安縣及び平壤附近に於ける高句麗時代の遺蹟」(一), 『考古學雜誌』 5卷 3號, 1914; 朝鮮總督府, 『朝鮮古蹟圖譜』 二, 名著出版社(關野貞 外), 1915; 吉林省博物館(李殿福·方起東), 「吉林輯安五盔墳四號和五號墓淸理略記」, 『考古』 1964年 2期; 梅原末治·藤田亮策 編, 『朝鮮古文化綜鑑』 卷四, 養德社, 1966; 조선유적유물도감 편찬위원회, 『조선유적유물도감』 6(고구려편 4), 외국문종합출판사, 1990, pl.308~330.

23) 정재서, 『不死의 신화와 사상』, 민음사, 1995.

24) 劉城淮, 『中國上古神話』, 上海文藝出版社, 1988.

25) 鄭在書, 「高句麗古墳壁畵에 보이는 神話·道敎的 題材에 대한 새로운 인식-중국과 주변 문화와의 관계성을 중심으로」, 『白山學報』 50, 1996.

26) 전호태, 「고구려 삼실총 벽화 연구」, 『역사와 현실』 44, 한국역사연구회, 2001.

27) 『藝文類聚』 卷11 引 『帝王世紀』; 『列子』 「黃帝」.

28) 『世宗實錄』 「地理志」 平壤.

29) 全虎兌, 「고구려 고분벽화의 해와 달」, 『美術資料』 50, 국립중앙박물관, 1992.

30) 『三國志』 권30, 「魏書」 오환선비·동이전 제30 부여.

31) 『삼국사기』 권23 「백제본기」 1, 始祖 溫祚王條.

32) 『周書』 「異域列傳」 高麗; 『北史』 「列傳」 高麗.

33) 전호태, 「요양 위·진 고분벽화 연구」, 『미술자료』 62, 국립중앙박물관, 1999.

34) 『삼국유사』 권1 「紀異」 1, 第四 脫解王.

35) 『三國志』 권30, 「魏書」 오환선비·동이전 제30 '한'.

36) 『山海經』「海內經」.

37) 『管子』「地數」; 『太平御覽』卷78 引 『龍魚河圖』; 『述異記』.

38) 金泰植, 『伽倻聯盟史』, 一潮閣, 1993.

39) 『삼국사기』 권18 「고구려본기」 6, 소수림왕 2년.

40) 화북 호족 국가들에 끼친 불교의 제반 영향력에 대한 글로는 塚本善隆, 「華北豪族國家の佛教興隆」, 『中國佛教通史』 卷1, 東京: 春秋社, 1979가 있다.

41) 도유호, 「안악에서 발견된 고구려, 고분들」, 『문화유물』 1, 1952(李啓烈 中譯, 「在朝鮮安岳發現的一二高句麗古墳」, 『文物參考資料』 1952-1); 학계 소식: 「기양 관개 지구에서 새로 발견된 고구려 벽화고분」, 『문화유산』 1958-4, 1958; 채병서, 『안악 제1·2호분 발굴 보고』(『유적발굴보고』 4, 과학원 고고학 및 민속학 연구소), 과학원출판사, 1958.

42) 全虎兌, 「古墳壁畵로 본 高句麗人의 神仙信仰」, 『新羅文化』 17·18합집, 동국대학교 신라문화연구소, 2000.

43) 吉林省文物工作隊·集安縣文物保管所(陳相偉·方起東), 「集安長川一號壁畵墓」, 『東北考古與歷史』 1輯, 1982; 조선유적유물도감 편찬위원회, 『조선유적유물도감』 6(고구려편 4), 외국문종합출판사, 1990, pl.91~112.

44) 全虎兌, 「5세기 高句麗 古墳壁畵에 나타난 佛敎的 來世觀」, 『韓國史論』 21, 서울대 국사학과, 1989.

45) 全虎兌, 「고구려 고분벽화에 나타난 하늘연꽃」, 『美術資料』 46, 국립중앙박물관, 1990.

46) 전주농, 「전동명왕릉 부근 벽화무덤」, 『각지 유적 정리 보고』(과학원 고고학 및 민속학 연구소, 『고고학 자료집』 3, 과학원출판사, 1963, pp.171~188, pl.90~96): 김일성종합대학, 『동명왕릉과 그 부근의 고구려 유적』, 김일성종합대학출판사, 1976(呂南喆·金洪圭 日譯, 『5世紀の高句麗文化』, 雄山閣, 1985); 朝鮮畵報社 編, 『高句麗古墳壁畵』, 東京: 講談社, 1985, pl.152~159; 조선유적유물도감 편찬위원회, 『조선유적유물도감』 6(고구려편 4)9외국문종합출판사, 1990, pl.214~231; 小泉顯夫, 「中和眞坡里古墳群の調査」, 『朝鮮古代遺蹟の遍歷』, 六興出版社, 1986.

47) 진파리 4호분 널방 천장석 별자리에 대한 최근의 정리로는 김일권, 「고구려 고분벽화의 별자리 그림 考定」, 『白山學報』 47, 1997; 리준걸, 「고구려 고분벽화를 통해 본 고구려의 천문학 발전에 관한 연구-덕화리 2호무덤과 진파리 4호무덤의 별자리 그림을 위주로」, 『高句麗研究』 4, 고구려연구회, 1997이 있다.

48) 吉村怜, 「南朝天人圖像の北朝及び周邊諸國への傳播」, 『佛敎藝術』 159號, 1985; 전호태, 「고구려 고분벽화에 나타난 하늘연꽃」, 『美術資料』 46, 국립중앙박물관, 1990.

49) 전호태, 「무령왕릉 출토 유물에 보이는 도안」, 『백제 무령왕릉』(국립공주박물관), 2001.

50) 吉村怜, 「百濟武寧王妃木枕に畫かれた佛敎圖象について」, 『美術史硏究』14, 1977.

51) 조선유적유물도감 편찬위원회, 『조선유적유물도감』6(고구려편 4), 외국문종합출판사, 1990.

3. 하늘세계의 모습과 삶

1) 池內宏·梅原末治, 『通溝』卷下(日滿文化協會), 1940; 池內宏·梅原末治, 「滿洲國通化省輯安縣に於ける高句麗の壁畵墳」, 『考古學雜誌』30卷 9號, 1940.

2) 全虎兒, 「고구려 角抵塚 壁畵硏究」, 『美術資料』57, 국립중앙박물관, 1996.

3) 全虎兒, 「山西 離石 漢墓 畫像의 昇仙圖」, 『美術資料』56, 국립중앙박물관, 1995.

4) 『三國志』권30, 「魏書」 오환선비·동이전 제30 '한'.

5) 『淮南子』「覽冥訓」.

6) 『列子』「湯問」.

7) 전호태, 「고구려 문화와 고분벽화」, 『한국 고대사와 고고학』, 학연문화사, 2000.

8) 전호태, 『고구려 고분벽화 연구』, 사계절출판사, 2000.

9) 關野貞, 「朝鮮平壤附近の樂浪高句麗及ひ支那輯安縣附近の高句麗遺蹟」, 『朝鮮及滿洲』78, 1914; 關野貞, 「滿洲輯安縣及び平壤附近に於ける高句麗時代の遺蹟」(一), 『考古學雜誌』5卷 3號, 1914; 朝鮮總督府, 『朝鮮古蹟圖譜』二, 名著出版社(關野貞 外), 1915; 池內宏·梅原末治, 『通溝』卷下(日滿文化協會), 1940, pp.21~27, pl.47~68; 李殿福, 「集安洞溝三室墓壁畵著錄補正」, 『考古與文物』1981年 3期, 1981(崔茂藏 韓譯, 『增補 高句麗·渤海文化-中國考古學者의 發掘報告書』, 集文堂, 1985; 김정배·유재신 엮음, 엄성흠 한역, 『중국 학계의 고구려사 인식』, 대륙연구소출판부, 1991, pp.123~126; 조선유적유물도감 편찬위원회, 『조선유적유물도감』6(고구려편 4), 외국문종합출판사, 1990, pl.75~90.

10) 전호태, 「고구려 삼실총 벽화 연구」, 『역사와 현실』44, 한국역사연구회, 2001.

11) 全虎兒, 「고구려 장천 1호분 벽화의 서역계 인물」, 『울산사학』6, 1993.

12) 李成九, 「中國 古代의 鳥魚紋과 二元世界觀」, 『울산사학』10, 2001.

13) 나일성, 「'天象列次分野地圖'와 각석 600주년 기념 복원」, 『東方學志』93, 연세대학교 동방학연구소, 1996; 전상운, 「과학기술」, 『한국사』8(삼국의 문화), 국사편찬위원회, 1998.

14) 박창범, 「天象列次分野之圖의 별그림 분석」, 『한국과학사 학회지』제20권 2호, 1998.

15) 허명, 「덕화리에서 발굴된 고구려 벽화무덤」, 『력사과학』 1977-2, 1977; 리준걸, 「덕화리 2호무덤의 별그림에 대하여」, 『력사과학』 1981-1, 1981(日譯, 『古文化談叢』 12, 1983); 문화보존연구소 편집부 편, 『우리나라 역사 유적』 중 벽화고분 각 조항, 과학백과사전출판사, 1983, pp.155~156; 朝鮮畫報社 編, 『高句麗古墳壁畫』, 東京:講談社, 1985, pl.144~151; 조선유적유물도감 편찬위원회, 『조선유적유물도감』 6(고구려편 4), 외국문종합출판사, 1990, pl.205~213.

16) 리용태, 『우리나라 중세 과학기술사』, 과학백과사전종합출판사, 1990.

17) 宮島一彦, 「きとら古墳と東あじあの天文學」, 『東あじあの古代文化』 97, 東京:古代學研究所, 1998; 金一權, 『古代 中國과 韓國의 天文思想 研究-한·당대 제천 의례와 고구려 고분벽화의 천문도를 중심으로』, 서울대학교 박사학위 논문, 1999.

18) 전호태, 「日, 기토라 고분 속 '삼국 문화'」, 『문화일보』 2002년 3월 7일자 6면.

19) 朝鮮總督府, 『朝鮮古蹟圖譜』 二, 名著出版社(關野貞 外), 1915, pl.479~498; 李王職 發行, 『朝鮮古墳壁畫集』, 1916, pl.69~83; 關野貞, 「平壤附近に於ける高句麗時代の墳墓及繪畫」, 『朝鮮の建築と藝術』, 東京:岩波書店, 1941, pp.382~387; 조선유적유물도감 편찬위원회, 『조선유적유물도감』 6(고구려편 4), 외국문종합출판사, 1990, pl.76~92.

20) 全虎兑, 「고구려 龕神塚 壁畫의 西王母」, 『韓國古代史研究』 11, 한국고대사학회, 1997.

21) 곤륜산에 관한 정리는 李錦山, 「西王母題材畫像石及其相關問題」, 『中原文物』 1994年 4期, 국립중앙박물관, 1994; 全虎兑, 「山西 離石 漢墓 畫像의 昇仙圖」, 『美術資料』 56, 국립중앙박물관, 1995 참조.

22) 全虎兑, 「漢 畫像石의 西王母」, 『美術資料』 59, 국립중앙박물관, 1997.

23) 도유호, 「안악에서 발견된 고구려 고분들」, 『문화 유물』 1, 1949(李啓烈 中譯, 「在朝鮮安岳發現的一二高句麗古墳」, 『文物參考資料』 1952-1, 1952); 학계 소식:「기양 관개 지구에서 새로 발견된 고구려 벽화 고분」, 『문화유산』 1958-4, 1958; 채병서, 『안악 제1·2호분 발굴 보고』(『유적발굴보고』 4, 과학원 고고학 및 민속학 연구소), 과학원출판사, 1958.

24) 정재서, 『不死의 신화와 사상』, 민음사, 1995.

25) 李在重, 『麒麟圖像研究』, 대구가톨릭대학교 박사학위 논문, 2000.

26) 『後漢書』 「列傳」 朱樂何列傳, 何敞;『論衡』 「指瑞」.

27) 『帝王韻紀』 下卷.

28) 『山海經』 「中山經」.

29) 谷井濟一, 「高句麗時代 雙楹塚-口繪解說」, 『考古學雜誌』 4卷 10號, 1914; 關野貞, 「平壤附近に於ける高句麗時代の墳墓」, 『建築雜誌』 28-326號, 1914(『朝鮮の建築と藝術』, 東京:岩波書店, 1941, pp.279~294);

朝鮮總督府, 『朝鮮古蹟圖譜』 二, 名著出版社(關野貞 外), 1915, pl.527~581; 關野貞, 「平壤附近に於ける 高句麗時代の墳墓及繪畫」, 『國華』 327號, 1917; 關野貞, 「平安南道大同郡,順川郡及龍崗郡古蹟調査報告」, 『大正五年度古蹟調査報告』, 1918; 李王職 發行, 『朝鮮古墳壁畫集』, 1916, pl.91~103; 조선유적유물도 감 편찬위원회, 『조선유적유물도감』6(고구려편 4), 외국문종합출판사, 1990, pl.161~184.

30) 『管子』 「形勢解」.

31) 『論衡』 「感虛」.

32) 『山海經』 「海內西經」 懿行注.

33) 『天問』 王注引古本 『淮南子』; 『淮南子』 「本經訓」 高注.

34) 『山海經』 「大荒南經」.

35) 『淮南子』 「本經訓」.

36) 『淮南子』 「覽冥訓」.

37) 『淮南子』 「覽冥訓」 高注.

38) 이 부분은 민간에 회자되면서 전해 내려오는 이야기이다. 항아가 달로 달아나 두꺼비가 되었음을 전 하는 짤막한 글은 『張河間集』 「靈憲」에 실려 있다.

39) 池內宏·梅原末治, 『通溝』 卷下, 東京:日滿文化協會, 1940, pp.15~20, pl 35~46; 池內宏·梅原末治, 「滿 洲國通化省輯安縣に於ける高句麗の壁畫墳」, 『考古學雜誌』30卷 9號, 1940; 조선유적유물도감 편찬위 원회, 『조선유적유물도감』6(고구려편 4), 외국문종합출판사, 1990, pl.27~50.

40) 정재서, 『不死의 신화와 사상』, 민음사, 1995, p.209에 소개된 漢代 遊仙詩에 보이는 仙人의 길다란 귀 에 대한 언급도 神仙家에 전해 내려오는 일반적인 관념의 표현이라고 할 수 있다. 선계에서의 선인의 삶의 모습에 대해서는 晋 葛洪의 『神仙傳』 참조.

41) 『삼국사기』 권32 「잡지」 제1 '樂' (玄琴).

42) 『성경』 「사무엘 상」; 『삼국유사』 권2 「紀異」 2, 萬波息笛.

43) 『삼국사기』 권14 「고구려본기」 2, 大武神王 15年條.

44) 『山海經』 「大荒東經」.

45) 『삼국사기』 권32 「雜志」 1, '樂' (伽倻琴).

46) 김용남, 「새로 알려진 덕흥리 고구려 벽화무덤에 대하여」, 『력사과학』 1979-3(日譯, 『統一評論』 175(79.12), 1979; 辛澄惠 日譯, 「新レく發掘された德興里高句麗壁畫古墳について」, 『朝鮮學報』 95, 1980); 박진욱·김종혁·주영헌·장상렬·정찬영, 『덕흥리 고구려 벽화무덤』, 과학백과사전출판사, 1981(朝鮮畫報社 編, 高寬敏 日譯, 『德興里高句麗壁畫古墳』, 東京:講談社, 1986).

47) 이에 대한 정리로는 孔錫龜, 「德興里 壁畵古墳 被葬者의 國籍問題」, 『韓國上古史學報』 22, 1996; 全虎兌,

「고구려는 정말 유주를 지배했는가 - 유주자사 진 묘지」, 『고대로부터의 통신』(한국역사연구회 고대

사분과), 푸른역사, 2003)가 참고된다.

48) 견우와 직녀의 유래, 관련된 풍속 등에 대해서는 全虎兌, 「고구려 고분벽화의 직녀도」, 『역사와 현실』

(한국역사연구회) 38, 2000 참조.

49) 『三國史記』 「新羅本紀」 儒理王 5年條.

4. 새 우주의 어제, 오늘, 내일

1) 朝鮮總督府, 『大正五年度古蹟調査報告』, 1917; 關野貞, 「平壤附近に於ける高句麗時代の墳墓及繪畵」, 『國

華』 327號, 1917; 關野貞, 「順川郡北倉面の八角天井塚に就いて(述)」, 『朝鮮と建築』 4卷 11號, 1925; 朝鮮

總督府, 『高句麗時代之遺蹟』 圖版 下卷(古蹟調査特別報告 第五冊), 1930.

2) 全虎兌, 「고구려 고분벽화에 나타난 하늘연꽃」, 『美術資料』 46, 국립중앙박물관, 1990.

3) 과학원 고고학 및 민속학 연구소, 「평안남도 룡강군 대안리 제1호묘 발굴 보고」, 『대동강 및 재령강 류

역 고분 발굴 보고』(『고고학 자료집』 2), 과학원출판사, 1959, pp.1~10, pl.1~35; 조선유적유물도감

편찬위원회, 『조선유적유물도감』 6(고구려편 4), 외국문종합출판사, 1990, pl.137~160.

4) 타가와 준조 지음, 박도화 옮김, 『돈황 석굴』, 개마고원, 1999, pp.162~163.

5) 전호태, 「고구려 고분벽화와 문화」, 『한국 고대사와 고고학』(학산 김정학 박사 송수 기념논총 간행위

원회 편), 학연문화사, 2000).

6) 池內宏·梅原末治, 『通溝』 卷下(日滿文化協會), pp.37~42, 1940, pl.97~103; 池內宏·梅原末治, 「滿洲國

通化省輯安縣に於ける高句麗の壁畵墳」, 『考古學雜誌』 30卷 9號, 1940; 吉林省文物志編委會 編, 「古墳」,

『集安縣文物志』, 1984, p.127 ; 조선유적유물도감 편찬위원회, 『조선유적유물도감』 6(고구려편 4),

1990, pl.67~74.

7) 고구려에서 불교적 내세관이 자리잡는 과정에 대해서는 全虎兌, 「5세기 高句麗 古墳壁畵에 나타난 佛

敎的 來世觀」, 『韓國史論』(서울대 국사학과) 21, 1989 참조.

8) 關野貞, 「平壤附近に於ける高句麗時代の墳墓及繪畵」, 『國華』 327號, 1917; 朝鮮總督府, 『高句麗時代之遺

蹟』 圖版 下卷(古蹟調査特別報告 第五冊), 1930; 리창언, 「동암리벽화무덤 발굴 보고」, 『조선고고연구』

1988-2, 1988; 리창언, 「동암리벽화무덤의 연대」, 『조선고고연구』 1989-3, 1989.

9) 전호태, 「고구려 문화와 고분벽화」, 『한국 고대사와 고고학』, 학연문화사, 2000.

10) 朝鮮總督府, 『朝鮮古蹟圖譜』 二, 1915, pl.479~481; 李王職 編, 『朝鮮古墳壁畫集』, 1916, pl.69~83을 통해서도 발굴 조사 당시의 정황이 짐작된다.

11) 리창언, 「동암리벽화무덤 발굴 보고」, 『조선고고연구』 1988-2, 1988.

12) 池內宏·梅原末治, 『通溝』 卷下(日滿文化協會), 1940, pp.29~36, pl.69~92; 池內宏·梅原末治, 「滿洲國通化省輯安縣に於ける高句麗の壁畫墳」, 『考古學雜誌』 30卷 9號, 1940; 梅原末治·藤田亮策 編, 『朝鮮古文化綜鑑』 卷Ⅳ, 東京:養德社, 1966, p.10, pl.19~20; 조선유적유물도감 편찬위원회, 『조선유적유물도감』 5(고구려편 3) 외국문종합출판사, 1990, pl.269~286.

13) 阪本祐二, 『蓮』, 1977, pp.71~114 (『ものと人間の文化史』 21卷, 東京: 法政大學出版局).

14) 全虎兌, 「고구려 고분벽화에 나타난 하늘연꽃」, 『美術資料』 46, 국립중앙박물관, 1990.

15) 齊藤菊太郎은 1935년 10월 23일 이 고분이 발견된 뒤, 다음날부터 시작된 조사에 참여하였던 사람이다(池內宏·梅原末治, 『通溝』 卷下, 日滿文化協會, 1940).

16) 全虎兌, 「고구려 고분벽화에 나타난 하늘연꽃」, 『美術資料』 46, 국립중앙박물관, 1990.

17) 『東國李相國集』引 『東明王篇』 註釋.

18) 「廣開土王碑文」.

19) 『삼국사기』 권13 「고구려본기」 1, 琉璃明王 27年條.

20) 『太平御覽』 卷79 引 『尸子』; 『史記』 「天官書」; 『太平御覽』 卷6引 『天文錄』.

21) 『山海經』 「大荒北經」.

22) 『東國李相國集』引 『東明王篇』 註釋.

23) 吉林省博物館(李殿福·方起東), 「吉林輯安五盔墳四號和五號墓淸理略記」, 『考古』 1964年 2期, 1964.

24) 집안 지역 고구려 고분벽화 보존 현황 및 보존과학적 조치에 대한 중국 학자들의 견해는 耿鐵華, 「集安高句麗古墓壁畫及其保護」(集安博物館, 『高句麗硏究文集』, 延邊大學出版社, 1993; 鄭永振 韓譯, 「輯安高句麗 무덤 벽화 및 그 보호」, 『中國境內高句麗遺蹟硏究』, 예하, 1995); 李正平, 「集安高句麗墓室壁畫菌淸除技術報告」, 『博物館硏究』 1991年 1期, 1991; 邇勇, 「高句麗封土墓的保護與管理」, 『高句麗硏究文集』, 1993; 李正平, 「吉林省古墓壁畫保護措施的檢討」, 『博物館硏究』 1996年 1期, 1996 참조.

부록 : 고구려 문화와 고분벽화

1) 필자는 다른 글에서 "고분벽화는 당대 사회의 산물이라는 사실"에서 고분벽화 연구가 시작되어야 함을 논한 적이 있다(전호태, 「고구려 고분벽화 연구론」, 『古文化』 50, 1997).

2) 국가 성립기 고구려 사회의 성장 과정에 대한 근래의 연구로는 朴京哲, 『고구려의 國家形成 연구』(고려대학교 박사학위 논문), 1996 참조.

3) 余昊奎, 「압록강 중류 유역에서 고구려의 국가 형성」, 『역사와 현실』 21, 1996.

4) 김성태, 「고구려의 무기」(1 · 2 · 3), 『文化財』 26 · 27 · 28, 1993; 余昊奎, 위의 논문, 1996.

5) 이에 대한 최근의 정리로는 林起煥, 「4세기 高句麗의 樂浪 · 帶方地域 경영」, 『歷史學報』 147, 1995 및 김미경, 「高句麗의 樂浪 · 帶方地域 進出과 그 支配形態」, 『學林』 17, 1996 참조.

6) 이 시기 고구려의 정치 · 사회 구조의 변동 과정과 내용에 대한 최근의 연구로는 琴鏡淑, 『고구려 前期의 정치제도 연구』(고려대학교 박사학위 논문), 1995; 金賢淑, 『高句麗 地方統治體制 硏究』(경북대학교 박사학위 논문), 1996; 余昊奎, 『1~4세기 고구려 政治體制 연구』(서울대학교 박사학위 논문), 1997 참조.

7) 盧泰敦, 「5~6세기 東아시아의 국제정세와 高句麗의 對外關係」, 『東方學誌』 44, 1984.

8) 盧泰敦, 「5세기 金石文에 보이는 高句麗人의 天下觀」, 『韓國史論』 19, 1988.

9) 4~6세기 고구려의 정치체제 정립 과정에 대한 근래의 연구로는 林起煥, 『고구려 집권체제 성립 과정의 연구』(경희대학교 박사학위 논문), 1995 참조.

10) 全虎兌, 「고구려 장천 1호분 벽화에 보이는 서역계 인물」, 『蔚山史學』 6, 1993.

11) 5세기 고구려 문화의 실체는 아직 충분히 밝혀져 않다. 그러나 5세기의 고구려가 독자의 세력권과 이를 뒷받침하는 천하관을 지니고 있었으며, 이러한 기반 위에 보편성을 띤 문화를 성립시킨 것은 확실하다. 더욱이 이와 같은 문화가 세력권 내 주요 지역에 일정한 정도 영향을 끼치면서 일시적이고 제한적이나마 하나의 문화권을 상정하게 하는 수준으로 나아갔다면, 그 문화의 실체를 '범고구려 문화'로 칭할 수도 있으리라 생각된다.

12) 고구려의 한수 유역 상실은 이 시기 동북아시아에서의 고구려의 지위 변화를 단적으로 드러낸다(盧泰敦, 「高句麗의 漢水流域 喪失의 原因에 대하여」, 『韓國史研究』 13, 1976).

13) 고구려 후기 귀족 연립 정치로의 이행 과정에 대한 최근의 정리로는 윤성용, 「高句麗 貴族會議의 成立 過程과 그 性格」, 『韓國古代史研究』 11, 1997 참조.

14) 林起煥, 앞의 논문, 1995.

15) 全虎兌,「高句麗 後期 四神系 古墳壁畵에 보이는 仙·佛 混合的 來世觀」,『蔚山史學』7, 1997c

16) 이와 같은 흐름에 대한 정리로는 李乃沃,「淵蓋蘇文의 執權과 道敎」,『歷史學報』99·100 합집, 1983 참조.

17) 고구려 벽화고분의 분포와 고분벽화 현황에 대해서는 全虎兌,『고구려 고분벽화 연구』, 사계절출판사, 2000, 참조.

18) 전호태, 앞의 논문『古文化』50, 1997.

19) 이에 대한 최근의 종합적인 정리로는 전호태,「고구려 고분벽화의 문화사적 위치」,『한국미술의 자생성』, 한길사, 1999 참조.

20) 全虎兌, 앞의 책, 2000

21) 全虎兌,「고구려 각저총 벽화 연구」,『美術資料』57, 1996.

22) 全虎兌,「고구려의 五行信仰과 四神圖」,『國史館論叢』48, 1993.

23) 全虎兌,「고구려 고분벽화에 나타난 하늘연꽃」『美術資料』46, 1990.

24) 全虎兌,「5세기 고구려 고분벽화에 나타난 佛敎的 來世觀」,『韓國史論』21, 1989.

25) 全虎兌, 앞의 논문, 1993.

26) 전호태, 앞의 논문,『한국 미술의 자생성』, 한길사, 1999.

27) 全虎兌, 앞의 논문, 1990.

28) 全虎兌, 앞의 책, 2000

29) 全虎兌, 앞의 책, 2000

30) 全虎兌, 앞의 논문, 1997c.

31)『三國史記』『列傳』248 居柒夫傳 및 全虎兌, 앞의 책, 2000 참조.

32) 全虎兌, 앞의 논문, 1997『蔚山史學』.

도판목록

1. 다시 누리는 부귀영화

참고문헌

【사료】

국내

『廣開土王碑文』, 『三國史記』, 『三國遺事』, 『帝王韻紀』, 『東國李相國集』, 『高麗史』, 『世宗實錄』, 『울진봉평비』

국외

『史記』, 『三國志』, 『後漢書』, 『晉書』, 『周書』, 『北史』, 『舊唐書』, 『列子』, 『莊子』, 『管子』, 『天問』, 『論衡』, 『山海經』, 『淮南子』, 『說文解字』, 『博物志』, 『神仙傳』, 『述異記』, 『張河間集』, 『太平御覽』, 『藝文類聚』, 『日本書紀』, 『성경』

【보고서 및 자료집】

한국

국립부여문화재연구소, 『미륵사지 유적 발굴 조사 보고서』 2, 1996.

盧泰敦·徐永大, 「墨書銘:德興里古墳 墨書銘」, 『譯註 韓國古代今昔文』(韓國古代社會研究所 編) 第1卷(高句麗·百濟.樂浪 篇), 1992.

문화재연구소 편, 『황룡사 유적 발굴 조사 보고서』 1, 문화재관리국, 1984.

「조선일보」 2001년 10월 4일자 1면.

북한

김용남, 「새로 알려진 덕흥리 고구려 벽화무덤에 대하여」, 『력사과학』, 1979-3(日譯, 『統一評論』 175, 1979.12 ; 辛澄惠 日譯, 「新レく發掘された德興里高句麗壁畵古墳について」, 『朝鮮學報』 95, 1980).

김일성종합대학, 『동명왕릉과 그 부근의 고구려 유적』, 김일성종합대학출판사, 1976(呂南喆·金洪圭 日譯, 『5世紀の高句麗文化』, 雄山閣, 1985).

김종혁, 「수산리 고구려 벽화무덤 발굴 중간 보고」, 『고고학자료집』(과학원 고고학 및 민속학 연구소) 4, 사회과학출판사, 1974.

과학원 고고학 및 민속학 연구소, 「평안남도 순천군 룡봉리 료동성총 조사 보고」, 『대동강 류역 고분 발굴 보고』(『고고학자료집』 1), 과학원출판사, 1958(道生 中譯, 『考古』 1960年 1期).

과학원 고고학 및 민속학 연구소, 「평안남도 룡강군 대안리 제1호묘 발굴 보고」, 『대동강 및 재령강 류역 고분 발굴 보고』(『고고학자료집』 2), 과학원출판사, 1959.

도유호, 「안악에서 발견된 고구려 고분들」, 『문화유물』 1, 1949(李啓烈 中譯, 「在朝鮮安岳發現的一二高句麗古墳」, 『文物參考資料』 1952-1).

리창언, 「동암리 벽화무덤 발굴 보고」, 『조선고고연구』 1988-2.

문화보존연구소 편집부 편, 『우리나라 역사 유적』, 1983.

박진욱·김종혁·주영헌·장상렬·정찬영,, 『덕흥리 고구려 벽화무덤』, 과학백과사전출판사, 1981(朝鮮畵報社 編, 高寬敏 日譯, 『德興里高句麗壁畵古墳』, 講談社, 1986).

전주농, 「태성리 저수지 건설장에서 발견된 유적정리에 대한 개보」(1), 『문화유산』 1958년 2기.

전주농, 「태성리 저수지 건설장에서 발견된 유적정리에 대한 개보」(2), 『문화유산』 1958년 3기.

전주농, 「황해남도 안악군 복사리 벽화무덤」, 『각지 유적 정리 보고』(과학원 고고학 및 민속학 연구소, 『고고학자료집』 3), 과학원출판사, 1963.

전주농, 「전동명왕릉 부근 벽화무덤」, 『각지 유적 정리 보고』(과학원 고고학 및 민속학 연구소, 『고고학자료집』 3), 과학원출판사, 1963; 朝鮮畵報社 編, 『高句麗古墳壁畵』, 東京:講談社, 1985.

채병서, 『안악 제1·2호분 발굴 보고』(과학원 고고학 및 민속학 연구소, 『유적발굴보고』 4), 과학원출판사, 1958.

채희국, 「Ⅷ.석실묘」『태성리고분군 발굴 보고』(과학원 고고학 및 민속학 연구소, 『유적 발굴 보고』 5), 과학출판사, 1959.

학계소식, 「기양관개지구에서 새로 발견된 고구려 벽화고분」, 『문화유산』 1958년 4기.

허명, 「덕화리에서 발굴된 고구려 벽화무덤」, 『력사과학』 1977-2.

황욱, 『안악 제3호분 발굴 보고』(과학원 고고학 및 민속학 연구소, 『유적 발굴 보고』 3), 과학원출판사, 1958

중국

吉林省文物工作隊·集安縣文物保管所(陳相偉·方起東), 「集安長川一號壁畫墓」, 『東北考古與歷史』 1輯, 1982.

吉林省文物工作隊(李殿福), 「吉林集安五塊墳四號墓」, 『考古學報』, 1984年 1期.

吉林省文物志編委會 編, 『集安縣文物志』, 1984.

吉林省博物館(李殿福·方起東), 「吉林輯安五塊墳四號和五號墓淸理略記」, 『考古』 1964年 2期.

吉林省博物館輯安考古隊(方起東), 「吉林輯安麻線溝一號壁畫墓」, 『考古』 1964年 10期(姜仁求 韓譯, 『百濟文化』 1, 1980).

李殿福, 「集安洞溝三室墓壁畫著錄補正」, 『考古與文物』 1981年 3期(崔茂藏 韓譯, 『增補 高句麗.渤海文化-中國考古學者의 發掘報告書-』, 集文堂, 1985 ; 김정배·유재신 엮음, 엄성흠 한역, 『중국학계의 고구려사 인식』, 대륙연구소출판부, 1991).

李正平, 「集安高句麗墓室壁畫 菌淸除技術報告」, 『博物館研究』 1991年 1期.

王承禮·韓淑華, 「吉林輯安通溝第十二號高句麗墓」, 『考古』 1964年 2期(崔茂藏 韓譯, 『增補 高句麗.渤海文化-中國考古學者의 發掘報告書-』, 集文堂, 1985).

일본

谷井濟一, 「高句麗時代 雙楹塚-口繪解說」, 『考古學雜誌』 4卷 10號, 1914.

關野 貞, 「朝鮮江西에 於ける 高句麗時代의 古墳」, 『考古學雜誌』 3卷 8號, 1913.

關野 貞, 「平壤附近에 於ける 高句麗時代의 墳墓」, 『建築雜誌』 326號, 1914 (『朝鮮の建築と藝術』, 東京：岩波書店, 1941 재수록).

關野 貞, 「朝鮮平壤附近의 樂浪高句麗及ひ 支那輯安縣附近의 高句麗遺蹟」, 『朝鮮及滿洲』 78, 1914.

關野 貞, 「滿洲輯安縣及び平壤附近에 於ける 高句麗時代의 遺蹟」(一) 『考古學雜誌』 5卷 3號, 1914.

關野 貞, 「平壤附近에 於ける 高句麗時代의 墳墓及繪畫」, 『國華』 327號, 1917.

關野 貞, 「平安南道大同郡.順川郡及龍崗郡古蹟調査報告」, 『大正五年度古蹟調査報告』, 1918.

關野 貞, 「順川郡北倉面의 八角天井塚에 就いて(述)」, 『朝鮮と建築』 4卷 11號, 1925.

關野 貞, 「平壤附近에 於ける 高句麗時代의 墳墓及繪畫」, 『朝鮮の建築と藝術』, 東京：岩波書店, 1941.

梅原末治·藤田亮策 編, 『朝鮮古文化綜鑑』 卷四, 養德社, 1966.

「消息」, 「江西遇賢里第一塚玄室壁畫(附圖說明)」, 『建築雜誌』 314號, 1913.

「消息」, 「朝鮮江西古墳壁畫模寫の御覽」, 『考古學雜誌』 3卷 12號, 1913.

小場恒吉·有光敎一, 「大同郡高句麗古墳의 調査」, 『昭和十一年度古蹟調査報告』(朝鮮總督府, 朝鮮古蹟研究會),

1937.

小泉顯夫,「中和眞坡里古墳群の調査」,『朝鮮古代遺蹟の遍歷』, 六興出版社, 1986.

朝鮮總督府,『朝鮮古蹟圖譜』 二, 名著出版社(關野貞外), 1916.

朝鮮總督府,『大正五年度古蹟調査報告』, 1917.

朝鮮總督府,『高句麗時代之遺蹟』 圖版 下卷(古蹟調査特別報告 第五冊), 1930.

池內 宏·梅原末治,「滿洲國通化省輯安縣に於ける高句麗の壁畫墳」,『考古學雜誌』30卷 9號, 1940.

池內 宏·梅原末治,『通溝』(日滿文化協會) 卷下, 1940 ; 黑田源次,「輯安古墳發掘に關する調査」,『滿洲史學』1 卷 2號, 1938.

黑田源次,「輯安高句麗時代の古墳調査」,『滿洲史學』1卷 3號, 1938.

黑田源次,「輯安古墳壁畫模寫開始」,『滿洲史學』2卷 2號, 1939.

黑田源次,「輯安十二號墓の保存可能と存る」,『滿洲史學』2卷 2號, 1939.

【도록】

조선유적유물도감편찬위원회 편,『조선유적유물도감』6(고구려편 4), 1990.

朝鮮畵報社 編,『高句麗古墳壁畫』, 1985.

【논저】

1.저서

한국

金一權,『古代 中國과 韓國의 天文思想 硏究-한당대 제천의례와 고구려 고분벽화의 천문도를 중심으로-』, 서울대학교 박사학위논문, 1999.

김열규,『한국의 신화』, 일조각, 1976.

金元龍,『韓國壁畫古墳』, 一志社, 1980.

金泰植,『伽倻聯盟史』, 一潮閣, 1993.

李在重,『麒麟圖像硏究』, 대구카톨릭대학교 박사학위논문, 2000.

全德在,『新羅六部體制硏究』, 一潮閣, 1996.

전호태,『고분벽화로 본 고구려 이야기』, 풀빛, 1999.

전호태,『고구려 고분벽화 연구』, 사계절, 2000.

정재서,『不死의 신화와 사상』, 민음사, 1995.

趙明濟·李喜洙·朴胤成,『韓國의 에너지·動力技術發達史』, 학연문화사, 1996.

蔡雄錫,『高麗時代의 國家와 地方社會-本貫制의 施行과 地方支配秩序-』, 서울대학교출판부, 2000.

북한

리용태,『우리나라 중세과학기술사』, 과학백과사전종합출판사, 1990.

리화선,『조선건축사』, 과학백과사전종합출판사, 1989.

사회과학원 고고학연구소,『고구려문화』, 사회과학출판사, 1975.

한인호,『조선중세건축유적연구』(삼국편), 사회과학출판사, 1995.

중국

傅起鳳·傅騰龍,『中國雜技史』, 上海人民出版社, 1989.

劉城淮,『中國上古神話』, 上海文藝出版社, 1988.

일본

東　潮,『高句麗考古學硏究』, 吉川弘文館, 1997.

타가와 준조 지음, 박도화 옮김,『돈황석굴』, 개마고원, 1999.

阪本祐二,『蓮』(『ものと人間の文化史』21卷), pp. 71~114,　東京 法政大學出版局, 1977.

2. 논문

한국

孔錫龜,「安岳3號墳의 墨書銘에 대한 考察」,『歷史學報』121, 1989.

孔錫龜,「德興里 壁畵古墳 被葬者의 國籍問題」,『韓國上古史學報』22, 1996.

金一權,「고구려고분벽화의 天文관념체계 연구」,『震檀學報』82, 1996.

김일권,「고구려 고분벽화의 별자리 그림 考定」,『白山學報』47, 1997.

나일성,「'天象列次分野地圖'와 각석 600주년 기념 복원」,『東方學志』93,　연세대학교 동방학연구소, 1996.

박창범, 「天象列次分野之圖의 별그림 분석」, 『한국과학사학회지』 제20권 2호, 1998.

徐永大, 「『三國史記』와 原始宗教」, 『歷史學報』 105, 1985.

손진태, 「溫突文化傳播考」, 『新民』 3-4(24), 1927.

손진태, 「朝鮮溫突考」, 『鄉土研究』 5-6 · 7, 1931.

申東河, 「高句麗의 寺院造成과 그 意味」, 『韓國史論』 19, 서울대 국사학과, 1988.

李成九, 「中國 古代의 鳥魚紋과 二元世界觀」, 『蔚山史學』 10, 2001.

李仁哲, 「安岳3號墳의 연꽃무늬와 墨書銘」, 『韓國古代의 考古와 歷史』(姜仁求 編), 學研文化社, 1997.

李仁哲, 「德興里壁畫古墳의 墨書銘을 통해 본 高句麗의 幽州經營」, 『歷史學報』 158, 1998.

전상운, 「과학기술」, 『한국사』 8(삼국의 문화), 국사편찬위원회, 1998.

全虎兒, 「5세기 高句麗古墳壁畫에 나타난 佛教的 來世觀」 『韓國史論』 21, 서울대 국사학과, 1989.

全虎兒, 「고구려고분벽화에 나타난 하늘연꽃」, 『美術資料』 46, 국립중앙박물관, 1990.

全虎兒, 「漢-唐代 古墳의 日像.月像」, 『美術資料』 48, 국립중앙박물관, 1991.

全虎兒, 「고구려고분벽화의 해와 달」, 『美術資料』 50, 국립중앙박물관, 1992.

全虎兒, 「고구려 장천1호분벽화의 서역계 인물」, 『蔚山史學』 6, 1993.

全虎兒, 「고구려의 五行信仰과 四神圖」, 『國史館論叢』 48, 국사편찬위원회 참조, 1993.

全虎兒, 「山西 離石 漢墓 畫像의 昇仙圖」, 『美術資料』 56, 국립중앙박물관, 1995.

全虎兒, 「고구려 角抵塚 壁畫研究」, 『美術資料』 57, 국립중앙박물관, 1996.

全虎兒, 「漢 畫像石의 西王母」, 『美術資料』 59, 국립중앙박물관, 1997.

全虎兒, 「高句麗 古墳壁畫 研究史」, 『高句麗研究』 4, 고구려연구회, 1997.

全虎兒, 「고구려 龕神塚 壁畫의 西王母」, 『韓國古代史研究』 11, 한국고대사학회, 1997.

전호태, 「고구려 고분벽화 연구론」, 『古文化』 50, 한국대학박물관협회, 1997.

전호태, 「고구려 고분벽화-강서대묘 벽화의 현무를 중심으로-」, 『한국사시민강좌』 25, 1997.

全虎兒, 「회화」, 『한국사』 8(삼국의 문화), 국사편찬위원회, 1998.

전호태, 「고구려 고분벽화의 문화사적 위치」, 『한국미술의 자생성』, 한길사, 1998.

全虎兒, 「고구려 고분벽화-강서대묘의 현무도를 중심으로-」, 『한국사시민강좌』 23, 일조각, 1998.

전호태, 「요양 위 · 진 고분벽화 연구」, 『미술자료』 62, 국립중앙박물관, 1999.

전호태, 「고구려 고분벽화와 문화」, 『한국고대사와 고고학』(학산 김정학박사 송수기념논총 간행위원회 편), 학연문화사, 2000.

全虎兒, 「漢~唐 四神圖 研究」, 『省谷論叢』 31, 성곡학술문화재단, 2000.

全虎兒, 「古墳壁畵로 본 高句麗人의 神仙信仰」, 『新羅文化』 17·18합집, 동국대학교 신라문화연구소, 2000.

全虎兒, 「고구려 고분벽화의 직녀도」, 『역사와현실』 38, 한국역사연구회, 2000.

전호태, 「무령왕릉 출토유물에 보이는 도안」, 『백제 무령왕릉』, 국립공주박물관, 2001.

전호태, 「고구려 삼실총벽화 연구」, 『역사와현실』 44, 한국역사연구회, 2001.

전호태, 「日. 기토라 고분속 '삼국문화'」, 「문화일보」 2002.3.7 제6면.

全虎兒, 「유주자사 진 묘지」, 『고대로부터의 통신』(한국역사연구회 고대사분과), 푸른역사, 2003.

全虎兒, 「역사의 블랙홀, 동수묘지명」, 『고대로부터의 통신』(한국역사연구회 고대사분과), 푸른역사, 2003.

鄭在書, 「高句麗古墳壁畵에 보이는 神話·道敎的 題材에 대한 새로운 인식–중국과 주변문화와의 관계성을 중심으로」, 『白山學報』 50, 1996.

북한

리준걸, 「덕화리 2호무덤의 별그림에 대하여」, 『력사과학』 1981-1 (日譯, 『古文化談叢』 12, 1983).

리준걸, 「고구려 고분벽화를 통해 본 고구려의 천문학 발전에 관한 연구–덕화리 2호무덤과 진파리 4호무덤의 별자리 그림을 위주로–」, 『高句麗硏究』 4, 고구려연구회, 1997.

리창언, 「동암리벽화무덤의 연대」, 『조선고고연구』 1989-3, 1989.

사회과학원 고고학 및 민속학 연구소 고고학연구실, 『미천왕무덤』, 사회과학원출판사, 1966.

손영종, 「덕흥리 벽화무덤의 주인공의 국적문제에 대하여」, 『력사과학』 1987-1, 1987.

손영종, 「동아시아 고대사, 특히 5세기를 전후한 시기의 역사연구에서의 문제점」, 『東アジアの再發見–五世紀を中心に–』(讀賣新聞社. アジア史學會 주최 학술토론회 발표요지), 1990.

주재걸, 「벽화무덤을 통하여 본 고구려의 교예」, 『력사과학』 1983-2.

토론 : 「안악3호분의 연대와 그 피장자에 대한 학술토론회」, 『문화유산』 1957-2.

중국

康捷, 「朝鮮德興里壁畵墓及其有關問題」, 『博物館硏究』 1986年 1期(松田昌治 日譯, 「朝鮮德興里壁畵古墳の諸問題」, 『考古學の世界』 5, 1986).

耿鐵華, 「高句麗壁畵中的社會經濟」, 『北方文物』 1986年 3期(김정배·유재신 엮음, 엄성흠 한역, 『중국학계의 고구려사 인식』, 대륙연구소출판부, 1991).

耿鐵華, 「集安高句麗古墓壁畵及其保護」, 『高句麗硏究文集』(集安博物館), 延邊大學出版社, 1993(鄭永振 韓譯, 「輯安 高句麗 무덤벽화 및 그 보호」, 『中國境內高句麗遺蹟硏究』, 예하, 1995).

邇勇, 「高句麗封土墓的保護與管理」, 『高句麗研究文集』, 1993.

李錦山, 「西王母題材畵像石及其相關問題」, 『中原文物』 1994年 4期.

李正平, 「吉林省古墓壁畵保護措施的檢討」, 『博物館研究』 1996年 1期.

陳增弼, 「漢,魏,晋獨坐式小榻初論」, 『文物』 1979年 9期.

洪晴玉, 「關于冬壽墓的發現和研究」, 『考古』 1959年 1期.

일본

岡崎 敬, 「安岳3號墳(冬壽墓)研究」, 『史淵』 93(福岡), 1964.

宮島一彦, 「きとら古墳と東あじあの天文學」, 『東あじあの古代文化』 97, 東京:古代學硏究所, 1998.

吉村怜, 「百濟武寧王妃木枕に畵かれた佛敎圖象について」, 『美術史研究』 14, 1977.

吉村怜, 「南朝天人圖像の北朝及び周邊諸國への傳播」, 『佛敎藝術』 159號, 1985.

武田幸男, 「德興里壁畵古墳の被葬者の出自と經歷」, 『朝鮮學報』 130, 1989.

早乙女雅博, 「일본에 있는 고구려 고분벽화 모사(模寫)- 초기 연구의 재평가 - 」(서울대학교박물관 주최 국제 학술심포지엄, 『요령지역의 고대문화』 2001.10.9), 2001.

塚本善隆, 「華北豪族國家の佛敎興隆」, 『中國佛敎通史』 卷1, 東京:春秋社, 1979.

벽화여, 고구려를 말하라

2004년 2월 28일 1판 1쇄
2008년 2월 15일 1판 3쇄

지은이 | 전호태

편집 | 류형식, 강변구
편집 관리 | 정보배, 조건형
디자인 | BOOKDESIGN SM
제작 | 박홍기
마케팅 | 이병규, 최창호
홈페이지 관리 | 최창호

출력 | 한국커뮤니케이션
인쇄 | 천일인쇄
제책 | 경문제책

펴낸이 | 강맑실
펴낸곳 | (주)사계절출판사
주소 | 경기도 파주시 교하읍 문발리 파주출판문화정보산업단지 513-3
등록 | 제 406-2003-034호
전화 | 031)955-8588, 8558
전송 | 마케팅부 031)955-8595 편집부 031)955-8596
홈페이지 | www.sakyejul.co.kr   전자우편 | skj@sakyejul.co.kr

ⓒ 전호태, 2004

ISBN 978-89-5828-003-3 03910

유라시아 유목제국사

사막이란 불리한 환경을 딛고 인류 문명사에 큰 자취를 남긴
스키타이, 훈족, 칭기스 칸과 몽골 제국, 티무르 등 유목민들이 만든
거대한 역사를 정리한 개설서로 중앙아시아사를 공부하려는 이들이
꼭 읽어야 할 책이다.

르네 그루쎄 지음 / 김호동 · 유원수 · 정재훈 옮김 / 신국판 양장
문화관광부 우수학술도서

마르코 폴로의 동방견문록

쿠빌라이 치세의 몽골 제국과 그 주변 세계에 대한 생생한 증언이자
그 위대한 시대가 남긴 사라지지 않는 기념물, 13세기 세계의 박물지(博物誌) 완역.
전 세계 주요 판본을 비교, 분석하여 꼼꼼히 번역하고
상세히 주석을 붙인 완역결정본.

마르코 폴로 지음 / 김호동 역주 / 신국판 양장
대한민국학술원 우수학술도서

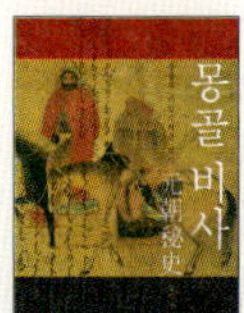

몽골 비사 몽골의 비밀스러운 역사

몽골인의 손으로 쓴 유일한 역사서. 몽골 민족의 신화와 칭기스 칸의 일대기이자
세계 제국 몽골의 건국 과정을 담은 최고(最古)의 사료이다.
한역본을 토대로 잃어버린 몽골어 원본을 복원한 라틴어 전사를 수록했다.

유원수 역주 / 신국판 양장
대한민국학술원 우수학술도서

부족지 (라시드 앗 딘의 집사1)

13~14세기 세계 제국 몽골의 건립과 팽창 과정을 서술한 인류 최초의 세계사.
페르시아어 원본을 토대로 세계에서 세 번째, 아시아에서는 최초로 완역되었다.
첫째 권『부족지』는 몽골 제국을 형성한 네 부족의 계보와 구체적인 생활상을 상
세히 밝힌다.

라시드 앗 딘 지음 / 김호동 역주 / 신국판 양장
문화관광부 우수학술도서

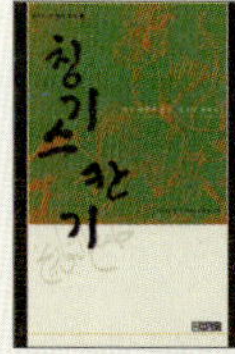

칭기스 칸 기 (라시드 앗 딘의 집사2)

둘째 권『칭기스 칸 기』는 칭기스 칸의 선조로부터 그에게까지 이르는 계보와 그
간에 일어난 다양한 일화를 밝힌다.

라시드 앗 딘 지음 / 김호동 역주 / 신국판 양장
대한민국학술원 우수학술도서 · 한국간행물윤리위원회 권장도서

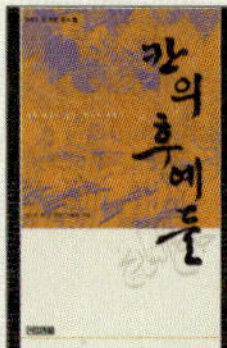

칸의 후예들 (라시드 앗 딘의 집사3)

셋째 권,『칸의 후예들』은 칭기스 칸의 후계자들이 유럽에서 중국에 이르기까지
몽골 제국을 완성하는 과정을 밝힌다.

라시드 앗 딘 지음 / 김호동 역주 / 신국판 양장
대한민국학술원 우수학술도서 2006

마셜 호지슨의 세계사론

이슬람 역사 전문가인 마셜 호지슨의 연구 성과를 모은 책으로
서양 중심적 역사관을 극복하기 위해서 이슬람 문명사를 복원하고 있다.
역사에 대한 편견을 넘어서기 위해서는 특정 지역 중심의 역사가 아닌,
인류라고 하는 가장 높은 개념에 기반한 새로운 세계사를 구성해야 한다고 주장한다.

마셜 호지슨 지음 / 에드먼드 바크 3세 엮음 / 이은정 옮김 / 신국판 양장
문화관광부 우수학술도서

고대문명교류사

서로 다른 문명 간 교류의 역사라는 관점에서 세계사를 재구성하고자
하는 문명교류사 3부작(고대 · 중세 · 근현대) 가운데 그 첫째 권이다.

정수일 지음 / 신국판 양장
교보문고 계층별 권장도서 · 문화관광부 우수학술도서 · 한국출판인회의 추천도서
중앙일보 올해의책 선정도서 · 한국간행물윤리위원회 대학 신입생을 위한 추천도서
한겨레신문 주목받은책 10선 추천도서

문명교류사 연구

문명교류사 연구의 권위자인 정수일 박사의 논문집. 문명교류사 연구의
이론적 토대를 마련하고, 한반도의 대외교류사 전개를 본격적으로 분석하며,
이슬람의 문화, 경제관을 통해 이슬람 문명에 대한 정견을 세웠다.

정수일 지음 / 신국판 양장
대한민국학술원 우수학술도서

중국으로 가는 길

희망봉 항로를 발견하기 전의 중국과 서방 제국 교섭에 관한 시론.
고대와 중세의 동서문명 교류상을 광범위하게 개괄한 문명교류사의
대표적 고전이다.

헨리 율 · 앙리 꼬르디에 지음 / 정수일 역주 / 신국판 양장
문화관광부 우수학술도서

근대 중앙아시아의 혁명과 좌절

19세기 후반 청나라의 지배를 받던 신강 지역의 혁명과 독립 과정을
정리한 책으로, 근대로의 이행을 강요당하는 대전환기에 중앙아시아가
겪어야 했던 정치적 격변을 연구했다.

김호동 지음 / 신국판 양장
문화관광부 우수학술도서 2006

실크로드의 삶과 종교

중앙아시아 역사 분야의 세계적인 연구 성과를 담아낸 실크로드 역사서.
중앙아시아 역사 현장에 대한 밀착 연구를 통해, 실크로드에 살았던
사람들이 영위한 일상적 삶과 종교 양태를 살펴봄으로써
실크로드의 생활상을 복원했다.

중앙아시아학회 엮음 / 신국판

고구려 고분벽화 연구

고구려 고분벽화에 대한 최고의 권위자로 손꼽히는 저자가 18년 동안
연구하여 얻은 성과를 집대성한 책으로, 고분벽화의 발전 과정을 종합적으로
검토한 연구서이다. 문화 강국 고구려의 면모를 보여주는 귀중한 성과.

전호태 지음 / 올컬러 / 신국판 양장
대한민국학술원 우수학술도서

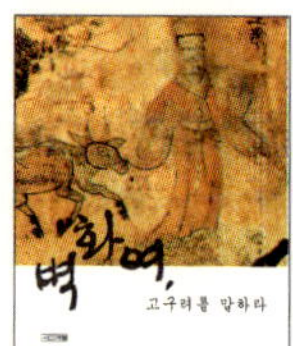

벽화여, 고구려를 말하라

고구려 벽화 속에는 많은 이야기가 담겨 있다. 벽화의 한 장면을
주제로 각각 한 절을 구성하여, 고구려의 역사 · 신화 · 과학기술 등
벽화가 함축하고 있는 의미들을 상세하게 풀어냈다. 고구려 역사의
진정한 주인이 누구인지 고구려 벽화에게서 직접 들어보자.

전호태 지음 / 올컬러 / 사륙판 변형
교보문고 권장도서

욕, 그 카타르시스의 미학

익숙하면서도 금기시되는 욕을 통해 문화적 통찰을 이끌어 내고 있다.
문학 작품, 탈춤, 판소리, 민담, 일화 등을 분석하여, 욕설이 사회적 관계에서
어떤 역할을 하는지, 한국인들이 쓰는 욕설에는 어떤 문화적 맥락이 있는지를 밝
힌 욕설의 사회사.

김열규 지음 / 신국판

음식전쟁 문화전쟁

단순한 먹거리 차원을 넘어서 음식을 사회문화의 핵심코드로 올려 놓은 책.
한국 최초로 음식이라는 소재를 문화인류학적으로 분석했다.
포식과 기근이 공존하는 음식의 시대 21세기에 한국사회를 통찰하는
새로운 방식을 보여준다.

주영하 지음 / 신국판

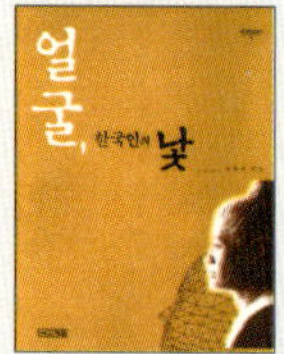

얼굴, 한국인의 낯

현대 한국인의 얼굴 유형에는 수만 년의 시간과 문화가 축적되어 있다.
남방계와 북방계가 한반도에서 만나 6,7세기 경 한국인의 얼굴이 형성되어
현대에 이르기까지 한국인의 얼굴 변화의 역사를 해부한다.

조용진 지음 / 신국판 변형
대한민국학술원 우수학술도서

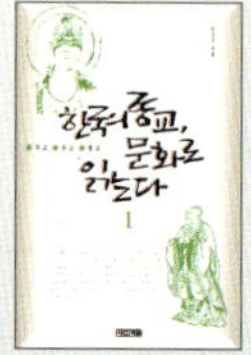

한국의 종교, 문화로 읽는다 1 · 2 · 3

최준식 교수의 대한민국 종교 교과서!
종교를 알면 문화가 보인다.

1권 _ 무교 · 유교 · 불교
2권 _ 도교 · 신종교 · 동학
3권 _ 증산교 · 원불교

최준식 지음 / 신국판

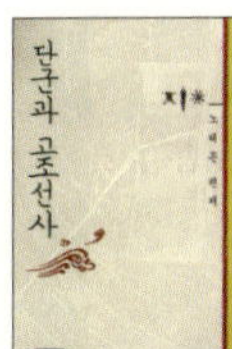

단군과 고조선사

단군과 고조선사에 대해 가장 객관적으로 정리한 상고사의 역작!
고조선의 위치와 위만조선의 정치체제를 규명해내고, 단군신화를
역사적 사실로서 접근했다. 대중적 관심이 높은 데 비해 연구성과가
빈약한 우리 고대사의 혼란을 실증적 연구를 통해 극복한다.

노태돈 편저 / 신국판 양장
중앙일보 선정도서

동북공정 고구려사

2002년 2월부터 중국사회과학원에서 추진해온 동북공정의
고구려 연구 성과를 총망라한 최초의 공식적인 '동북공정 종합 보고서'.
소문만 무성한 채 베일에 가려 있는 중국 동북공정의 실체와 구체적인 내용을
옮긴이의 해제와 함께 상세히 다루었다.

마다정 외 지음 / 서길수 옮김 / 신국판 양장

고구려사 연구

한국사학계의 권위자 노태돈 교수가 30년 연구를 통해 내놓은 고구려사
연구의 결정판. 고구려가 초기 정치체제에서 영역국가체제로 재편되는 과정을
거쳐 6세기 귀족연립정권으로 발전하는 전체 흐름을 고찰한다.

노태돈 지음 / 신국판 양장
문화관광부 우수학술도서

고구려 역사유적 답사

만주 지방의 고구려 유적지에 대한 답사 안내서이자
고구려의 정치와 예술, 생활 문화를 소개한 고구려사 개론서이다.
만주 벌판에 흩어진 채 사라져가던 고구려 역사 유적을 10년 동안 발로 뛰면서
연구한 성과가 40장의 지도와 450여 컷의 사진에 담겨 있다.

서길수 지음 / 신국판
전국교직원노동조합 권장도서

고구려 해양사 연구

해양을 중심으로 고구려의 역사를 재구성한 이 책은
동아시아의 강국 고구려의 힘이 바로 황해를 비롯한 동아지중해의 패권을
장악한 데 있음을 밝히고 있다.

윤명철 지음 / 신국판 양장
한국간행물윤리위원회 추천도서 · 한국출판인회의 추천도서
대한민국학술원 우수학술도서

바닷길은 문화의 고속도로였다 – 동아지중해와 한민족 해양활동사

한국사를 바다 중심으로 기술한 최초의 본격 역사서.
'바다'를 상정하지 않고서는 이해하기 어려운 선사시대의 고인돌 문화나
볍씨의 이동경로, 고구려 · 백제 · 신라의 흥망성쇠, 우리나라와 왜의 교류,
고려의 한반도 통일 등을 명료하게 정리했다.

윤명철 지음 / 사륙변형판
한국간행물윤리위원회 권장도서 · 한국출판인회의 권장도서

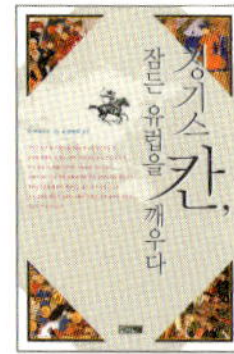

칭기스 칸, 잠든 유럽을 깨우다

칭기스 칸은 영웅인가, 학살자인가? 어느 문화인류학자의 15년 현지 답사와
몽골 왕가의 비밀 서책『몽골 비사』를 통해 밝혀낸 칭기스 칸의 진실.
칭기스 칸이 근대 세계의 기획자로 다시 살아난다.

잭 웨더포드 지음 / 정영목 옮김 / 신국판

실크로드의 악마들

20세기 초반 중앙아시아에서 엄청난 유물을 빼내간 서양의 탐험가들!
그들의 발굴 성과와 숨은 일화를 파헤치는 역사 다큐멘터리.
그 탐험가들은 왜 목숨을 걸고 사막으로 달려갔는가?

피터 홉커크 지음 / 김영종 옮김 / 신국판
문화관광부 교양부문 추천도서

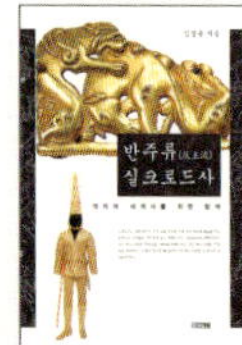

반주류 실크로드사 – 약자의 세계사를 위한 탐색

실크로드의 역사는 과연 로마, 페르시아, 중국 등 강대국들만의
전유물이었나? 세계사 속의 약자이면서도 동서양 문화를 살찌우는 데
공헌한 실크로드의 숨은 주인공들을 복원한 실크로드사 개설서.

김영종 지음 / 신국판

티벳에서 온 편지

근대적 이성을 버리고 고대의 지혜로 돌아가야 한다는 교훈을 얻은
사진 작가 김영종의 티벳 여행기. 고대의 국제 질서와 서구문명에 대한
저자의 독특한 견해를 담았다.

김영종 지음 / 신국판
한국간행물윤리위원회 추천도서

유라시아 천년을 가다

중국 – 러시아 – 로마 – 이스탄불 – 우즈베키스탄으로 이어지는 현지답사를
바탕으로 동서 문명의 매개자였던 몽골 제국이 광활한 유라시아 대륙에 남기고 간
수많은 역사의 자취들을 되짚어 본 역사학자 4인의 문명 비교 탐사기.

박한제 · 김호동 · 한정숙 · 최갑수 지음 / 올컬러 / 신국판
한국문화예술진흥원 추천도서 · 교보문고 계층별 권장도서 · 중앙일보 선정도서
대한출판문화협회 2003년 2분기 이달의 청소년도서 선정

황하에서 천산까지

티벳족, 회족, 몽골족, 위구르족은 소수 민족이지만 중국 전 영토의 절반을
차지하고 있다. 이들이 중국과의 역사적 관계 속에서 품은 애환과,
잇다른 패배 속에서도 끝까지 버리지 않은 그들의 소망은 무엇이었을까?

김호동 지음 / 신국판
문화관광부 추천도서

몽골 대서사시 게세르 칸

국내 최초로 번역된 『게세르』는 중앙아시아 3대 서사시 중 하나로,
몽골과 티베트 지역에서 널리 전승된 영웅서사시이다.
이 책은 여러 판본 가운데 가장 먼저 출판된 1716년 북경판 목판본을
텍스트로 번역한 것으로, 높은 문헌학적 가치를 가진다.

유원수 옮김 / 신국판 양장

간다라 미술

대승불교의 발상지이자 불상의 탄생지인 간다라의 미술을 체계적이면서도
알기 쉽게 소개한 책. 해당 학계의 국제적 전문가 이주형 교수가
간다라 미술의 역사적 배경, 문화적 콘텍스트, 현재적 의미 등을 본격 조망했다.

이주형 지음 / 신국판 변형
문화관광부 우수학술도서 · 백상출판문화상 저작상

렌투스 양식의 미술 상 · 하

중앙아시아 미술사학의 권위자인 저자가 새롭게 조명한 실크로드 미술 해설서.
초원 민족의 미술이 중국과 한국에 전파된 경로를 규명하면서
총 200여 컷에 이르는 풍부한 컬러 도판과 상세한 해설을 곁들였다.
중앙아시아 미술 초심자와 전문가에게 다 같이 의미 있는 책이다.

권영필 지음 / 올컬러 /신국판
한국문화예술진흥원 우수문학예술도서

앞으로 나올 책들

돈황의 역사와 문화(가제)
나가사와 가즈도시 지음 / 민병훈 옮김

오스만 제국, 1700~1922(가제)
도널드 쿼터트 지음 / 이은정 옮김

그레이트 게임 – 영국과 러시아의 중앙아시아 쟁탈전(가제)
피터 홉커스 지음 / 정영목 옮김

아틀라스 중앙유라시아사(가제)
김호동 지음

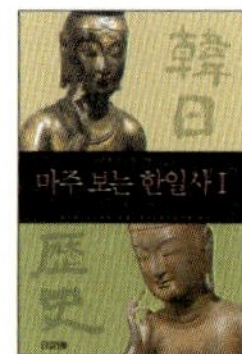

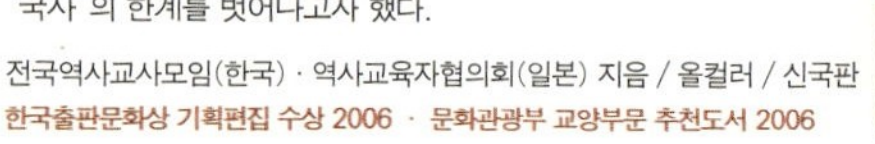

마주 보는 한일사 Ⅰ · Ⅱ

한국과 일본의 역사 교사들이 공동으로 집필한 한일공동역사교재.
선사시대부터 개항기까지 한국과 일본의 닮음과 다름, 교류의
역사를 비교 서술했다. 각 시대 주요 쟁점들을 통해
'국사'의 한계를 벗어나고자 했다.

전국역사교사모임(한국) · 역사교육자협의회(일본) 지음 / 올컬러 / 신국판
한국출판문화상 기획편집 수상 2006 · 문화관광부 교양부문 추천도서 2006

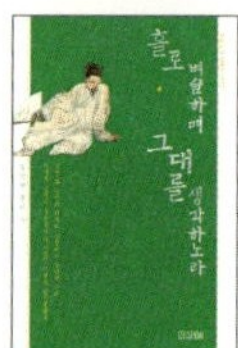

홀로 벼슬하며 그대를 생각하노라

결혼 후 남자가 여자의 친정에서 살았던 시대,
우리가 몰랐던 또 하나의 조선.
1567년에서 1577년까지 미암 유희춘의 일기를 토대로
생생하게 복원한 조선 시대 생활사.

정창권 지음 / 신국판
한국간행물윤리위원회 추천도서 · 한국출판인회의 추천도서

그림 속의 음식, 음식 속의 역사

그림에 등장하는 음식을 통해 조선 시대의 사회상을 재조명한 책.
음식사 전문가가 23폭 풍속화를 통해, 우리가 알고 있는 조선과는 다른,
풍속화 속에서 엿보이는 조선을 이야기했다.

주영하 지음 / 올컬러 / 신국판 변형
한국간행물윤리위원회 추천도서

신주무원록

중국 원나라 왕여가 지은 검시 지침서 『무원록』에 조선 세종 때 주석을
첨부하여 편찬한 책. 조선 법의학의 기본 지침서로 활용되었으며
놀랍도록 과학적인 조선 시대 법의학의 결정판이다.

왕여 지음 / 최치운 주석 / 김호 옮김 / 신국판 양장

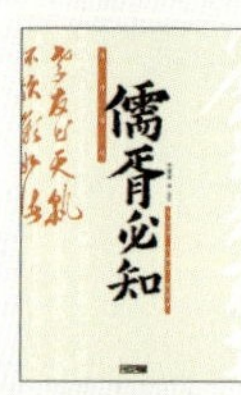

유서필지 고문서 이해의 첫걸음

조선 후기에 널리 사용되었던 공사문서를 정리한 책.
당시 일상생활에서 필요한 문서 서식들이 원자료로 수록되어 있어,
조선 후기의 사회사와 생활상을 이해할 수 있다. 원문과 번역문을 함께 싣고,
목판본의 서체를 그대로 사용한 고전번역서의 새로운 전범이다.

전경목 외 옮김 / 신국판 양장

낙랑군 연구

고조선의 강역 논쟁, 삼국시대의 시기 구분, 일제 식민사학의 타율성론 등
한국고대사의 핵심 쟁점을 안고 있는 낙랑군에 대한 본격 연구서.
고조선계와 한계 주민의 종족 융합을 통해 '낙랑인'이라는
독자적 종족 집단을 형성되는 과정을 밝힌다.

오영찬 지음 / 신국판 양장
문화관광부 우수학술도서

진인각, 최후의 20년 어느 중국 지식인의 운명

현대 중국의 4대 역사학자로 손꼽히는 진인각의 평전.
중공 초기 반우파투쟁과 문화대혁명이라는 정치적 격랑 속에서도,
학자적 사명을 잃지 않고 끝까지 자유의지와 독립정신을 지켜낸
어느 중국 지식인의 파란만장한 최후 20년이 펼쳐진다.

육건동 지음 / 박한제 · 김형종 옮김 / 신국판 양장

영웅 시대의 빛과 그늘(박한제 교수의 중국 역사 기행 1)

삼국 시대에서 위진남북조를 거쳐 세계제국 당나라가 형성되기까지,
약 800년 동안에 이루어진 대당 제국 형성사를 답사 여행기의 형식으로 개관한다.
1권은 중국 역사상 최대의 난세였던 삼국 · 오호십육국 시대의 역사 현장에서
난세를 호령했던 영웅들의 이야기를 담고 있다.

박한제 지음 / 올컬러 / 신국판
문화관광부 교양부문 추천도서 · 한국간행물윤리위원회 권장도서

강남의 낭만과 비극(박한제 교수의 중국 역사 기행 2)

2권 『강남의 낭만과 비극』은 오랑캐에 떠밀려 강남으로 쫓겨난
한족왕조 동진과 남조의 정치 · 문화를 다룬다.
화려했던 남조의 수도 강남의 낭만과 비극을 음미한다.

박한제 지음 / 올컬러 / 신국판
문화관광부 교양부문 추천도서 · 한국간행물윤리위원회 권장도서

제국으로 가는 긴 여정

중국 역사상 가장 위대하고도 화려했던 대당 제국을 건설한 사람들은
한족이 오호의 하나로 폄하했던 선비족이었다.
3권 『제국으로 가는 긴 여정』은 선비족이 세계제국을 건설하기까지의
긴 여정과 제국 체제가 갖는 의미를 심도 있게 다룬다.

박한제 지음 / 올컬러 / 신국판
문화관광부 교양부문 추천도서 · 한국간행물윤리위원회 권장도

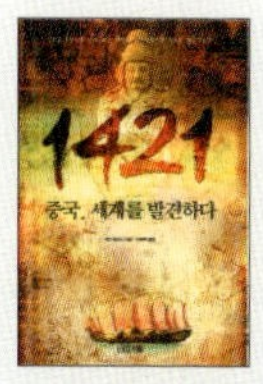

1421 중국, 세계를 발견하다

세계사 교과서는 콜럼버스가 신대륙을 발견하고 새로운 항로를
개척한 위인이라고 치켜세워 왔다. 하지만 최근 어느 퇴역 해군 장교가
14년 동안 무려 140여 개국을 떠돌며 세계사를 뒤바꿀 놀라운 사실을 밝혀냈다.
1421년, 과연 전 세계의 바다에서는 무슨 일이 일어났을까?

개빈 멘지스 지음 / 조행복 옮김 / 신국판 / 양장
한국출판인회의 선정도서 · 교보문고 권장도서

목간과 죽간으로 본 중국고대문화사

20세기 초 중국 서북 지방에서 진나라의 목간 50매가 발견된 이래,
목간은 중국 고대사의 수많은 수수께끼를 풀 열쇠를 제공해왔다.
국내 최초의 목간 · 죽간 개설서로, 돌과 금속에서부터 목간과 죽간,
그리고 종이에 이르기까지 고대 중국 문서 행정의 실상을 밝히고 있다.

도미야 이타루 지음 / 임병덕 옮김 / 신국판

역사 읽기, 이제는 지도다

역사책의 명품, 아틀라스 역사 시리즈

그동안 우리는 역사를 대할 때 우리의 주의력을 지나치게 시간에만
편중해왔을 뿐 역사를 이루는 다른 한 측면인 공간에 대해서는
큰 관심을 기울이지 않았다. '아틀라스 역사 시리즈'는 이러한 시간 편향의
역사 서술을 탈피하고 시간과 공간을 대등하게 아울러
역사 사건을 좀더 생생하게 재구성하려는 노력의 결과물이다.

아틀라스 한국사

교원대학교 역사교육과 지음 / 사륙배판
문화관광부 우수학술도서

아틀라스 세계사

지오프리 파커 엮음 / 김성환 옮김 / 사륙배판
문화관광부 우수학술도서

아틀라스 중국사

박한제 · 김형종 · 김병준 · 이근명 · 이준갑 지음 / 사륙배판
한국간행물윤리위원회 이달의 읽을 만한 책 선정도서
한국출판인회의 이달의 책
문화관광부 선정도서 우수교양도서

아침 신문을 읽듯, 역사를 읽는다

역사신문

역사신문 편찬위원회 엮음 / 전 6권
어린이도서연구회 추천, 2003년 EBS 선정 청소년 권장도서,
문화관광부 청소년 책읽기 운동 추천도서

세계사신문

세계사신문 편찬위원회 엮음 / 전 3권
중앙독서교육 추천,
동아일보 2003년 세계 책의 날 권장도서

사□□계절 (주)사계절출판사

413-756 경기도 파주시 교하읍 문발리 파주출판도시 513-3 (031)955-8588 www.sakyejul.co.kr